Top 10 Themen

Flash 5

Top 10 Themen

Flash 5

Thomas Becker

SYBEX

Fast alle Hard- und Software-Bezeichnungen, die in diesem Buch erwähnt werden, sind gleichzeitig auch eingetragene Warenzeichen und sollten als solche betrachtet werden. Der Verlag folgt bei den Produktbezeichnungen im wesentlichen den Schreibweisen der Hersteller.

Der Verlag hat alle Sorgfalt walten lassen, um vollständige und akkurate Informationen in diesem Buch bzw. Programm und anderen evtl. beiliegenden Informationsträgern zu publizieren. SYBEX-Verlag GmbH, Düsseldorf, übernimmt weder die Garantie noch die juristische Verantwortung oder irgendeine Haftung für die Nutzung dieser Informationen, für deren Wirtschaftlichkeit oder fehlerfreie Funktion für einen bestimmten Zweck. Ferner kann der Verlag für Schäden, die auf eine Fehlfunktion von Programmen, Schaltplänen o.ä. zurückzuführen sind, nicht haftbar gemacht werden, auch nicht für die Verletzung von Patent- und anderen Rechten Dritter, die daraus resultiert.

Projektmanagement: Simone Schneider
DTP: Renate Felmet-Starke, Willich
Endkontrolle: Mathias Kaiser Redaktionsbüro, Düsseldorf
Umschlaggestaltung/Farbreproduktionen: .eps GmbH, Düsseldorf
Belichtung, Druck und buchbinderische Verarbeitung: Bercker, Kevelaer

ISBN 3-8155-8034-X
1. Auflage 2001

Printed in Germany

Inhaltsverzeichnis

Thema 1: Grafik importieren und optimieren 1

Thema 2: Arbeiten mit Action Script 23

Thema 9: Ein universeller Start-Film 201

Thema 10: Publizieren des Projekts 215

Thema 1

1. Grafik importieren und optimieren
2. Arbeiten mit ActionScript
3. Animationen erstellen
4. Sound einbinden
5. Menüs gestalten
6. Formulare erstellen
7. Diagramme erstellen
8. Perfekt drucken
9. Ein universeller Start-Film
10. Publizieren des Projekts

Übersicht

Flash 5.0 besitzt sehr gute Werkzeuge zur Erzeugung von Vektor-Grafiken, dennoch haben Sie sicher ein bevorzugtes Vektor-Grafikprogramm, dessen Bedienung Sie im Schlaf beherrschen. Es existieren viele verschiedene Programme zur Erstellung von Bildern; diese richten sich in Bedienung und Funktionsumfang nach den Bedürfnissen der Anwender- oder Berufsgruppen. Alle diese Programme bedienen sich zur Speicherung ihrer Daten eines eigenen Dateiformats. Da es auch häufig vorkommt, dass Sie Fremdmaterial geliefert bekommen, das Sie in Flash verarbeiten müssen, sind Sie auf die Möglichkeit eines Imports dieser Daten angewiesen.

Neben der Zwischenablage, die je nach verwendetem Ausgangsprogramm in der Qualität verschiedene Ergebnisse liefert, stellt Flash 5.0 direkte Import-Filter für verschiedene Vektor-Grafikprogramme (Illustrator, Freehand usw.) und Bitmap-Grafikprogramme (Fireworks, Photoshop usw.) zur Verfügung.

Außerdem haben sich im Laufe der Zeit diverse Bitmap- und Vektor-Grafikformate etabliert, die die Zusammenarbeit von Flash 5.0 mit Programmen ermöglicht, für die direkte Importfilter (Corel DRAW, Expression usw.) zur Verfügung gestellt werden.

Selbstverständlich ist es auch möglich, alle im Web gängigen Formate wie GIF, JPEG und PNG in Flash 5.0 zu importieren.

Wenn Sie *QuickTime 4.0* auf Ihrem Computersystem installiert haben, können Sie somit Video- und Audiodateien nach dem QuickTime-Format importieren und verarbeiten.

Sie können Bitmap-Grafiken innerhalb von Flash auf verschiedene Art und Weise vektorisieren und weiterverarbeiten oder verfremden.

Um dieses Material, insbesondere das Bitmap-Material, im Internet optimal laden und wiedergeben zu können, stellt Flash 5.0 Methoden zur Komprimierung des Bitmap-Materials zur Verfügung.

Übersicht über die unterstützten Grafikformate

Wie schon erwähnt, unterstützt Flash 5.0 den Import diverser Dateiformate, was den Austausch von Daten mit anderen Anwendungen ermöglicht. Die Anzahl der Formate, die Sie in Ihr Flash 5.0 importieren können, hängt davon ab, ob Sie QuickTime 4.0 auf Ihrem System installiert haben.

Wenn Sie QuickTime 4.0 auf Ihrem System installiert haben, stehen Ihnen neben den QuickTime Formaten (MOV, QTIF) das Photoshop- und andere auf Macintosh verbreitete Bitmap-Formate zur Verfügung. Die Installation von QuickTime 4.0 empfiehlt also vor allem, wenn Sie Projekte plattformübergreifend bearbeiten wollen.

Die folgenden Dateiformate können Sie in Flash 5.0 unabhängig von einer QuickTime 4.0-Installation importieren:

Dateityp	Dateiendung	Windows	Macintosh
Adobe Illustrator	*.eps, .ai*	Ja	Ja
AutoCAD DXF	*.dxf*	Ja	Ja
Bitmap	*.bmp*	Ja	Nein
Enhanced Metafile	*.emf*	Ja	Nein
Macromedia Freehand	*.fh7, .ft7, .fh8, . ft8, .fh9, .ft9,*	Ja	Nein
FutureSplash-Player	*.spl*	Ja	Ja
GIF	*.gif*	Ja	Ja
JPEG	*.jpg*	Ja	Ja
PICT	*.pic, .pct*	Ja	Ja
PNG	*.png*	Ja	Ja
Flash Player	*.swf*	Ja	Ja

Tab. 1.1: Übersicht über die QuickTime-unabhängigen Importformate

Wenn Sie auf Ihrem System QuickTime 4.0 installiert haben, stehen Ihnen für den Import in Flash 5.0 außerdem folgende Dateiformate zur Verfügung:

Dateityp	Dateiendung	Windows	Macintosh
MacPaint	*.pntg*	Ja	Ja
Photoshop	*.psd*	Ja	Ja
PICT	*.pct, .pic*	Ja (als Bitmap)	Ja
QuickTime-Bild	*.qtif*	Ja	Ja
QuickTime-Film	*.mov*	Ja	Ja
Silicon Graphics	*.sai*	Ja	Ja
TGA	*.tgf*	Ja	Ja
TIFF	*.tif, .tiff*	Ja	Ja

Tab. 1.2: Übersicht über die QuickTime-abhängigen Importformate

Verwaltung in Bibliotheken

Alle Bilder die Sie in Ihren Film importieren, werden in der Filmbibliothek oder einer gemeinsam genutzten Bibliothek (Shared Libraries) gespeichert. Je nachdem, welches Dateiformat Sie importieren, variiert die Organisation der Elemente, aus denen die Datei besteht, innerhalb der Bibliothek und die Plazierung der Elemente auf der Bühne.

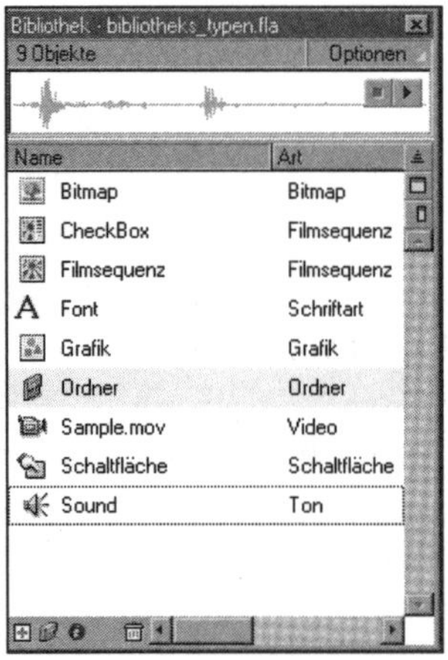

Abb. 1.1: Die *Bibliothek*-Palette

Die Verwaltung der Elemente, aus denen ein Film besteht, gleicht einem Dateisystem, wobei die einzelnen Filmelemente, die die Dateien darstellen, in Ordnern organisiert werden können. Es existieren acht verschiedene Typen von Elementen, die in Bibliotheken gespeichert werden:

- Filmsequenzen
- Smart-Filmsequenzen
- Grafikobjekte
- Schaltflächen
- Sounds
- Schriftarten
- Bitmap-Bilder
- QuickTime-Filme

Um die importierbaren Dateiformate zu unterscheiden, teilt man sie in zwei Gruppen: das „natürliche" Format von Flash, das Vektor-Format, und das Bitmap-Format.

- *Vektor-Grafiken* werden beim Import, je nach Format, in verschieden vielen und organisierten Grafikobjekten in der Filmbibliothek abgelegt und können innerhalb Flashs mit dessen Werkzeugen bearbeitet werden.
- *Bitmap-Grafiken* werden beim Import als Bitmap-Objekt in der Filmbibliothek abgelegt und können, wenn vorhanden, als Flash in Fireworks bearbeitet werden. Außerdem existieren Möglichkeiten, Bitmap-Grafiken in Vektor-Grafiken umzuwandeln.

Filmbibliotheken

Alle Objekte, die im Film verwendet werden, befinden sich in der Regel in der Filmbibliothek. Jeder Film verfügt über genau eine Filmbibliothek. Somit ist die Filmbibliothek-Palette die zentrale Verwaltungsstelle Ihrer Film-Objekte. Die können hier Ihre Objekte nicht nur strukturiert speichern, sondern je nach Objekttyp die Eigenschaften wie Komprimierung oder Soundqualität einzustellen.

Unabhängig vom Objekttyp können Sie mit Bibliotheksobjekten über das Kontextmenü folgende Aktionen erledigen.

- Umbenennen
- Löschen

In neuen Ordner verschieben

Eigenschaften bearbeiten

Verknüpfung erstellen (gemeinsame Bibliotheken)

Für die einzelnen Objekttypen, bis auf den Font-Type, existieren noch weitere Aktionen:

Filmsequenzen

Duplizieren: Erstellt eine Kopie der gewählten Filmsequenz.

Bearbeiten: Öffnet die Filmsequenz innerhalb Flash zur Bearbeitung.

Sequenzparameter bearbeiten: Definieren Sie hier Variablen, die für jede Instanz separat initialisiert werden sollen.

Verhalten: Hier können Sie das Verhalten (Objekttyp) der Filmsequenz ablesen und neu einstellen.

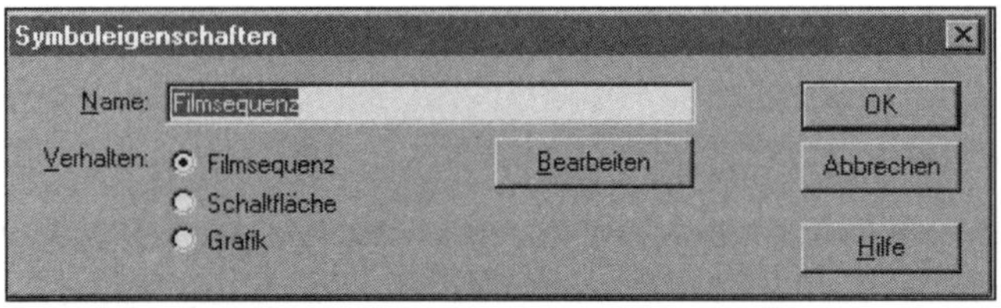

Abb. 1.2: Eigenschaften der Filmsequenz-, Grafik- und Schaltflächen-Objekte

In diesem Dialog, der für die Objekte Grafik, Filmsequenz und Schaltfläche gleich ist, können Sie den Verhaltenstyp des Objekts einstellen.

Name: Vergeben Sie hier einen Namen für das Objekt.

Verhalten: Stellen Sie hier das Verhalten des Objekts ein.

Die Schaltfläche *Bearbeiten* lädt das Objekt zur Bearbeitung in ein Fenster.

Grafikobjekte

Duplizieren: Erstellt eine Kopie der gewählten Filmsequenz.

Bearbeiten: Öffnet die Filmsequenz innerhalb Flash zur Bearbeitung.

Verhalten: Hier können Sie das Verhalten (Objekttyp) der Filmsequenz ablesen und neu einstellen.

Schaltflächen

Duplizieren: Erstellt eine Kopie der gewählten Filmsequenz.

Bearbeiten: Öffnet die Filmsequenz innerhalb Flash zur Bearbeitung.

Verhalten: Hier können Sie das Verhalten (Objekttyp) der Filmsequenz ablesen und neu einstellen.

Sounds

Bearbeiten mit: Lässt Sie ein Programm zur Bearbeitung der Sounddatei wählen und aufrufen.

Abspielen: Spielt den Sound ab.

Aktualisieren: Aktualisiert die Sounddatei.

Exporteinstellungen: Hier können Sie wählen ob Sie die globalen Soundeinstellungen des Films oder individuelle Einstellungen für den Export benutzen möchten.

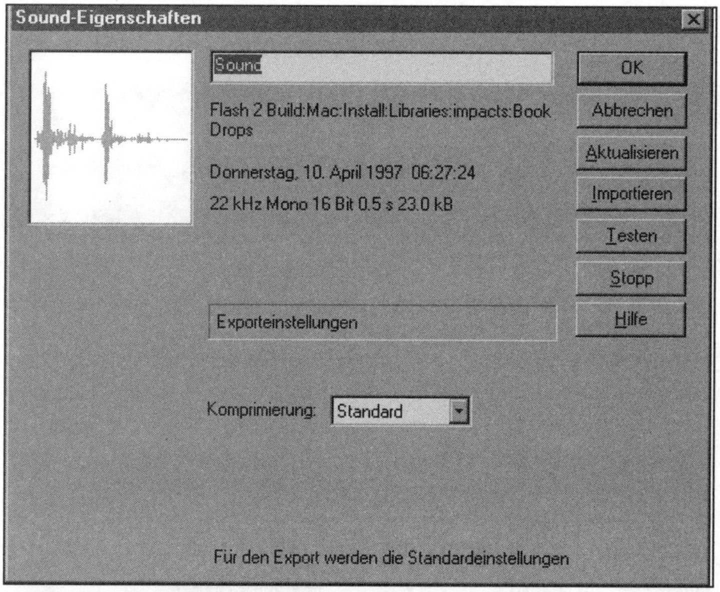

Abb. 1.3: Eigenschaften der Sound-Objekte

Sie können in diesem Dialog die Sound-Quelle neu einstellen und die Komprimierungseigenschaften für die Veröffentlichung festlegen. Außerdem erhalten Sie hier Informationen über Soundqualität und Erstellungsdatum.

- *Komprimierung*: Wählen Sie hier zwischen den globalen Soundexporteinstellungen oder verwenden Sie individuelle Einstellungen für das Sound-Objekt. Sie haben die Wahl zwischen ADPCM, MP3 und RAW. In der Regel werden Sie *Standard* oder *MP3* auswählen.
- *Aktualisieren*: Aktualisiert das Soundobjekt.
- *Importieren*: Legt eine neue Datei für das Sound-Objekt fest.
- *Testen*: Spielt den Sound ab.
- *Stopp*: Stoppt den spielenden Sound.

Bitmap-Bilder

- *Bearbeiten mit Fireworks*: Wenn Sie Macromedias Grafikprogramm Fireworks auf Ihrem System installiert haben, ruft Flash Fireworks zur Bearbeitung des Grafikobjekts auf.
- *Bearbeiten mit*: Lässt Sie ein Programm zur Bearbeitung der Bitmap-Datei auswählen und aufrufen.
- *Aktualisieren*: Aktualisiert die Bitmap-Datei.

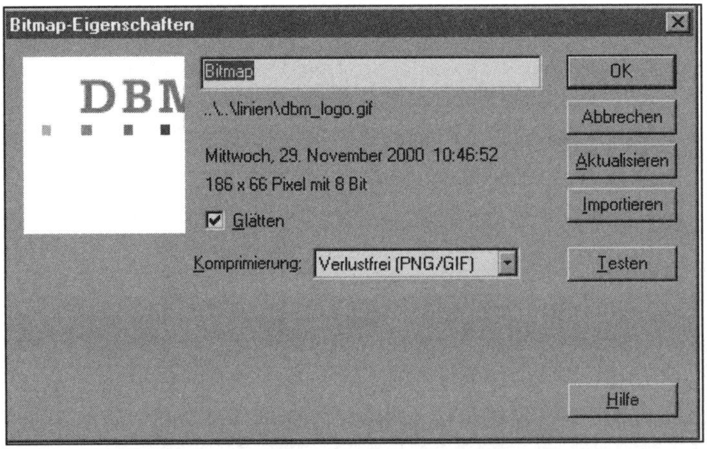

Abb. 1.4: Eigenschaften der Bitmap-Objekte

Im Dialogfenster für der *Bitmap-Eigenschaften* können Sie eine neue Quelle für das Bitmap-Objekt festlegen oder dieses aktualisieren. Ferner können Sie die Komprimierungsmethode auswählen. Außerdem erhalten Sie hier allgemeine Informationen wie Erstellungsdatum, Ausmaße und Farbtiefe des Bitmap-Objekts.

- *Glätten*: Schalten Sie hier eine Weichzeichnung der Bitmap-Grafik ein. Empfiehlt sich im Allgemeinen nur für Bilder, die mit der JPEG-Methode komprimiert werden.
- *Komprimierung*: Wählen Sie hier zwischen *Verlustfrei (PNG/GIF)* und *Foto (JPEG)*.
- *Aktualisieren*: Aktualisiert das Bitmap-Objekt.
- *Importieren*: Legt eine neue Datei für das Bitmap-Objekt fest.
- *Testen*: Zeigt das Bild und Bild-Informationen an.

Schriften (Fonts)

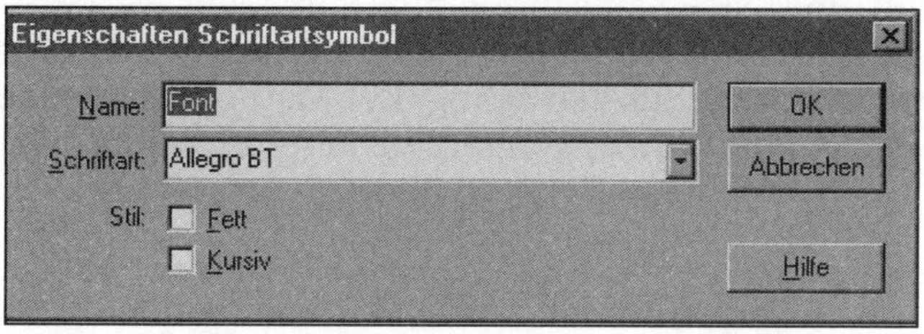

Abb. 1.5: Eigenschaften der Font-Objekte

Hier können Sie einen Namen vergeben, über den der Zeichensatz innerhalb des Films angesprochen wird, und den Zeichensatz wählen, der dem Font-Objekt zu Grunde liegt. Ferner können Sie einen Stil für den Zeichensatz festlegen.

QuickTime-Filme

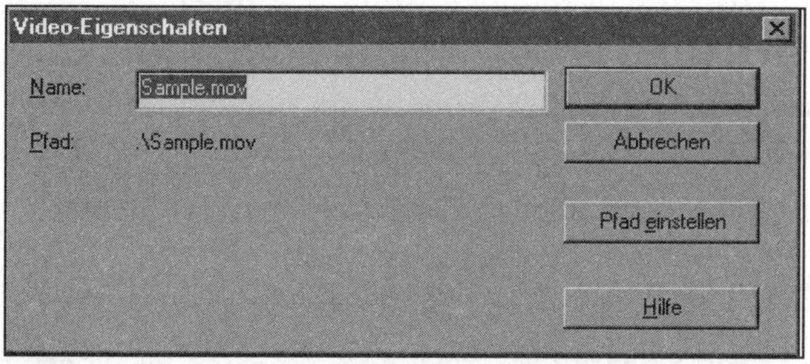

Abb. 1.6: Eigenschaften der QuickTime-Filme

- *Name*: Vergeben Sie hier einen Namen, der innerhalb von Flash verwendet wird.
- *Pfad*: Hier können Sie die Position des QuickTime-Films ablesen.
- *Pfad einstellen*: Stellen Sie die Quelle für das QuickTime-Filmobjekt ein.

Gemeinsame Bibliotheken

Bei größeren Flash-Projekten, die eine Vielzahl von Filmen mit einem einheitlichen Layout für die Anzeige von Inhalten benutzen, kommt es häufig vor, dass es viele Elemente gibt, die in fast allen Filmen vorkommen und die so mehrfach gespeichert werden. Dies kann bei Sound-Objekten einige MByte an Speicherplatz kosten. Es wäre also wünschenswert, solche Objekte an einer Stelle zu sammeln und aus den Filmen heraus gemeinsam zu nutzen. Flash 5.0 stellt für diesen Zweck gemeinsame Bibliotheken (Shared Libraries) zur Verfügung. Die Methode der gemeinsamen Bibliotheken hat bei der Nutzung innerhalb eines Browsers den positiven Effekt, dass diese Elemente nur einmal über das Internet geladen werden müssen.

Gemeinsame Bibliotheken erleichtern auch die Bearbeitung von großen Flash-Projekten innerhalb von Teams, da diese Bibliotheken eine bessere Versionskontrolle zulassen.

Erzeugen einer gemeinsamen Bibliothek

Eine gemeinsame Bibliothek ist ein Flash-Film, der die Objekte, die für die gemeinsame Nutzung vorgesehen sind, in seiner Filmbibliothek enthält.

Damit später die Objekte, die gemeinsam genutzt werden sollen, in andere Filme auch korrekt eingebunden werden, müssen die Verknüpfungseinstellungen korrekt gewählt werden.

Um ein Objekt einer Bibliothek gemeinsam nutzbar zu machen, führen Sie die folgenden Schritte aus:

- Öffnen Sie das Kontextmenü eines Objekts in der Bibliothek.
- Wählen Sie *Verknüpfung*.
- Wählen Sie im Dialog unter *Verknüpfung Dieses Symbol exportieren*.
- Geben Sie nun im Feld *Bezeichner* einen Namen für die Verknüpfung an. Dieser Name darf keine Leerzeichen enthalten. Benutzen Sie hier am besten den Symbolnamen und wandeln Sie diesen entsprechend ab, um ihn als Verknüpfungsnamen verwenden zu können.

- Speichern Sie die FLA-Datei, um diese als gemeinsame Bibliothek in anderen Flash-Filmen öffnen zu können.
- Exportieren Sie eine SWF-Datei, um andere Filme, die diesen Flash-Film als gemeinsame Bibliothek nutzen, erfolgreich testen und abspielen zu können.

Wenn Objekte, die nicht zum Exportieren freigegeben wurden, aus einer gemeinsamen Bibliothek in einen Film kopiert werden, wird keine Verknüpfung angelegt, sondern das Objekt tatsächlich in den Film kopiert und somit nicht gemeinsam genutzt.

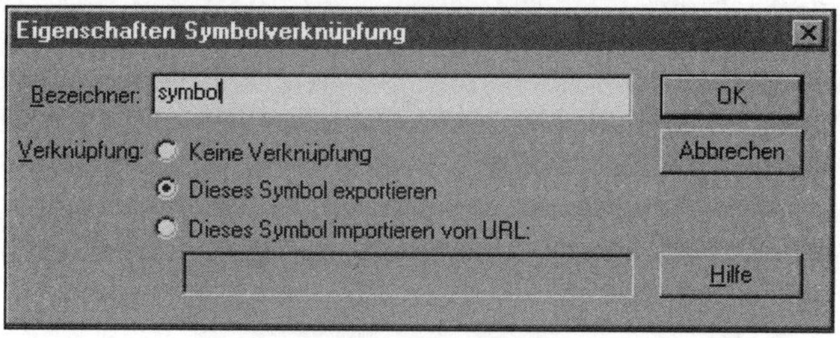

Abb. 1.7: Dialog der Verknüpfungseinstellungen für den Export

Veröffentlichen einer gemeinsamen Bibliothek

Normalerweise wird eine gemeinsame Bibliothek am selben Ort gespeichert wie die Filme, die Objekte aus dieser Bibliothek benutzen. Sie können allerdings auch einen anderen Ort wählen. Wenn Sie sich dazu entschließen, müssen Sie allerdings den URL in der Bibliothek für die anderen Filme hinterlegen.

Um einen alternativen URL einzutragen, führen Sie die folgenden Schritte aus:

- Wählen Sie aus dem Menü der Bibliothekspalette *Eigenschaften der gemeinsamen Bibliothek*.
- Tragen Sie im Feld *URL* den alternativen Speicherort ein.

Abb. 1.8: Dialog der Eigenschaften der gemeinsamen Bibliothek

Hinzufügen von gemeinsam genutzten Objekten
Um ein Objekt aus einer gemeinsamen Bibliothek einem Film hinzuzufügen, öffnen Sie einen Flash-Film, der die gewünschten Objekte zur gemeinsamen Nutzung enthält, mit dem Befehl *Datei/Als gemeinsame Bibliothek öffnen*. Ziehen Sie die benötigten Objekte in Ihren Film.

Um die Einstellungen der Verknüpfung eines gemeinsam genutzten Objekts zu ändern, führen Sie die folgenden Schritte aus:

- Wählen Sie aus dem Kontextmenü eines gemeinsam genutzten Objekts *Verknüpfung*.
- Bei importierten Objekten ist *Dieses Symbol importieren von URL* ausgewählt.
- Um ein anderes Symbol oder eine andere Bibliothek zu verwenden, tragen Sie die entsprechenden Parameter in die Felder ein.

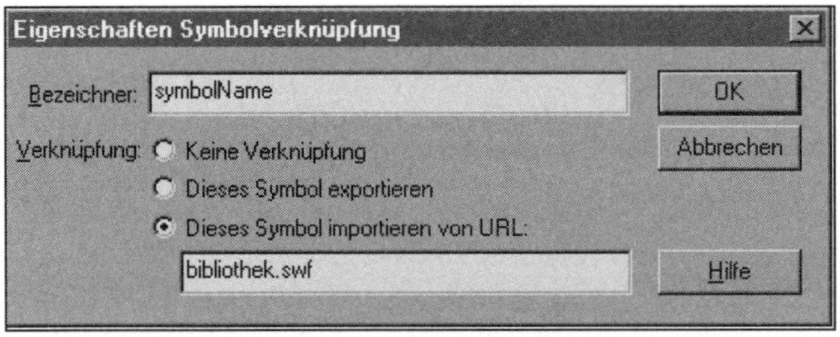

Abb. 1.9: Dialog der Verknüpfungseinstellungen für den Import

Import von Vektor-Formaten

Flash unterstützt den Import diverser Vektor-Dateitypen; eine besonders ausgeprägte Zusammenarbeit gestattet Flash mit den Programmen Macromedia Fireworks und Macromedia Freehand. Das eigene Dateiformat wird weitgehend unterstützt, was eine besonders flexible Zusammenarbeit mit diesen Programmen ermöglicht.

Das heißt nicht, dass Sie andere Programme nicht als Zulieferer für Flash nutzen können. Für Programme deren Dateiformat nicht direkt unterstützt wird, bieten sich die Austauschformate an. So können Sie auch mit anderen Vektor-Grafikprogrammen wie CorelDRAW oder Expression Grafiken für Flash erstellen.

Bearbeitung von Vektor-Objekten

Alle in Flash importierten Objekte können Sie mit den Werkzeugen von Flash bearbeiten, genau so, wie Objekte, die Sie mit Flash erstellt haben. Sie können diese Objekte als Filmsequenz, Schaltfläche oder Grafik einsetzen.

Macromedia Fireworks

Fireworks nimmt eine Sonderrolle unter den Importformaten ein, da es Vektor- sowie Bitmap-Grafiken verarbeitet. Beide Typen werden hierbei im PNG-Format gespeichert; somit können Flash-Dateien direkt im Webbrowser betrachtet werden.

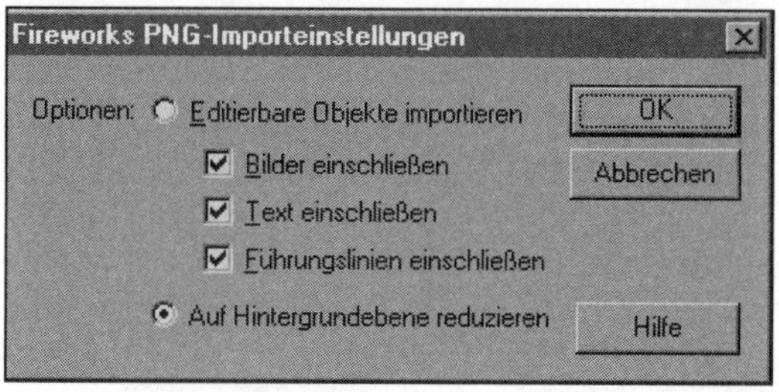

Abb. 1.10: Die Optionen des PNG-Imports

Für den Import in Flash 5.0 bestehen für das PNG-Format zwei Methoden:

- Erstens können Sie die PNG-Datei als editierbare Objekte importieren.
- Zweitens können Sie die PNG-Datei auf die Hintergrundebene reduzieren und das ganze Bild als Bitmap importieren.

Als editierbare Objekte importieren

Wenn Sie die PNG-Datei als editierbare Objekte importieren, haben Sie die Möglichkeit zu entscheiden, welche Objekte importiert werden sollen.

- *Bilder einschließen*: Wenn die PNG-Datei Bitmaps enthält, werden diese mit importiert.
- *Text einschließen*: Wenn die PNG-Datei editierbaren Text enthält, wird dieser mit importiert.
- *Führungslinien einschließen*: Wenn die PNG-Datei Führungslinien enthält, werden diese mit importiert.

Bei dieser Import-Methode gehen allerdings alle Effekte und Stile verloren; wenn Sie Wert auf die Erhaltung dieser Effekte legen, sollten Sie die zweite Importmethode wählen. Wenn Bitmap-Bilder mit importiert werden, werden diese in der Filmbibliothek als Bitmap abgelegt, können allerdings nicht mit externen Programmen, wie z.B. Fireworks, bearbeitet werden. Importierte Textblöcke bleiben editierbar.

Außerdem werden die Ebenen der PNG-Datei beibehalten und in Flash sinngemäß umgesetzt, auch wenn diese leer sind. Die Namen der Ebene bleiben hierbei erhalten.

Als Bitmap importieren
Bei der zweiten Import-Methode wird die PNG-Datei auf die Hintergrundebene reduziert und in eine Bitmap-Grafik umgewandelt. Hierbei werden alle Effekte, Stile und Transparenz berücksichtigt. Über den Punkt *Bearbeiten in Fireworks* im Kontextmenü des Bitmap-Objekts in der Filmbibliothek können Sie zur Bearbeitung das Bildes nach Fireworks wechseln; nach Beendigung der Arbeiten am Bild in Fireworks gelangen Sie wieder zurück nach Flash. Hierbei wird die PNG-Datei bearbeitet, wodurch Sie in die Lage versetzt werden, auch die Vektor-Daten zu bearbeiten.

Import über die Zwischenablage
Selbstverständlich können Sie auch Inhalte von Fireworks nach Flash über die Zwischenablage transferieren. Hierbei werden Vektor-Objekte in Bitmaps umgewandelt. Bei einem Import über die Zwischenablage gehen die Transparenzinformationen verloren.

Macromedia Freehand

Bei Freehand handelt es sich um ein leistungsstarkes Vektor-Grafikprogramm der Firma Macromedia. Auch hier wird das eigene Format von Freehand in den Versionen 7–9 für den Import genutzt. Den Import von Freehand-Dateien können Sie durch diverse Parameter steuern.

Die Importoptionen Freehands

- *Seiten*: Hier entscheiden Sie, ob die Seiten einer Freehand-Datei über die *Szenen* oder die *Schlüsselbilder* verteilt werden.
- *Ebenen*: Hier entscheiden Sie, ob Ebenen der Freehand-Datei über die *Ebenen* oder über die *Schlüsselbilder* verteilt werden. Mit *Abflachen* werden alle Ebenen einer Freehand-Datei auf eine Ebene reduziert.
- *Seiten*: Mit *Alle* werden alle Seiten der Freehand-Datei importiert. Unter *Von* und *Nach* können Sie einen Seitenbereich wählen, der für den Import berücksichtigt wird.

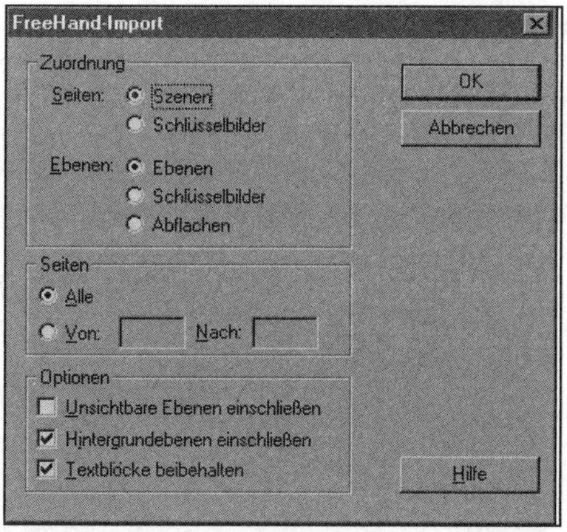

Abb. 1.11: Die Optionen des Freehand-Imports

- *Unsichtbare Ebenen einschließen*: In Freehand unsichtbar geschaltete Ebenen werden importiert.
- *Hintergrundebenen einschließen*: In Freehand-Datei enthaltene Hintergrundebenen werden in Flash mit importiert.
- *Textblöcke beibehalten*: Hierbei werden Textblöcke der Freehand-Datei erhalten und sind in Flash somit editierbar.

Um einen flexiblen und qualitativ hochwertigen Import zu erzielen, gibt es noch einige Hinweise, die Sie beachten sollten:

- Überlappende Objekte werden beim Import genauso behandelt wie in Flash. Das heißt, wenn eine Linie zum Beispiel einen Kreis schneidet, wird der Kreis in zwei Halbkreise aufgeteilt und die Linie in drei Teile unterteilt. Um dieses Verhalten zu umgehen und die Objekte als Ganzes zu erhalten, platzieren Sie die zu trennenden Objekte auf verschiedene Ebene innerhalb der Freehand-Datei.
- Mehrfarbige Verlaufsfüllungen werden beim Import unterstützt, solange Sie nicht mehr als acht Farben für den Verlauf verwenden. Werden mehr als acht Farben innerhalb einer Verlaufsfüllung gefunden, erzeugt Flash eine gestufte Farbverlaufsunterteilung. Gestufte Farbverlaufsunterteilungen vergrößern die Datenmenge.
- In Freehand definierte Effekte werden als Einzelschritte in eigenen Pfaden in Flash importiert. Deshalb ist die Datei in Flash umso größer, je mehr Einzelschritte der Effekt aufweist.
- Harte Kanten bei Linien werden während des Imports automatisch in runde Kanten umgewandelt.

- Sollte die Freehand-Datei eingelagerte Graustufenbilder enthalten, werden diese während des Imports in Flash in RGB-Bilder konvertiert. In der Regel vergrößert dies die Datenmenge.
- Sollte die Freehand-Datei eingelagerte EPS-Bilder enthalten, müssen Sie in den Exporteinstellungen Freehands die Option *Editierbare EPS beim Importieren konvertieren* aktivieren. Ansonsten wird das EPS-Bild in der Flash-Datei nicht zu sehen sein. Flash zeigt keine Informationen zu EPS-Bildern an; dieses ist unabhängig von den Einstellungen in Freehand.

Import über die Zwischenablage

Selbstverständlich können Sie auch Inhalte von Freehand nach Flash über die Zwischenablage transferieren. Allerdings ist die Genauigkeit, mit der Linien reproduziert werden, nicht so hoch, als wenn Sie den Weg des Imports gehen.

Adobe Illustrator

Illustrator ist ein leistungsstarkes Vektor-Grafikprogramm aus dem Hause Adobe. Das Dateiformat Illustrators ist mittlerweile zu einem Quasi-Standard zum Austausch von Vektor-Grafikdaten geworden. Deshalb eignet sich das Illustrator-Format auch für den Austausch von Vektor-Grafikdaten zwischen Flash und anderen Vektor-Grafikprogrammen, die von Flash 5.0 nicht direkt unterstützt werden.

Die Import-Optionen des Illustrator

- Flash unterstützt den Import der Formate Adobe Illustrator 88, 3.0, 5.0 und 6.0.
- Für den Druck generierte EPS-Dateien können nicht von Flash 5.0 importiert werden.
- Farbverläufe werden erst ab der Version 5 von Adobe Illustrator unterstützt.
- Nur in der Version 6 werden eingelagerte Bitmaps unterstützt.

Alle Objekte, die aus Illustrator nach Flash 5.0 importiert werden, sind Gruppierungen. Lösen Sie die Gruppierung auf, um die Objekte zu bearbeiten.

Import über die Zwischenablage

Selbstverständlich können Sie auch Inhalte von Freehand nach Flash über die Zwischenablage transferieren. Allerdings ist die Genauigkeit, mit der Linien reproduziert werden nicht so hoch, als wenn Sie den Weg des Imports gehen.

AutoCAD DXF

Das AutoCAD DXF-Format ist ein Standard im CAD-Bereich geworden. Flash 5.0 unterstützt den direkten Import dieses Formats.

Die Import-Optionen von AutoCAD

- Für den Import in Flash 5.0 wird die Version 10 des AutoCAD-Formats unterstützt.
- Vom DXF-Format werden keine Objekt-Füllungen unterstützt; gefüllte Bereiche werden nur als Umriss exportiert.
- Für den Import in Flash 5.0 stehen nur die zweidimensionalen Daten zur Verfügung. Die dreidimensionalen Vektordaten können in Flash nicht importiert werden.
- Es werden nur DXF-Dateien im ASCII-Format gelesen; binäre DXF-Dateien müssen vor dem Import in Flash 5.0 erst in die ASCII-Version konvertiert werden.
- Das DXF-Format unterstützt keine Systemschriften. Flash versucht, diese Schriften anzupassen; dieses führt in Regel zu unvorhersehbaren Ergebnissen, vor allem die Ausrichtung des Textes stimmt dann nicht immer.

Import über die Zwischenablage

Auch in AutoCAD steht Ihnen die Zwischenablage für den Import in Flash zur Verfügung. Allerdings müssen Sie hier Abstriche in der Qualität der Kantengenauigkeit machen.

CorelDRAW

CorelDRAW ist ein weit verbreitetes und leistungsstarkes Vektor-Grafikprogramm. Flash 5.0 bietet keine direkten Importfilter für CorelDRAW an. Da CorelDRAW allerdings ein weit verbreitetes Vektor-Grafikprogramm ist, sollen hier Austauschmöglichkeiten zwischen Flash 5.0 und CorelDRAW beschrieben werden.

Als Austausch-Format zwischen CorelDRAW und Flash 5.0 bietet sich das Adobe Illustrator-Format in der Version 6 an.

- *Kompatibilität*: Wählen Sie hier *Adobe Illustrator 6.0.*
- *Text exportieren als*: Wenn Sie *Kurven* wählen, werden alle Texte in Pfad-Objekte umgewandelt; wählen Sie *Text,* wenn Sie den Text später editieren möchten.

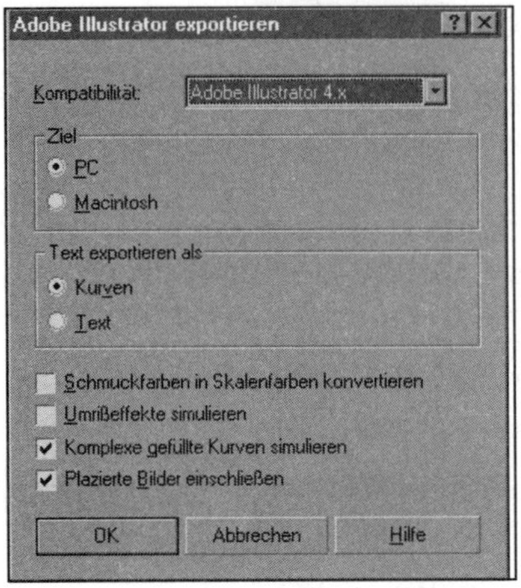

Abb. 1.12: Die Export-Optionen des Illustrator-Formats in CorelDRAW

- *Schmuckfarben in Skalenfarben konvertieren*: Schmuckfarben werden in Skalenfarben konvertiert.
- *Umrißeffekte simulieren*: Wenn Ihre Zeichnung Linien mit Pfeilspitzen enhält, sollten Sie hier *Umrißeffekte simulieren* aktivieren, damit diese Pfeilspitzen in Flash 5.0 später sichtbar sind.

Eingelagerte Bitmap-Grafiken werden beim Import nicht berücksichtigt.

Ansonsten gelten dieselben Regeln und Einschränkungen wie schon bei Adobe Illustrator.

Da bei einem Export der Vektordaten viele Effekte wie zum Beispiel Transparenz verloren gehen, empfiehlt sich im Notfall der Export als Bitmap-Datei.

Austauschformate

Alle weiteren Vektor-Formate können als Austauschformate für Programme genutzt werden, für die Flash 5.0 keine direkten Importfilter zur Verfügung stellt. Experimentieren Sie mit den Datei-Formaten die Ihnen Ihre Anwendung zur Verfügung stellt.

Import von Bitmap-Formaten

So vielseitig heute die Vektor-Grafik geworden ist, gibt es dennoch viele Gelegenheiten, bei denen Sie nicht um den Import von Bitmap-Dateien herumkommen. Die fotorealistische Wiedergabe bleibt der Vektor-Grafik verschlossen. Auch Weichzeichnungseffekte lassen sich mit der Vektor-Grafik nicht in der Qualität darstellen, wie es die Bitmap-Grafik vermag.

Deshalb stellt Flash 5.0 diverse Filter für den Import von Bitmap-Grafiken zur Verfügung. Eine sehr gute Zusammenarbeit bietet auch hier das Gespann aus Flash und Fireworks. Die Unterstützung von Photoshop-Dateien, sofern Sie QuickTime 4.0 auf Ihrem Computersystem installiert haben, ist das nächste Format, das flexible und qualitativ hochwertige Zusammenarbeit mit Flash 5.0 verspricht.

Wie auch schon bei den Vektor-Formaten, können alle Programme, die nicht direkt von Flash 5.0 unterstützt werden, mit Hilfe der Austauschformate mit Fash 5.0 zusammenarbeiten.

Bearbeiten von Bitmap-Dateien

Die direkte Bearbeitung der Bitmap-Dateien ist in Flash nicht möglich. Allerdings existieren Möglichkeiten des Komprimierens und Vektorisierens der Bitmap-Objekte. Um die Bitmaps direkt zu bearbeiten, können Sie Flash aus Anwendungen heraus starten, um die Bitmap dort zu bearbeiten. Nach Beendigung der Arbeiten an der Bitmap wird das Bitmap-Objekt innerhalb von Macromedia Flash aktualisiert.

Bearbeiten von Bitmaps

Um Bitmaps bearbeiten zu können, müssen Sie sie in ein anderes Programm laden und dort bearbeiten. Das Kontextmenü stellt Ihnen zwei Befehle zur Verfügung, mit deren Hilfe Sie eine Bitmap in ein anderes Programm zur Bearbeitung laden und nach der Bearbeitung innerhalb Flash aktualisieren können: Der Befehl *Bearbeiten mit Fireworks 3* lädt die Bitmap, sofern Sie Fireworks 3.0 auf Ihrem Computersystem installiert haben, in Fireworks. Der Befehl *Bearbeiten mit* lässt Sie ein Programm zur Bearbeitung auswählen.

Teilen von Bitmaps

Mit Hilfe des Befehls *Modifizieren/Teilen* können Sie Vektor-Grafiken in einzelne Pixel auflösen, die Sie mit Hilfe der Zeichenwerkzeuge bearbeiten können. Geteilte Bitmaps lassen sich auch zum Malen und Füllen benutzen.

Vektorisieren von Bitmaps

Mit dem Befehl *Modifizieren/Bitmap nachzeichnen* ist es möglich, Bitmap-Grafiken in Vektor-Grafiken zu konvertieren. Das Vektorisieren eignet sich vorzugsweise für einfache Grafiken mit deutlichen Flächen und Linien. Sie können das Material nach dem Vektorisieren mit Hilfe der Zeichenwerkzeuge in Flash bearbeiten. Sie erzielen so in den meisten Fällen eine Ersparnis in der Datenmenge. Wenn Sie allerdings Bitmaps mit vielen Details und Farbverläufen vektorisieren, erhalten Sie unter Umständen eine größere Datenmenge, als die Bitmap-Grafik erzielt. Außerdem geht die Darstellungsqualität der vektorisierten Bitmap gegenüber der Bitmap stark zurück. Allerdings kann dieses auch als reizvoller künstlerischer Effekt eingesetzt werden.

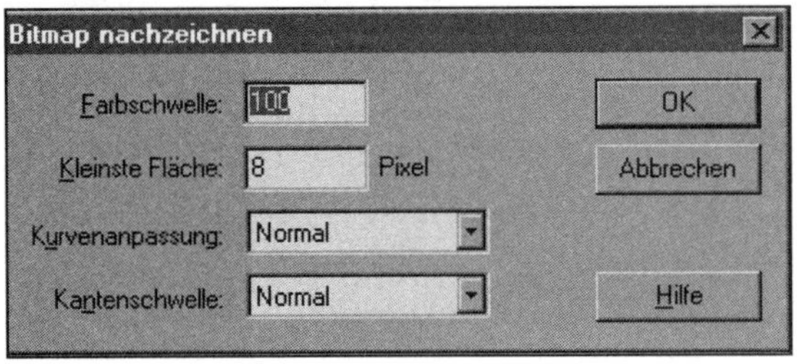

Abb. 1.13: Die Optionen des Befehls *Bitmap nachzeichnen*

- *Farbschwelle*: Geben Sie hier einen Wert von 1–500 ein. Je höher Sie den Farbschwellenwert setzen, desto weniger Farben hat das entstehende Bild.
- *Kleinste Fläche:* Geben Sie hier einen Wert von 1–1000 ein. Je kleiner der Wert ist, desto mehr Details werden reproduziert.
- *Kurvenanpassung*: Mit der Kurvenanpassung Sie stellen ein, wie glatt Kurven gezeichnet werden.
- *Kantenschwelle*: Hiermit stellen Sie ein, ob Kanten geglättet werden oder nicht.

Die natürlichste Reproduktion einer Bitmap-Grafik erreichen Sie in der Regel mit der folgenden Parameterkombination.

- *Farbschwelle*: 10
- *Kleinste Fläche*: 1 Pixel
- *Kurvenanpassung*: Pixel
- *Kantenschwelle*: Viele Ecken

Allerdings werden hierbei so viele Elemente erzeugt, dass eine Bearbeitung mit den Werkzeugen von Flash nicht mehr sinnvoll ist. Sie sollten mit dieser Funktion eine Zeitlang mit verschiedenen Grafiken und Parametern experimentieren, um ein Gefühl für die Leistungsfähigkeit zu bekommen.

Ein ideales Ergebnis werden Sie in der Regel nie erhalten, vielmehr sollten Sie durch Variieren der Parameter den besten Kompromiss zwischen Wiedergabequalität und Bearbeitungsmöglichkeit feststellen.

Photoshop (PSD)

Photoshop ist die erste Wahl, wenn es um die Bearbeitung und Erstellung von Bitmap-Grafiken geht. Wenn Sie auf Ihrem Computersystem QuickTime 4.0 installiert haben, stellt Ihnen Flash einen Importfilter für das Photoshop-Format zur Verfügung.

Beim Import einer Photoshop-Datei werden alle Stile, Effekte und Transparenz berücksichtigt. Das Bild wird während des Imports auf eine Ebene reduziert. Das Kontextmenü eines Bitmap-Symbols, das aus einer Photoshop-Datei stammt, enthält den Befehl *Bearbeiten mit Photoshop*.

Austauschformate

Alle weiteren Bitmap-Formate können als Austauschformate für Programme genutzt werden, für die Flash 5.0 keine direkten Importfilter zur Verfügung stellt. Experimentieren Sie mit den Datei-Formaten die Ihnen Ihre Anwendung zur Verfügung stellt.

Thema 2

1. Grafik importieren und optimieren
2. Arbeiten mit ActionScript
3. Animationen erstellen
4. Sound einbinden
5. Menüs gestalten
6. Formulare erstellen
7. Diagramme erstellen
8. Perfekt drucken
9. Ein universeller Start-Film
10. Publizieren des Projekts

Übersicht

Mit ActionScript erweitert sich der Anwendungsbereich von Flash 5.0 erheblich. Sie können den Benutzer interaktiv in eine Präsentation einschließen. Darüber hinaus können mit Flash kleine Anwendungen erstellt werden, die eigenständig sowie im Webbrowser ablaufen können.

Es können Webformulare und Banner mit Serverkommunikation erstellt werden, um Benutzerinformationen zu speichern oder um dem Benutzer individuelle Informationen zur Verfügung zu stellen.

Denkbar sind auch Frontends, die eine oder mehrere Suchmaschinen nach individuellen Bedürfnissen durchsuchen und die Antworten aufbereiten.

Schließlich sind Anwendungen im E-Commerce-Bereich möglich, welche sich durch die XML-Funktionalität sehr effizient programmieren ließe.

Die Programmierumgebung

Die Programmierumgebung hat sich in der Version Flash 5.0 stark erweitert und verbessert. Der ActionScript-Editor hat an Übersichtlichkeit gewonnen und lässt sich mit seinen zwei Modi gut auf den Benutzer abstimmen. Um die Übersicht über die Struktur und Elemente eines Films zu behalten, bekommen Sie Unterstützung vom *Film-Explorer;* dieser gestattet eine hierarchische Übersicht über die Struktur und Elemente des Films. Neu hinzugekommen ist auch ein Debugger, mit dem die Fehlersuche effizienter gestaltet werden kann.

Der ActionScript-Editor

Den ActionScript-Editor gibt es in zwei Ausführungen: Die erste Ausgabe wendet sich an den Einsteiger oder gelegentlichen ActionScript-Programmierer, die zweite Ausgabe ist für den versierten Programmierer gedacht; hier haben Sie die Möglichkeit, frei im ActionScript-Code zu arbeiten oder auch einen externen Editor für die Bearbeitung des Codes zu benutzen.

Normaler Modus

Im normalen Modus können Sie sozusagen mausgesteuert Ihr ActionScript zusammenklicken. Auf der linken Seite des Dialoges befindet sich die Werkzeugliste mit den Kategorien *Basisaktionen, Aktionen, Operatoren, Funktionen, Eigenschaften* und *Objekte;* auf der rechten Seite befindet sich die Aktionsliste. Im unteren Teil des Fensters sehen Sie das Parameterfeld. Hier können Sie Parameter der Aktionen, die Sie in die Aktionsliste „geklickt“ haben, bearbeiten.

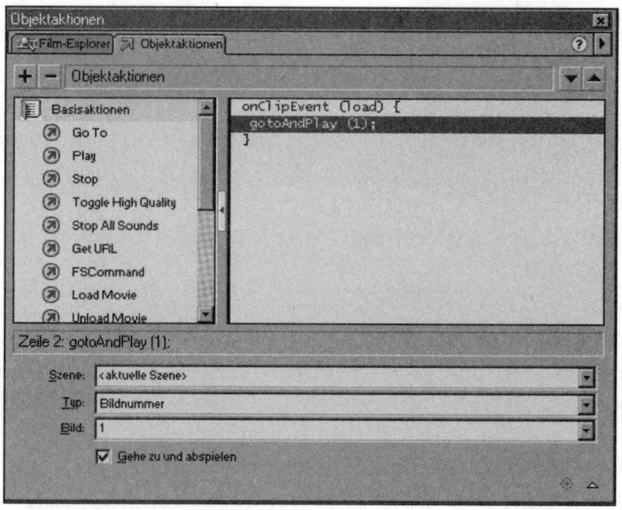

Abb. 2.1: Der ActionScript-Editor im normalen Modus

Experten-Modus

Im Experten-Modus können Sie zwar auch die Aktionen per Mausklick in die Aktionsliste befördern, allerdings ist dieser Editor mehr für das freie Schreiben von ActionScript-Code gedacht. Auf der linken Seite des Dialoges befindet sich auch hier die Werkzeugliste mit den Kategorien *Aktionen, Operatoren, Funktionen, Eigenschaften* und *Objekte.* Auch hier ist auf der rechten Seite die Aktionsliste zu finden. Auf das Parameterfeld wird im Experten-Modus verzichtet.

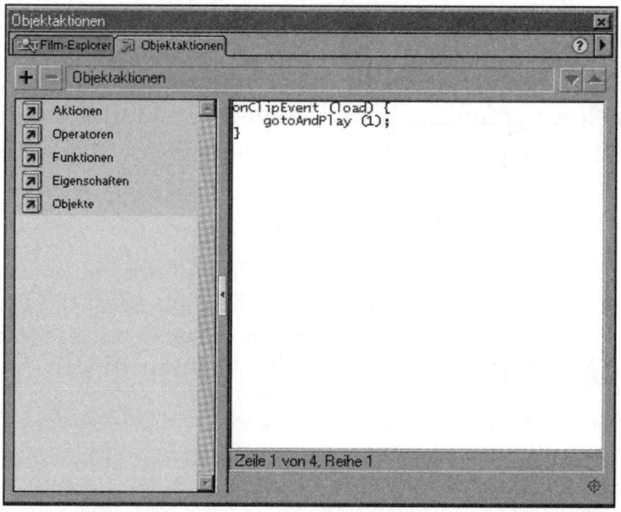

Abb. 2.2: Der ActionScript-Editor im Experten-Modus

Umschalten der Modi

Sie können jederzeit zwischen den Bearbeitungsmodi wechseln. Nur wenn der Code fehlerhaft ist, müssen Sie zuerst den Fehler behoben haben.

Wenn Sie allerdings im Experten-Modus Ihre Scripte erstellen, werden Sie sicher eine Formatierung des Quelltextes vornehmen, die Ihnen die beste Übersicht über den Script-Code gewährt. Alle Formatierungen wie Tabulatoren und überzählige Leerzeichen werden beim Wechsel in den normalen Modus gelöscht.

Einen externen Editor verwenden

Jeder, der schon längere Zeit programmiert, hat einen bevorzugten Editor für die Bearbeitung von Programmcode. In Flash 5.0 sind Sie nicht an den internen Editor gebunden. Sie können jeden beliebigen Editor benutzen, da sich nun die ActionScript-Texte in externe Dateien auslagern lassen. Um das ActionScript in eine externe Datei auszulagern, fügen Sie folgende Zeile in die betreffende Aktionsliste ein:

```
#include "scriptfile_name.as"
```

oder wenn Sie die ActionScripte in einem extra Ordner organisieren wollen

```
#Include "scripts/scriptfile_name.as"
```

Der Film-Explorer

Mit dem Film-Explorer haben Sie die Möglichkeit, sich über Filme einen strukturierten Überblick zu verschaffen. Die Objekte eines Films werden hier in einer Baumstruktur dargestellt. Sie können entscheiden, welche Art von Objekten in der Baumansicht aufgelistet werden soll. Die Baumstruktur eignet sich zum Navigieren durch die Filmstruktur. So können Sie zum Beispiel nach bestimmten Quelltexten suchen; wenn Sie den gewünschten Quelltext gefunden haben, können Sie durch einen Doppelklick in den ActionScript-Editor zur Bearbeitung des Textes wechseln.

Der ActionScript-Debugger

Der ActionScript-Debugger ist eine große Hilfe bei der Fehlersuche in Filmen. Sie können sich, während der Film abgespielt wird, die Eigenschaften aller Filme anzeigen lassen. Ferner können Sie sich für jeden Film die Variablen anzeigen lassen und die Werte zum Testen ändern.

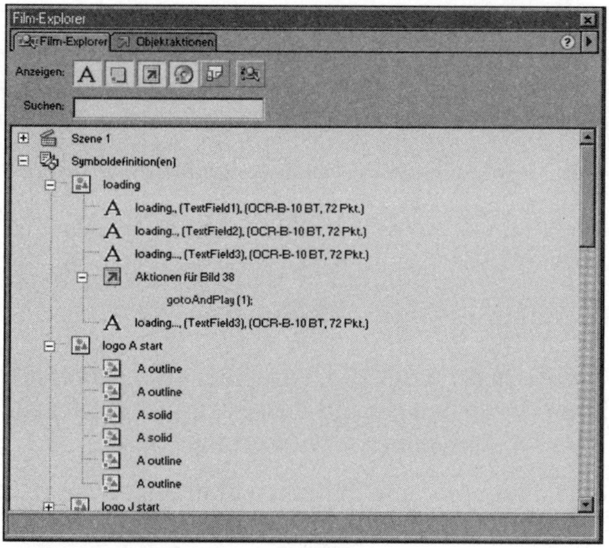

Abb. 2.3: Der *Film-Explorer*

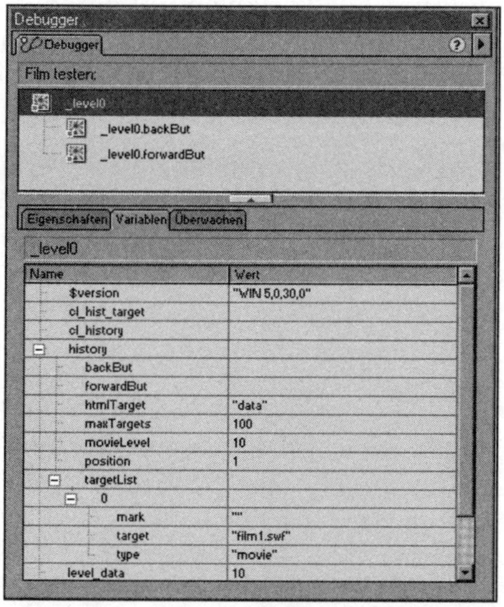

Abb. 2.4: Der ActionScript-Debugger im aktiven Zustand

Sie können sich den Debugger mit dem Befehl *Fenster/Debugger* anzeigen lassen; mit diesem Befehl öffnet sich der Debugger allerdings im inaktiven Zustand. Erst wenn Sie den Film mit dem Befehl *Steuerung/Fehlersuche* im Flash Debug Player öffnen, befindet sich der Debugger im aktiven Zustand.

Aktivieren der Fehlersuche

Legen Sie fest, ob Sie für einen Film die Fehlersuche zulassen und wer den Debugger nutzen darf. Um in einem Film die Fehlersuche zu gestatten, führen Sie die folgenden Schritte aus:

- Öffnen Sie mit dem Befehl *Datei/Voreinstellungen für Veröffentlichen* den Dialog für die Voreinstellungen.
- Wählen Sie das Register *Flash.*
- Aktivieren Sie die Option *Fehlersuche zulassen.*
- Wenn Sie das Feld *Passwort* freilassen, kann jeder die Fehlersuche in diesem Film aktivieren. Vergeben Sie ein Passwort, um einer ausgewählten Gruppe von Benutzern die Fehlersuche zu ermöglichen.

Sollten Ihnen keine oder nicht alle Variablen angezeigt werden, öffnen Sie den Debugger im inaktiven Zustand, bevor Sie mit dem Befehl *Steuerung/ Fehlersuche* den Debugger starten.

Anzeigen und Ändern der Variablen

Im Register *Variablen* werden Ihnen alle Variablen mit deren Werten des gewählten Films angezeigt. Die Anzeige des Registers wird während des Abspielens automatisch aktualisiert, sodass Sie Änderungen verfolgen können.

Um den Wert einer Variablen zu ändern, klicken Sie deren Wert im Register *Variablen* doppelt an. Tragen Sie den gewünschten Wert ein. Beachten Sie, dass Sie hier konstante Werte und keine Ausdrücke angeben.

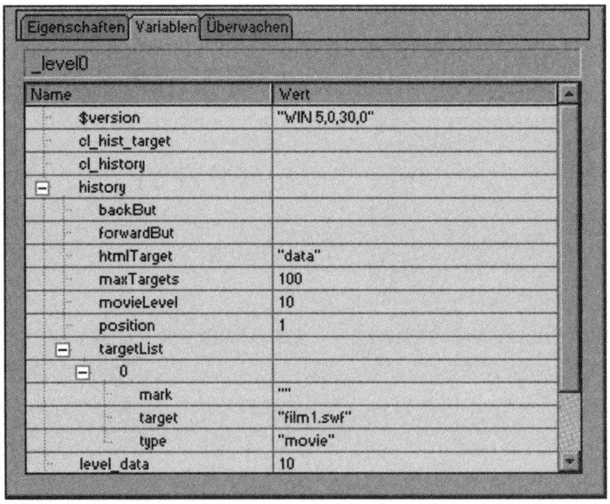

Abb. 2.5: Die Variablenliste des Debuggers

Benutzung der Überwachungsliste

In der Überwachungsliste können Sie sich die Variablen zusammenstellen, die Sie während der Fehlersuche im Überblick haben möchten.

Um eine Variable der Überwachungsliste hinzuzufügen, wechseln Sie in das Register *Variablen* und wählen die benötigte Variable aus. Wählen Sie nun Kontextmenü der Variablen *Überwachen*, die Variable ist nun der Überwachungsliste hinzugefügt wurden.

Sie können im Überwachungsfenster natürlich auch die Werte der gelisteten Variablen ändern. Gehen Sie hierbei genau wie beim Ändern von Werten im Register *Variablen* vor.

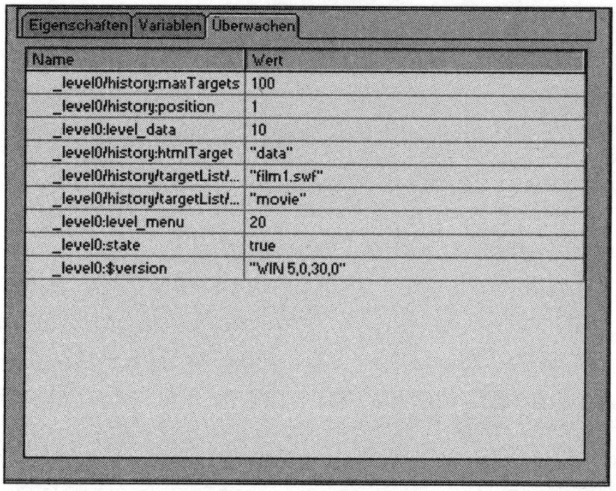

Abb. 2.6: Die Überwachungsliste des Debuggers

Anzeigen und Ändern der Filmeigenschaften

Über das Register *Eigenschaften* können Sie sich die Eigenschaften aller im Film vorhandenen Filme anzeigen lassen.

Sie haben die Möglichkeit, alle Eigenschaften bis auf die schreibgeschützten während des Abspielens zu ändern; die Änderungen wirken sich sofort aus. Um eine Eigenschaft zu ändern, klicken Sie doppelt auf deren Wert.

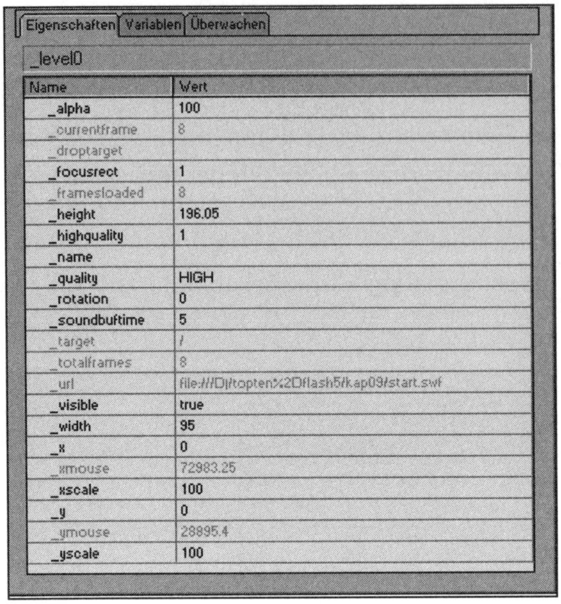

Abb. 2.7: Die Eigenschaftsliste des Debuggers

Die ActionScript-Syntax

Wie jede Sprache Regeln hat, so hat auch ActionScript Syntaxregeln, die festlegen, welche Wörter in welchen Zusammenhang gehören und wie die Reihenfolge sein muss, damit sinnvolle Befehle entstehen.

Im Folgenden sind alle allgemeinen Regeln für die Syntax von ActionScript aufgeführt.

Punkt

Um auf eine Methode oder Eigenschaft eines Objekts zu verweisen, benutzt ActionScript den Punkt (.). Der Punkt wird auch benutzt, um die Elemente eines Zielpfades, der auf einen Film oder eine Filmvariable verweist, zu trennen.

Beispiel eines Verweises auf eine Filmeigenschaft:

```
filmsequenz._x = 200;
```

Beispiel eines Verweises auf eine Objektmethode:

```
filmsequenz.play();
```

Schrägstrich

Aus den Zeiten von Flash 3 und 4 stammt die Schrägstrich-Syntax. Sie diente damals zur Angabe eines Zielpfades einer Filmsequenz oder -variablen. Die Verwendung wird zwar noch unterstützt, wird aber nicht empfohlen. Um Variablen kenntlich zu machen, wird ihnen ein Doppelpunkt vorangestellt.

Alte Syntax:

```
filmsequenz/kindsequenz:filmvariable;
```

Neue Syntax:

```
filmsequenz.kindsequenz.filmvariable;
```

Geschweifte Klammern

Blöcke von ActionScript-Anweisungen werden in geschweiften Klammern ({}) zusammengefasst.

```
on(release) {
    x = x + 1;
    y = y + 1;
}
```

Semikola

Jede ActionScript-Anweisung endet mit einem Semikolon. Wenn Sie das Semikolon vergessen, kompiliert Flash das Script dennoch.

Beispiel:

```
zeile = 1
```

und

```
zeile = 1;
```

sind gleichwertige Ausdrücke.

Runde Klammern

Die Argumente einer Funktion werden in runde Klammern (()) gesetzt.

```
function dothis( x, y){
...
}
```

Mit runden Klammern wird auch die Reihenfolge, in der ActionScript-Anweisungen ausgeführt werden, beeinflusst.

Wenn Sie auf die Klammern verzichten, müssten Sie statt

```
onClipEvent(enterFrame) {
   (new Color(this)).setRGB(0xffffff));
}
```

diesen etwas längeren Code schreiben:

```
onClipEvent(enterFrame) {
   myColor = new Color(this);
   myColor.setRGB(0xffffff);
}
```

Groß- und Kleinbuchstaben

ActionScript ist nicht Case-sensitiv, es wird also nicht zwischen Groß- und Kleinschreibung unterschieden. Nur bei Schlüsselwörtern wird die Groß-/Kleinschreibung beachtet.

Die beiden Anweisungen sind gleichwertig:

```
schalter1.hilite = true;
Schalter1.hilite = true;
```

Kommentare

Mit den beiden Schrägstrichen (//) werden Kommentarzeilen eingeleitet.

```
// erster Kommentar
onClipEvent(enterFrame) {
   // zweiter Kommentar
   (new Color(this)).setRGB(0xffffff));
}
```

Schlüsselwörter

Einige Wörter sind in ActionScript für eine bestimmte Verwendung reserviert. Diese Namen stehen also nicht für Variablen, benutzdefinierte Funktionen/Objekte oder Labels zur Verfügung.

Break	for	new	var
Continue	function	return	void
Delete	if	this	while
Else	in	typeof	with

Tab. 2.1: Die Schlüsselwörter

Konstanten

Eigenschaften, deren Wert sich nie ändert, werden Konstanten genannt. *ENTER, BACKSPACE, RETURN* sind beispielsweise Konstanten, wie sie in Flash Verwendung finden.

```
if(keycode() == Key.ENTER) {

   status = true;

}
```

Datentypen

Die Art der Information, die eine Variable enthalten kann, wird durch den Variablentyp bestimmt. Flash kennt 5 Datentypen, die im Folgenden beschrieben werden.

Zeichenfolge

Dieser Datentyp enthält Zeichenfolgen, die aus Buchstaben, Satzzeichen oder Ziffern bestehen können. Zeichenfolgen werden in einfache oder doppelte Anführungszeichen eingeschlossen.

```
myName = "bart";

myName = "bart";
```

Um zwei Zeichenketten miteinander zu verbinden, benutzen Sie das Plus-Zeichen (+).

```
greeting = "Hallo, " + name;
```

Wenn Sie innerhalb einer Zeichenfolge ein Anführungszeichen verwenden wollen, müssen Sie diesem einen umgekehrten Schrägstrich voranstellen. Solche kurzen Zeichenketten mit vorangestelltem umgekehrten Schrägstrich nennt man auch Escape-Sequenzen.

Escape-Seq.	Zeichen
\b	Rückschritttaste (Backspace, ASCII 8)
\f	Seitenvorschub (Form Feed, ASCII 12)
\n	Zeilenvorschub (Line Feed, ASCII 10)
\r	Wagenrücklauf (Carriage Return, ASCII 13)
\t	Tabulator (Tab, ASCII 9)
\"	Doppeltes Anführungszeichen
\'	Einfaches Anführungszeichen
\\	Umgekehrter Schrägstrich
\000 - \377	Ein oktaler Byte-Wert
\x00 - \xFF	Ein hexadezimaler Byte-Wert
\u0000 - \uFFFF	Ein 16-Bit-Unicode-Zeichen in Hexadezimal-Schreibweise

Tab. 2.2: Tabelle der Escape-Sequenzen

Zahl

Der Datentyp *Zahl* stellt eine doppelt genaue Gleitkommazahl dar. Auf den Datentyp *Zahl* können Sie alle arithmetischen Operationen – addieren, multiplizieren und alle weiteren mathematischen Funktionen – anwenden.

```
ergebnis = 23 + ( 12 -34);
```

Boolean

Der Datentyp Boolean kennt genau zwei Werte: *true* und *false*. Sie können stattdessen auch 1 und 0 schreiben; ActionScript konvertiert gegebenfalls diese Angaben nach *true* und *false*.

```
if( status == true) {

...

}
```

Objekt

In ActionScript wird eine Ansammlung von Eigenschaften als Objekt bezeichnet. Jede Eigenschaft besitzt einen Namen und einen Wert. Den Typ der Eigenschaft kann jeder von Flash unterstützte Datentyp darstellen. Hiermit kann also eine Schachtelung von Objekten realisiert werden.

```
fahrrad.hinterrad.schlauch.status = "platt";
```

Sie können eigene Objekte definieren, um komplexe Datenstrukturen zu verwalten. Für eine Adressliste können Sie zum Beispiel ein Objekt namens *Person* erstellen, für das Sie dann Eigenschaften wie *name, nachname, ort* usw. definieren.

Filmsequenz

Der einzige Datentyp, der auf ein grafisches Element verweist, ist der Datentyp *Filmsequenz.* Über die Methoden des Filmsequenz-Objekts können Sie Filmsequenzen steuern.

```
filmsequenz.stopDrag(
```

Variablen

Variablen werden benötigt, um Informationen zwischenzuspeichern; dieses können Ergebnisse von Berechnungen, Namen, URL, Kundennummer usw. sein. Variablen können jeden von Flash unterstützten Datentyp annehmen.

Bezeichnung von Variablen

- Das erste Zeichen einer Variablen muss ein Buchstabe, Unterstrich (_) oder Dollarzeichen ($) sein. Jedes weitere Zeichen muss ein Buchstabe, eine Zahl, ein Unterstrich (_) oder ein Dollarzeichen ($) sein.
- Der Name einer globalen Variablen muss für den Film, für den sie erstellt wurde, einmalig sein.
- Der Name darf kein Schlüsselwort oder Literal sein.

Beispiele für gültige Variablen:

```
ersteVariable

_Varibale

$Variable
```

Beispiele für ungültige Variablen:

```
1.Variable
```

```
erste.Variable
```

Festlegung des Variablentyps

Bei der Definition einer neuen Variablen brauchen Sie den Typ nicht unbedingt anzugeben. Flash kann den Datentyp während der Zuweisung des Wertes feststellen.

Hier wird eine Variable vom Typ *Zahl* erstellt:

```
x = 15;
```

Hier wird eine Variable vom Typ *Zeichenfolge* erstellt:

```
name = "meier";
```

Zeichenketten werden mit dem Pluszeichen (+) verkettet:

```
name = "nachname, " + "vorname";
```

Wenn Sie eine Zahl einer Zeichenkette hinzuaddieren, wird diese Zahl in den Typ *Zeichenkette* umgewandelt:

```
"Seite " + 8;
```

Wenn Sie während der Fehlersuche den Typ einer Variablen feststellen wollen, benutzen Sie folgende Aktion:

```
trace( typeof( variablenName));
```

Geltungsbereich

Mit dem Geltungsbereich einer Variablen wird der Bereich beschrieben, in dem die Variable bekannt ist und somit angesprochen werden kann. Eine globale Variable kann von allen Zeitleisten angesprochen werden. Eine lokale Variable kann nur innerhalb ihres Blocks angesprochen werden und verliert ihren Wert, wenn der Block verlassen wird.

Mit Hilfe der Anweisung *var* können Sie lokale Variablen erstellen. Im folgenden Beispiel werden die Variablen *count* und *entry* als lokale Variablen deklariert:

```
function printArray( names) {

   var count = 0;

   var entry = "";
```

```
    for entry in names {
    trace( entry);
    count = count + 1;
}
trace( "Anzahl der Namen: " + count);
}
```

Mithilfe von lokalen Variablen vermeiden Sie Namenskonflikte innerhalb Ihrer Filme. Außerdem fördern lokale Variablen die Übersicht bei der Fehlersuche.

Die Deklaration einer Variablen

Um eine Variablen zu initialisieren, können Sie zum einen den Zuweisungsoperator (=) verwenden oder den älteren Befehl *setvariable*. Beide Methoden führen zum selben Ergebnis.

Lokale Variablen werden mit der *var*-Anweisung innerhalb eines Codeblocks deklariert und sind nur innerhalb dieses Blocks gültig.

Operatoren

Ein Bestandteil einer ActionScript-Anweisung ist ein Operator. Ein Ausdruck ist eine Anweisung, die ein Ergebnis zurückgibt. Ein Operator bestimmt, wie die Werte in einem Ausdruck miteinander kombiniert werden. Die Werte die auf einen Operator angewendet werden, nennt man Operanden.

Numerische Operatoren

Numerische Operatoren werden zum Addieren, Subtrahieren, Multiplizieren, Dividieren usw. benutzt. In der folgenden Tabelle sind die numerischen Operatoren aufgelistet:

Operator	Operation
+	Addition
*	Multiplikation
/	Division
%	Modulo
-	Subtraktion
++	Inkrement
—	Dekrement

Tab. 2.3: Die numerischen Operatoren

Vergleichsoperatoren

Mit Vergleichsoperatoren werden Werte von Ausdrücken verglichen. Als Ergebnis des Vergleichs geben diese ein Ergebnis vom Typ *Boolean* zurück. In der folgenden Tabelle sind die Vergleichsoperatoren aufgelistet:

Operator	Operation
<	Kleiner als
>	Größer als
<=	Kleiner oder gleich
>=	Größer oder gleich

Tab. 2.4: Die Vergleichsoperatoren

Zeichenfolgenoperatoren

Ein Pluszeichen, das auf Zeichenketten angewendet wird, bewirkt eine Verkettung dieser Zeichenketten.

```
neueZeichenkette = _1Zeichenkette + _2Zeichenkette;
```

Wenn einer der Operanden des Operators Plus eine Zeichenkette ist, wird der andere Operand in eine Zeichenkette konvertiert.

Die Zeichen <, <=, > und >= bewirken einen alphabetischen Vergleich, wenn sie auf Zeichenketten angewandt werden.

Logische Operatoren

Logische Operatoren vergleichen Werte vom Typ Boolean (*true* und *false*) und geben als Ergebnis einen Wert vom Typ Boolean zurück. In der folgenden Tabelle sind die Logischen Operatoren aufgelistet:

Operator	Operation
&&	Logisches UND
||	Logisches ODER
!	Logisches NICHT

Tab. 2.5: Logische Operatoren

Bit-Operatoren

Mithilfe der Bit-Operatoren können Sie zum Beispiel numerische Operatoren nachbilden; diese Methode ist allerdings mehr etwas für die erfahrenen Programmierer. In der folgenden Tabelle sind die Bit-Operatoren aufgelistet:

Operator	Operation
&	Bitweises UND
|	Bitweises ODER
^	Bitweises XOR (entweder-oder)
~	Bitweises NICHT
<<	Shift links
>>	Shift rechts
>>>	Shift rechts, auffüllen mit 0

Tab. 2.6: Die Bit-Operatoren

Gleichheits- und Zuweisungsoperatoren

Ein Gleichheitsoperator vergleicht zwei Operanden auf Gleichheit und gibt als Ergebnis einen Wert vom Typ *Boolean* zurück. Ein Zuweisungsoperator weist einer Variablen einen Wert zu. Beide Vorgänge können auch miteinander kombiniert werden. In der folgenden Tabelle sind die Gleichheits- und Zuweisungsoperatoren aufgelistet:

Operator	Operation
==	Gleichheit
!=	Ungleichheit
=	Zuweisung
+=	Addition und Zuweisung
-=	Subtraktion und Zuweisung
*=	Multiplikation und Zuweisung
%=	Modulo und Zuweisung
/=	Division und Zuweisung
<<=	Bitweises Shift links und Zuweisung
>>=	Bitweises Shift rechts und Zuweisung
>>>=	Shift rechts, auffüllen mit 0 und Zuweisung
^=	Bitweises XOR und Zuweisung
|=	Bitweises ODER und Zuweisung
&=	Bitweises UND und Zuweisung

Tab. 2.7: Die Gleichheits- und Zuweisungsoperatoren

Punkt-Operator und Array-Zugriffsoperator

Der Zugriff auf Eigenschaften eines Objekts wird über den Punkt-Operator (.) oder Array-Zugriffsoperator ([]) realisiert. Dies schließt die Eigenschaften einer Filmsequenz mit ein.

Auf der linken Seite des Operators steht der Name des Objekts, auf der rechten dessen Eigenschaft.

```
year.month = "Juni";
```

```
year.month.day = 9;
```

Der Punktoperator und Array-Zugriffsoperator erfüllen denselben Zweck:

```
car.speed = 100;
```

```
car["speed"] = 100;
```

Aktionen in ActionScript

Als Aktionen bezeichnet man in Flash Befehle oder Anweisungen, die voneinander abhängen und sich gegenseitig beeinflussen können.

Eine Aktion kann Argumente besitzen; es gibt Argumente, die vorhanden sein müssen, und Argumente, die optional sind. Die folgende Aktion hat als Pflicht-Argumente *URL* und *Location*, während *Variables* ein optionales Argument ist.

```
loadMovie(URL, Location, Variables);
```

Die folgende Tabelle listet alle ActionScript-Aktionen auf:

Break	evaluate	include	print	stopDrag
Call	for	loadMovie	printAsBitmap	swapDepths
Comment	for...in	loadVariables	remove-MovieClip	tellTarget
Continue	fsCommand	nextFrame nextScene	return	toggleHigh-Quality
Delete	function	on	setProperty	stopDrag
do...while	getURL	onClipEvent	setVariable	trace
Duplicate-MovieClip	gotoAndPlay gotoAndStop	play	startDrag	unloadMovie
Else	if	PrevFrame	stop	var
else if	ifFrameLoaded	PrevScene	stopAllSounds	while

Tab. 2.8: Die ActionScript-Aktionen

Kontrolle des Programmablaufs

Die Aktionen *if, for, while, do...while* und *for...in* gestatten die bedingte Steuerung von ActionScript.

Die *if*-Anweisung

Die *if*-Anweisung prüft, ob eine Bedingung wahr oder nicht wahr ist. Wenn die Bedingung erfüllt ist, wird die anschließende Aktion ausgeführt. Ist sie nicht erfüllt, wird die Aktion im optionalen *else*-Block ausgeführt.

```
if ((Password == null) || (E-Mail == null)){

   gototAndPlay("exit");

} else {

   gotoAndPlay("start");

}
```

Wenn Sie mehrere Bedingungen überprüfen, stellen Sie die Bedingungen, die der Wahrscheinlichkeit nach am häufigsten erfüllt werden, an die obere Position, um die Ausführungsgeschwindigkeit des Programmcodes zu erhöhen.

Die *while*-Anweisung

Solange der Ausdruck innerhalb der *while*-Aktion wahr ist, werden die Aktionen im *While*-Block ausgeführt. Mit der *break*-Aktion kann die *while*-Aktion abgebrochen werden.

```
i = 7;

while (i > 0) {

   trace( i);

   i –;

}
```

Die *do...while*-Anweisung

Bei der *do...while*-Anweisung wird der Ausdruck innerhalb des *do*-Blocks ausgeführt, und zwar so lange, wie die Bedingung in der *while*-Aktion wahr ist. Mit der *break*-Aktion kann die *do...while*-Aktion abgebrochen werden.

```
i = 7;
do {
   trace( i);
   i —;
} while (i > 0);
```

Die *for*-Anweisung

Die *for*-Anweisung trägt den Schleifenzähler und die Kontrolle über den Schleifenzähler sozusagen in sich. Es wird eine Schleifenvariable deklariert; bei jedem Schleifendurchlauf wird im mittleren Abschnitt die Schleifenvariable auf Wahrheit geprüft und schließlich im letzten Abschnitt inkrementiert oder dekrementiert. Mit der *break*-Aktion kann die *for*-Aktion abgebrochen werden.

```
for (i = 7; i > 0; i—){
   trace( i);
}
```

Die *for...in*-Anweisung

Mit der *for...in*-Anweisung können Sie Schleifen über alle Elemente anderer Filmsequenzen, Funktionen, Objekte oder Variablen erstellen. Mit der *break*-Aktion kann die *for...in*-Aktion abgebrochen werden. Im Folgenden werden alle Eigenschaften des Objekts *person* ausgegeben.

```
person = { Name:'tom', plz:20138, Stadt:'Kiel' };
for (eigenschaft in person) {
  trace(eigenschaft + "=" + person[eigenschaft]);
}
```

Das Beispiel erzeugt folgende Ausgabe:

```
Name=tom
plz=20138
Stadt=Kiel
```

Funktionen

Wenn Sie einen Block von Funktionen häufiger wieder verwenden möchten, können Sie diese in einer Funktion zusammenfassen und dann überall im Film benutzen. Flash besitzt einen Satz an vordefinierten Funktionen; Sie können aber auch eigene, benutzerdefinierte Funktionen erstellen und benutzen.

Einer Funktion können Parameter übergeben werden. Werden mehr Parameter als benötigt übergeben, werden die überzähligen Parameter ignoriert. Werden zu wenig Parameter übergeben, werden die fehlenden Parameter auf *undefined* gesetzt. Funktionen können auch Werte zurückgeben; dieses kann zu Fehlern des Scripts während des Exports führen.

Vordefinierte Funktionen

Boolean	getTimer	isFinite	newline	scroll
Escape	getVersion	isNaN	number	String
Eval	globalToLocal	keycode	parseFloat	targetPath
False	hitTest	localToGlobal	parseInt	true
GetProperty	int	maxscroll	random	unescape

Tab. 2.9: Die vordefinierten Funktionen

Im Experten-Modus des ActionScript-Editors brauchen Sie lediglich den Namen der Funktion und gegebenenfalls die Parameter einzugeben.

```
tuEtwas( ersterParameter, zweiterParameter);
```

Um im normalem Modus des ActionScript-Editors eine Funktion einzubauen, benutzen Sie die Aktion *evaluate* und geben im Feld *Ausdruck* den Namen der Funktion und gegebenenfalls die Parameter ein.

Benutzerdefinierte Funktionen

Wenn Sie eine Ansammlung von Aktionen häufiger verwenden müssen, ist es sinnvoll, diese in einer Funktion zusammenzufassen. Sie können an diese Funktion Argumente übergeben und die Funktion Werte zurückgeben lassen. Die Funktion kann, nachdem sie definiert wurde, von jedem Film angesprochen werden. Durch Einfügen von Kommentaren können Sie die Wiederverwendung einer solchen Funktion erleichtern.

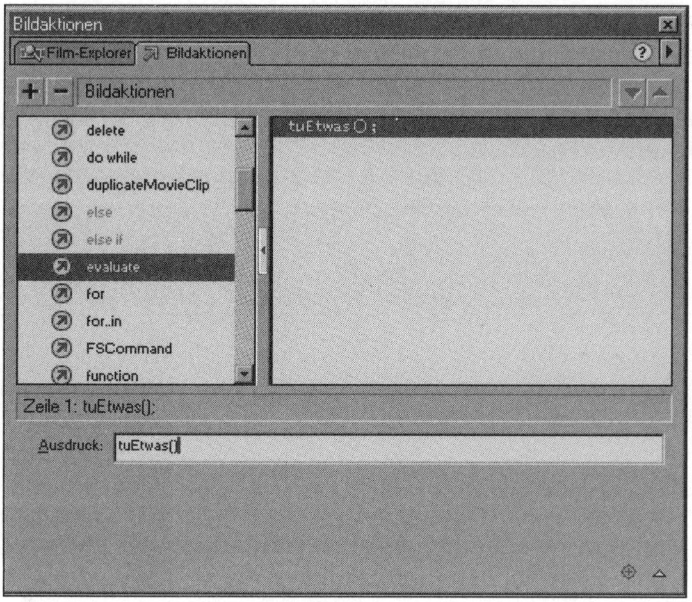

Abb. 2.8: Die Aktion *evaluate* im Scriptfenster

Definieren einer Funktion

Definiert werden Funktionen durch die Aktion *function*. So definierte Funktionen sind an den Film gebunden, in dem sie definiert werden. Im Folgenden wird eine einfache Funktion definiert.

```
function initialize() {
   this.persons = {};
}
```

Das Schlüsselwort *this* in diesem Beispiel ist eine Referenz auf die Filmsequenz, in der die Funktion definiert wurde.

Übergeben von Argumenten

An Ihre Funktionen können Sie auch Argumente, auch Parameter genannt, übergeben. Die Argumente sind, ähnlich wie die lokalen Variablen, nur während der Laufzeit der Funktion gültig. Werden Argumente beim Aufruf nicht angegeben, werden sie während der Laufzeit der Funktion auf *undefined* gesetzt.

```
function newPerson( nick, name) {
   this.nick = nick;
   this.name = name;
}
```

Werterückgabe aus einer Funktion
Häufig ist es notwendig, dass Funktionen als Ergebnis Werte zurückgeben müssen. Werte können Sie mit der Aktion *return* aus einer Funktion zurückgeben. Aktionen, an deren Ende keine *return*-Aktion steht, geben eine leere Zeichenkette zurück.

```
function getFullName( nick, name) {

   return nick +" "+ name;

}
```

Objekte

Wie bereits erwähnt, sind Objekte Ansammlungen von Eigenschaften und können Methoden definieren, die zur Verarbeitung der Eigenschaften herangezogen werden und zur „Kommunikation" mit der „Umwelt" dienen. Mit „Umwelt" sind hier Systemzustände (Datum, Zeit, Sound, ...), Benutzereingaben, Netzwerk-Funktionen und schließlich der weitere ActionScript-Code, der im Film enthalten ist, gemeint. Mithilfe von Objekten werden sozusagen Funktionalitäten des Films und des Computersytems abgebildet. Das *Key*-Objekt bildet über Methoden die Funktionalität der Tastatur ab. Es existieren Methoden, mit deren Hilfe Sie ermitteln, welche Taste der Benutzer gerade gedrückt hat.

Vordefinierte Objekte

Flash 5.0 stellt diverse vordefinierte Objekte zur Verfügung:

- Array
- Boolean
- Color
- Date
- Key
- Math
- MovieClip
- Number
- Objekt

- Selektion
- Sound
- String
- XML
- XMLSocket

Erstellung von Instanzen
Um ein Objekt zu nutzen, müssen Sie eine Instanz des Objekts erstellen. Eine Instanz ist quasi eine Kopie des Objekts; man kann auch sagen, das Objekt hat als Vorlage für die Instanz gedient. In Flash werden nun diese Instanzen ebenfalls als Objekte bezeichnet.

Es existieren zwei Möglichkeiten, eine Instanz zu erstellen:

- mit dem Operator *new*
- mit dem Objektinitialisierungoperator ({})

Um mit dem *new*-Operator eine Instanz zu erstellen, rufen Sie diesen zusammen mit der Konstruktorfunktion des Objekts auf. Eine Konstruktorfunktion ist eine normale Funktion, die die neue Instanz initialisiert. Die Instanz selbst wird von einer Film-Variablen vom Typ *Objekt* dargestellt.

```
myDate = new Date();
```

Es gibt allerdings auch einige vordefinierte Objekte, die ihre Objektmethoden auch ohne Instanzierung zur Verfügung stellen.

```
Math.sin();
```

Zugriff auf Instanz-Eigenschaften
Der Zugriff auf die Eigenschaften einer Instanz wird über den Punkt-Operator (.) realisiert. Die Instanz steht hierbei auf der linken Seite des Punktes und die Eigenschaft rechts.

```
person.name;
```

Einer Eigenschaft weisen Sie folgendermaßen einen Wert zu:

```
person.name = "Bart";
```

Methodenaufruf

Eine Methode ist einfach gesagt eine Funktion, die an das Objekt und durch die Instanzierung auch an jede Instanz des Objekts gebunden ist. Die Methoden eines Objekts können also erst benutzt werden, wenn Sie eine Instanz des Objekts erstellt haben.

Der Zugriff auf die Methoden einer Instanz wird ebenfalls über den Punkt-Operator realisiert. Die Instanz steht hierbei auf der linken Seite des Punktes und die Methode rechts. Methoden können – genau wie den Funktionen – Argumente übergeben werden und sie können Werte zurückgeben.

```
myDate.setYear( 2000);
```

Benutzerdefinierte Objekte

In Flash 5.0 haben Sie die Möglichkeit, eigene Objekte zu erstellen. Hierdurch können Sie die Verwaltung der Filmdaten besser strukturieren und so den ActionScript-Code übersichtlicher gestalten.

Erstellung eines Objekts

Die Erstellung eines Objekts fängt mit der Konstruktorfunktion an. Eine Kontruktorfunktion ist eine normale Funktion, wie Sie sie schon kennen, mit einem Unterschied:

Beim Aufruf der Konstruktorfunktion mit dem *new*-Operator übergibt Flash die versteckte Referenz *this. this* enthält eine Referenz auf die Instanz, die gerade erstellt wird. Mit Hilfe dieser Referenzen unterscheidet Flash die verschiedene Instanzen, die von einem Objekt abgeleitet werden können.

Im Folgenden wird eine Konstruktorfunktion eines Objekts zur Speicherung von Personendaten dargestellt; das Prefix *ob_* im Funktionsnamen ist keine Pflicht und nur der späteren Lesbarkeit des ActionScript-Codes zuträglich:

```
function ob_person( vorname, nachnahme, plz, ort) {

   this.vorname = vorname;

   this.nachname = nachname;

   this.plz = plz;

   this.ort = ort;

}
```

Dann wird eine Instanz mit Hilfe der Konstruktorfunktion des Objekts *ob_person* erstellt:

```
person = new ob_person('Bart','Simpson', ,54321', ,')
```

Erstellung von Objektmethoden
Für die Erstellung von Objektmethoden benutzen Sie die Eigenschaft *prototype;* diese Eigenschaft besitzt jede erstellte Funktion. Mit Hilfe der *prototype*-Eigenschaft lässt sich nun eine Funktion an das Objekt binden und wird so zur Objektmethode. Im Folgenden wird eine Objektmethode zur Ausgabe des Namens erstellt und aufgerufen.

```
ob_person.prototype.printName = function() {

   trace( this.vorname +' '+ this.nachname);

}

person.printName();
```

Hierarchien und Geltungsbereiche

Ein Flash-Projekt besteht in der Regel aus einem Hauptfilm und mehreren anderen, zum Teil während der Filmlaufzeit geladenen Filmen. Die Hierarchie, in der die einzelnen Filme zueinander stehen, ist ähnlich der eines Dateisystems baumartig strukturiert.

Wenn der Film interaktiv ausgelegt ist, müssen Sie die Objekte im Film auseinander halten können. Um nun zielgenau die Objekte eines Films anzusprechen, muss es eine Art der Adressierung geben. Diese Adressierung wird in Flash über Zielpfade realisiert. Um korrekte Zielpfade zu erstellen, ist es notwendig, die Hierarchie, in der die Filme angeordnet sind, zu verstehen.

Die Hierarchie der Zeitleisten

Jeder Flash-Film besitzt eine Hauptzeitleiste. In diese Hauptzeitleiste lassen sich beliebig viele weitere Filme-Sequenzen einbetten, wobei auch Schachtelungen erlaubt sind. Die dabei entstehende Struktur ist in der Regel baumartig.

Darüber hinaus lassen sich mit Hilfe der Aktion *loadMovie* zur Laufzeit weitere Filme-Sequenzen laden. Diese zur Laufzeit geladenen Filme können in Ebenen angeordnet werden. Die Hauptzeitleiste ist auf der untersten Ebene, dem *_level0,* angeordnet. Alle weiteren Filme, die hinzugeladen werden, können auf beliebigen anderen Ebenen angeordnet werden.

Die Hierarchie der Ebenen und Filmsequenzen wird in Flash Anzeigeliste genannt. Sie können sich die Anzeigeliste im *Film-Explorer* anzeigen lassen. Während der Fehlersuche können Sie die Anzeigeliste im Debugger einsehen.

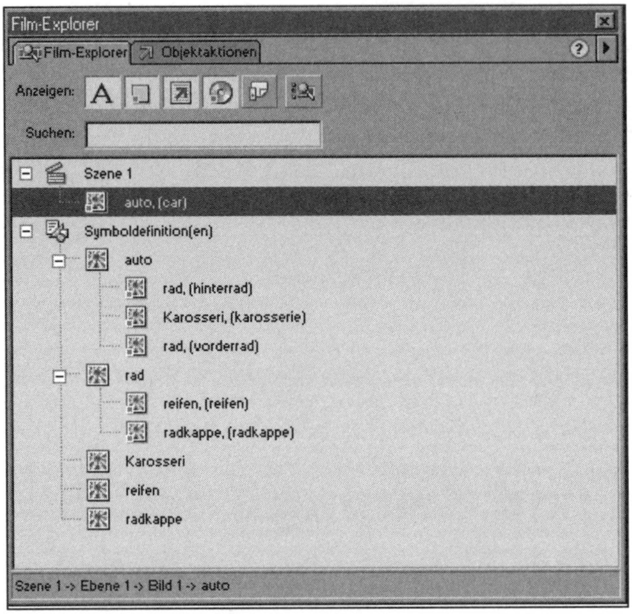

Abb. 2.9: Die Filmhierarchie im *Film-Explorer*

Jede Filmsequenz besitzt Eigenschaften wie Position (*_x*, *_y*) oder Skalierung (*_xscale*), (*_yscale*). Da die Filmsequenzen hierarchisch angeordnet sind, beeinflussen Änderungen der Eigenschaften einer Filmsequenz auch alle Eigenschaften eventuell eingebetteter Filme. Mit anderen Worten: Wenn Sie das Auto bewegen, folgenden die Räder der Position.

Um mit ActionScript die Objekte untereinander anzusprechen, gibt es Regeln, wie ein Zielpfad gebildet wird. Diesen Zielpfad benötigen Sie für Aktionen wie *duplicatMovieClip()*, um den gewünschten Film zu referenzieren.

Es gibt, ähnlich dem Dateisystem, zwei Arten eines Zielpfades:

- den absoluten Zielpfad
- den relativen Zielpfad

Der absolute Zielpfad

Ein absoluter Zielpfad beginnt immer mit der Ebene, in die der Film geladen wurde. Die Ebene wird mit *_levelX* bezeichnet, wobei das *X* für die Zahl der Ebene steht. Der erste Film liegt immer auf der Ebene 0, also *_level0*. Ein absoluter Zielpfad bleibt für eine Instanz immer gleich. Stellen Sie sich vor, Sie wollen den Reifen des Vorderrades erreichen. Mit einem absoluten Zielpfad erreichen Sie das Ziel von jeder Position mit ein und demselben Zielpfad.

```
_level0.car.vorderrad.reifen
```

Der relative Zielpfad

Ein relativer Zielpfad hängt immer vom Ort ab, von dem aus adressiert wird.

Relative Suchpfade können nur zwischen Filmsequenzen einer Ebene benutzt werden. Wenn sich zum Beispiel eine Filmsequenz auf Ebene 2 befindet und eine andere auf Ebene 9, können beide Filmsequenzen nur über absolute Zielpfade kommunizieren.

Das Schlüsselwort *this* erlaubt bei relativen Zielpfaden eine Referenz auf die aktuelle Zeitleiste und mit dem Alias *_parent* wird in relativen Zielpfaden auf das übergeordnete Objekt verwiesen.

Wenn Sie den Reifen des Vorderrades mit einem relativen Zielpfad erreichen wollen und als Ausgangspunkt einmal das Hinterrad wählen:

```
_parent.vorderrad.reifen
```

Wenn Sie den Reifen des Vorderrades mit einem relativen Zielpfad erreichen wollen und als Ausgangspunkt einmal den Reifen des Hinterrades wählen:

```
_parent._parent.vorderrad.reifen
```

Objekte auflisten

Wenn Sie während der Arbeit einmal nicht mehr genau wissen, wie der Pfad für ein bestimmtes Objekt lautet, können Sie mit dem Befehl *Fehlersuche/Objekte auflisten* alle absoluten Zielpfade ausgeben lassen, wenn Sie den Film testen. Im Folgenden erhalten Sie ein Beispiel der Ausgabe des Befehls *Fehlersuche/Objekte auflisten*:

```
Level #0: Frame=1

  Movie Clip: Frame=1 Target="_level0.car"

    Movie Clip: Frame=1 Target="_level0.car.hinterrad"

      Movie Clip: Frame=1 Target="_level0.car.hinterrad.reifen"

        Shape:
```

```
    Movie Clip: Frame=1 Target="_level0.car.hinterrad.radkappe"
      Shape:
  Movie Clip: Frame=1 Target="_level0.car.karosserie"
    Shape:
  Movie Clip: Frame=1 Target="_level0.car.vorderrad"
    Movie Clip: Frame=1 Target="_level0.car.vorderrad.reifen"
      Shape:
    Movie Clip: Frame=1 Target="_level0.car.vorderrad.radkappe"
      Shape:
```

Die Bühne und ActionScript

Die bisher vorgestellte Funktionalität kann dafür benutzt werden, Bühnen-Elemente zu bewegen, zu verfärben oder zu verformen. Die einzigen Elemente, die Sie auf der Bühne ansprechen können, sind die Filmsequenzen. Wenn Sie Schaltflächen oder Bitmaps mit ActionScript manipulieren wollen, müssen Sie diese in eine Filmsequenz einbetten.

Sie einzige Ausnahme stellen Sounds dar. Diese können auch angesprochen werden, wenn sie in der Bibliothek und nicht auf der Bühne erscheinen. Sie müssen ihnen zuvor nur einen Bezeichner in den Verknüpfungseinstellungen für den Sound vergeben.

Bei Textfeldern, die den Texttyp *Dynamischer Text* oder *Texteingabe* aufweisen, können Sie den Textinhalt des Feldes verändern, wenn Sie einen Namen für dessen *Variable* vergeben.

Um nun die Eigenschaften von Filmsequenzen auszulesen und zu verändern, stellt Flash Ihnen Variablen zur Verfügung, die die Eigenschaften (engl. Properties) von Filmsequenzen darstellen. Die Eigenschafts-Variablen werden im Allgemeinen Properties genannt.

_alpha	_currentframe	_droptarget	_focusrect
_framesloaded	_height	_highquality	_name
_quality	_rotation	_soundbuftime	_target
_totalframes	_url	_visible	_width
_x	_xmouse	_xscale	_y
_ymouse	_yscale		

Tab. 2.10: Die Eigenschaftsvariablen

Es gibt verschiedene Typen von Properties: Einige können nur gelesen werden und andere sind global für alle Filme wirksam. Im Folgenden finden Sie eine Beschreibung aller Properties.

_totalframes schreibgeschützt

Enthält die Gesamtzahl der im Film enthaltenen Bilder.

_highquality

Enthält den Grad des Anti-Alias (Kantenweichzeichnung), der dem gesamten Film zugewiesen ist.

_currentframe schreibgeschützt

Enthält das aktuelle Bild der abgefragten Instanz.

_url schreibgeschützt

Enthält den URL, von dem der Film heruntergeladen wurde.

_droptarget schreibgeschützt

Enthält den Pfad in Schrägstrich-Syntax der Sequenz, auf die die abfragende Instanz gezogen wurde.

_quality

Enthält eine Zeichenfolge, die die Wiedergabequalität des Films einstellt. Es sind vier Werte definiert: LOW, MEDIUM, HIGH, BEST

_ymouse schreibgeschützt

Enthält die vertikale Mausposition.

_xmouse schreibgeschützt

Enthält die waagerechte Mausposition.

_framesloaded schreibgeschützt

Enthält die Anzahl der Bilder, die während des Streamings aktuell geladen sind.

_soundbuftime

Enthält die Anzahl der Sekunden, die ein Sound beim Streaming gebuffert werden soll. Die Voreinstellung ist 5 Sekunden.

_target schreibgeschützt

Enthält den Zielpfad der Instanz.

_visible

Schalten Sie hiermit die Sichtbarkeit einer Sequenz durch Setzen von *true* oder *false* ein oder aus.

_alpha

Enthält einen Prozentwert, der den Grad der Transparenz angibt.

_xscale

Enthält einen Prozentwert, der die waagerechte Skalierung der Sequenz angibt.

_yscale

Enthält einen Prozentwert, der die vertikale Skalierung der Sequenz angibt.

_name

Enthält eine Zeichenfolge, die den Namen der Sequenz darstellt, mit dem die Sequenz in ActionScript angesprochen wird.

_y

Enthält die senkrechte Position der Sequenz.

_x

Enthält die waagerechte Position der Sequenz.

_rotation

Enthält eine Gradzahl, die die Drehung einer Sequenz beschreibt.

_width

Enthält die Breite einer Sequenz in Pixel.

_height

Enthält die Höhe einer Sequenz in Pixel.

Smart-Filmsequenzen

Wenn Sie eine Filmsequenz erstellt haben, die durch ActionScript kontrolliert wird, und Sie diese Filmsequenz mit Variationen in den Parametern wiederverwenden wollen, können Sie sich und anderen die Arbeit mit Smart-Filmsequenzen erleichtern. Smart-Filmsequenzen sind nichts anderes als normale Filmsequenzen mit Parametern, die allerdings durch die Palette der Sequenzparameter für jede Instanz eingestellt werden können.

Hierdurch wird die Zusammenarbeit von Programmierer und Designer erleichtert. Der Programmierer kann ein Objekt definieren und den ActionScript-Code erstellen. Der Designer kann dieses Objekt dann benutzen und die Parameter bearbeiten, ohne diese in der Aktionen-Palette suchen zu müssen.

Smart-Filmsequenzen eignen sich zur Erstellung von Radio-Schaltflächen, Menüs, Spiel-Elementen usw.

Alternativ zur Sequenzparameter-Palette lassen sich eigene Oberflächen zur Eingabe der Parameter erstellen. So lässt sich die Wiederverwendbarkeit noch erhöhen.

Erstellen von Smart-Filmsequenzen

Um aus einer Filmsequenz eine Smart-Filmsequenz zu machen, müssen Sie Variablen aus der Filmsequenz bestimmen, die die Benutzer des Objekts später neu einstellen dürfen.

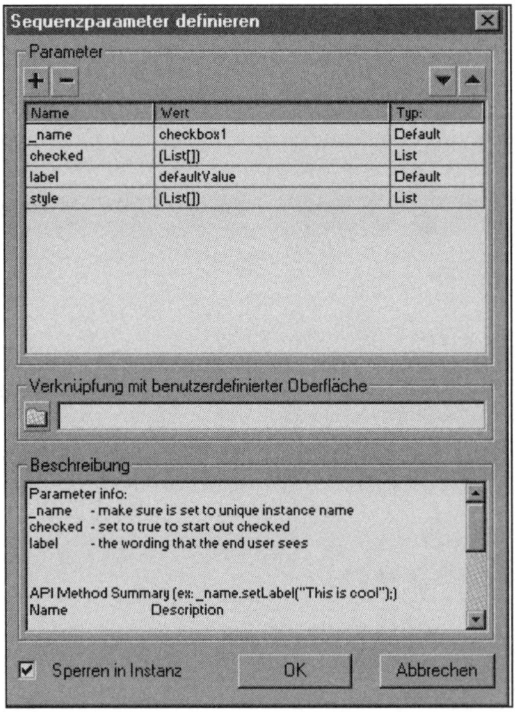

Abb. 2.10: Der Dialog *Sequenzparameter definieren*

Um den Dialog *Sequenzparameter definieren* aufzurufen, wählen Sie aus dem Kontextmenü der Filmsequenz in der Filmbibliothek den Befehl *Sequenzparameter definieren.*

- Um eine Variable des Films zu einem Sequenzparameter zu machen, lassen Sie sich mithilfe des Pluszeichens ein Variablen-Werte-Paar erstellen.
- Doppelklicken Sie auf den Namen der soeben erstellten Variablen und vergeben Sie den Name der gewünschten Variablen aus dem Film.
- Im Feld *Wert* können Sie einen neuen Startwert eingeben oder es bei dem Wert belassen, der im Script vorgegeben ist (*default*).
- Im Feld *Typ* wählen Sie den Eingabetyp des Wertes in der Palette *Sequenzparameter* aus. *Default* steht für Zeichenfolgen und Zahlen. *Array* steht für dynamische Elementlisten mit variabler Größe. *Objekt* steht für mehrere verwandte Elemente, die mit Namen und Werten zu deklarieren sind. Wenn Sie die Eingabe auf bestimmte Werte eingrenzen wollen, wählen Sie *List.*
- Im Feld *Verknüpfung mit benutzerdefinierter Oberfläche* können Sie den Pfad zu einer SWF-Datei, die eine alternative Oberfläche zur Manipulation der Sequenzparameter enthält, erzeugen.
- Unter *Beschreibung* hinterlegen Sie eine Beschreibung der Sequenzparameter.
- Wenn Sie den Benutzern der Filmsequenz das Ändern der Variablennamen gestatten wollen, deaktivieren Sie das standardmäßig aktivierte Kontrollkästchen *Sperren der Instanz.*

Einstellen der Sequenzparameter

Um eine Smart-Filmsequenz zu benutzen und deren Sequenzparameter zu ändern, wählen Sie die gewünschte Filmsequenz aus und lassen sich die Palette *Sequenzparameter* anzeigen. Hier werden Ihnen nun die vorher definierten Variablen und deren Werte dargestellt. Sie können hier nun die Sequenzparameter für jede Instanz getrennt einstellen.

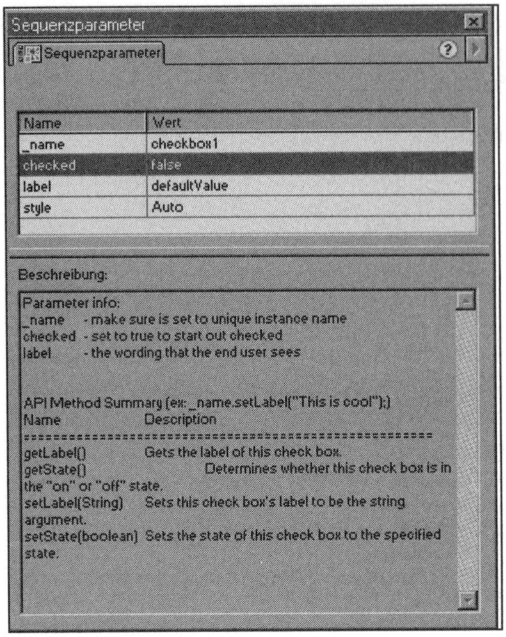

Abb. 2.11: Die Palette *Sequenzparameter*

Thema 3

1. Grafik importieren und optimieren
2. Arbeiten mit ActionScript
3. Animationen erstellen
4. Sound einbinden
5. Menüs gestalten
6. Formulare erstellen
7. Diagramme erstellen
8. Perfekt drucken
9. Ein universeller Start-Film
10. Publizieren des Projekts

Übersicht

Flash 5.0 stellt als Animationsprogramm ausgefeilte Methoden zur Erstellung von Animationen zur Verfügung. Sie können mit Flash 5.0 so arbeiten wie im Zeichentrickbereich, wobei die Animationen Bild für Bild erstellt werden, und können dabei auf die Zeichenwerkzeuge von Flash zurückgreifen.

Sie können allerdings auch Sequenzen mit Flash automatisch erstellen. Mit Hilfe der Tweening-Technik werden Bilder des Films automatisch erzeugt. Sie legen nur ein Anfangs- und Endbild fest, und Flash 5.0 generiert die Zwischenbilder automatisch.

Hierbei stellt Ihnen Flash zwei Methoden zur Verfügung:

- Bewegungs-Tweening
- Form-Tweening

Mit Hilfe des Bewegungs-Tweenings werden Instanzen von Objekten über den Bildschirm bewegt und skaliert. Ferner können Sie mithilfe der Effekte Farbübergänge, Transparenz-Effekte, Farbverläufe usw. beim Bewegungs-Tweening animieren. Außerdem besteht die Möglichkeit, die Objekte an Führungspfaden entlang zu bewegen, zum Beispiel bei Objekten mit Kreis. Dabei kann die Ausrichtung des Objekts der Bewegungsrichtung angepasst werden.

Mit dem Form-Tweening können Sie Formen ineinander übergehen lassen. Dies ist den Morphing-Effekten sehr ähnlich. Das Form-Tweening kann über so genannte Formmarken gesteuert werden.

Die Zeitleiste

Ein zentrales Element bei der Bearbeitung von Animationen stellt die Zeitleiste dar. Hier werden die Objekte der Animation in ihrer zeitlichen Anordnung dargestellt; sie werden in Ebenen organisiert. Auf der linken Seite der Zeitleiste sind die allgemeinen Information wie Ebenentyp, Ebenenname, Status der Sichtbarkeit usw., auf der rechten Seite die Zeitlinien der Ebenen der Animation dargestellt.

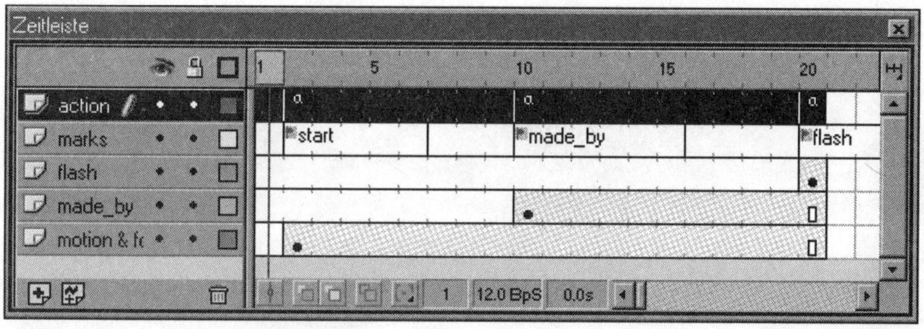

Abb. 3.1: Die *Zeitleiste*

Bildrate

Ein sehr wichtiger Parameter ist die Bildrate, mit der der Film abgespielt wird. Mit Bildrate ist die Geschwindigkeit, mit der der Film läuft, gemeint. Sie wird in Bildern pro Sekunde angegeben.

Wenn der Film eine zu geringe Bildrate aufweist, wirkt die Darstellung ruckelig und im Ablauf teilweise nicht mehr nachvollziehbar. Ist die Bildrate zu hoch, laufen Sie schnell Gefahr, den Rechner des Benutzers zu überfordern. In der Regel werden QuickTime- und AVI-Videos mit einer Bildrate von 12 Bildern pro Sekunde abgespielt. Die Standard-Bildrate von Spielfilmen beträgt 24 Bilder pro Sekunde.

Einen nicht zu unterschätzenden Einfluss auf die reale Abspielgeschwindigkeit hat das Maß an Komplexität und die Anzahl an Pixeln, die pro Bild neu gezeichnet werden müssen – anders gesagt: die Bildfläche, die sich von Bild zu Bild ändert. Wenn Sie nur eine kleine Linie über den Bildschirm wandern lassen, wird dies selbst auf einem leistungsschwachen Rechner noch mit hohen Bildraten klappen. Wenn Sie allerdings eine bühnenfüllende Bitmap bewegen, kann dies zumindest bei hohen Bildraten und großer Bühne selbst leistungsstarke in die Knie zwingen.

Die Bildrate wird in den Filmeigenschaften eingestellt, die Sie mit dem Befehl *Modifizieren/Film* erreichen. Im Feld *Bildrate* können Sie die Bildrate in Bildern pro Sekunde festlegen.

Für den Film kann global nur eine Bildrate eingestellt werden, welche zur Laufzeit des Films nicht geändert werden kann. Alle eingebetteten und hinzugeladenen Filme laufen mit dieser Bildrate ab.

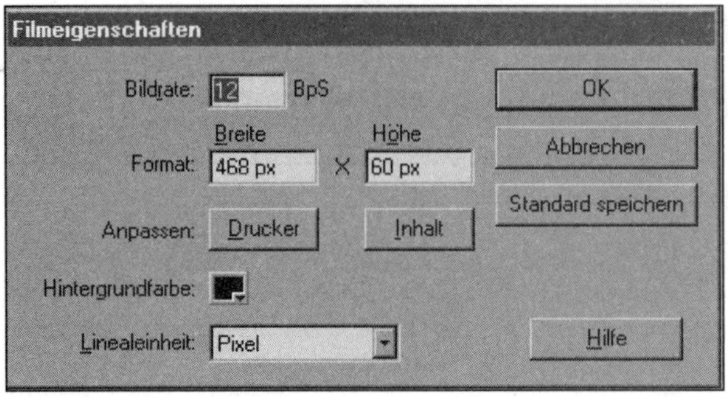

Abb. 3.2: Die Bildrate wird in den *Filmeigenschaften* eingestellt

Schlüsselbilder und Tweening

Schlüsselbilder sind ein zentraler Bestandteil von Flash-Filmen. Bei einem typischen Zeichentrickfilm wird jedes Bild neu gezeichnet. Wenn man diese Technik nach Flash überträgt, würde jedes Bild ein Schlüsselbild sein.

Flash kann automatisch Animationssequenzen nach Ihren Vorgaben herstellen. Dazu definieren Sie ein Ausgangsbild und ein Bild, das die Endsituation der Animation darstellen soll. Nun können Sie Flash anweisen, die Zwischenbilder von Ihrem Start- und Endbild zu erstellen. Diesen Vorgang nennt man in der Animationstechnik Tweening. Das Tweening lässt sich auf vielfältige Weise manipulieren.

Flash unterstützt drei Arten der Animationserstellung:

- Bild-für-Bild-Animation
- Bewegungs-Tweening
- Form-Tweening

Um ein Schlüsselbild zu erstellen, führen Sie die folgenden Schritte aus:

- Wählen Sie in der Zeitleiste ein Bild, in dem Sie das Schlüsselbild erstellen wollen.
- Wählen Sie aus dem Kontextmenü des Bildes *Schlüsselbild erstellen.* Alternativ können Sie auch die Funktionstaste [F7] benutzen.

Ein Schlüsselbild mit Inhalt wird durch einen ausgefüllten Kreis dargestellt. Ein leeres Schlüsselbild wird durch eine durchgezogene senkrechte Linie gekennzeichnet.

Alle Bilder, die einem Schlüsselbild folgen, haben denselben Inhalt wie das Schlüsselbild.

Darstellungen in der Zeitleiste

Innerhalb der Zeitleiste können Sie beliebig viele Ebenen anlegen, um Ihre Objekte anzuordnen und zu organisieren.

Ebenen der Zeitleiste

In der Regel werden alle Objekte, die animiert werden, auf einzelne Ebenen verteilt.

Bilder der Zeitleiste

Die verschiedenen Animationsarten benutzen bestimmte Darstellungen innerhalb der Zeitleiste.

- *Bewegungs-Tweening*: Diese Bilder sind hellblau hinterlegt und durch einen Pfeil gekennzeichnet, der vom ersten zum letzten Schlüsselbild des Tweens zeigt.
- *Form-Tweening*: Diese Bilder sind hellgrün hinterlegt und durch einen Pfeil gekennzeichnet, der vom ersten zum letzten Schlüsselbild des Tweens zeigt.
- *Kein Tweening*: Bildfolgen, die kein Tweening enthalten, sind hellgrau hinterlegt. Das letzte Bild ist durch ein Rechteck gekennzeichnet.
- *Fehlendes Endbild*: eine gestrichelte Linie zeigt ein fehlendes Endbild an.
- *Aktion*: Bilder, die ActionScript enthalten, sind durch ein kleines *a* gekennzeichnet.
- *Kommentar*: Bilder, die Kommentare enthalten, sind durch eine kleine rote Fahne gekennzeichnet.

Abb. 3.3: Die Ebenen der Zeitleiste mit verschiedenen Bildern und Tweens

Standbilder

Wenn Sie eine einzelnes Bild, das als statischer Hintergrund einer Animation dienen soll, über mehrere Bilder erweitern wollen, halten Sie die [Alt]-Taste gedrückt, während Sie auf das zu erweiternde Bild klicken, und ziehen es auf die gewünschte Länge. Alternativ können Sie auch die Bilder, um die das Schlüsselbild erweitert werden soll, markieren und dann neue leere Bilder erzeugen.

Tween-Animation

Unter Tweening versteht man, wie schon gesagt, das automatische Erstellen von Zwischenbildern einer Animation zwischen zwei Schlüsselbildern. Um möglichst flexibel auf die Anforderungen von Animationen reagieren zu können, stellt Flash drei Möglichkeiten der Erstellung von Animationen zur Verfügung.

Die Optionen des Tweenings werden in der Palette *Bild* verwaltet.

Bewegungs-Tweening

Mit dem Bewegungs-Tweening werden die folgenden Eigenschaften von Instanzen manipuliert:

- Position und Ausmaße
- Drehung und Neigung
- Transparenz
- Farbe
- Farbverläufe

Es ist möglich, die Bewegung des Objekts zum Anfang oder zum Ende abzubremsen. Falls eine Drehung des Objekts erwünscht ist, kann festgelegt werden, in welche Richtung diese erfolgen soll und wie häufig.

Abb. 3.4: Die Optionen des Bewegungs-Tweenings

Ferner ist es möglich, die Bewegung eines Objekts nicht nur linear erfolgen, sondern entlang eines Pfades verlaufen zu lassen. Optional lässt sich festlegen, ob sich die Ausrichtung der Objekts der Richtung anpassen soll.

Form-Tweening

Mit dem Form-Tweening lassen sich Morphing-Effekte erzielen. Damit ist ein allmähliches Übergehen von einer Form in eine andere gemeint. Das Form-Tweening lässt sich nur auf Formen anwenden, nicht auf Objekte oder Gruppen.

Hierbei lassen sich auch Farbe, Position und Größe tweenen. Das Form-Tweening arbeitet am besten mit einer Form pro Ebene.

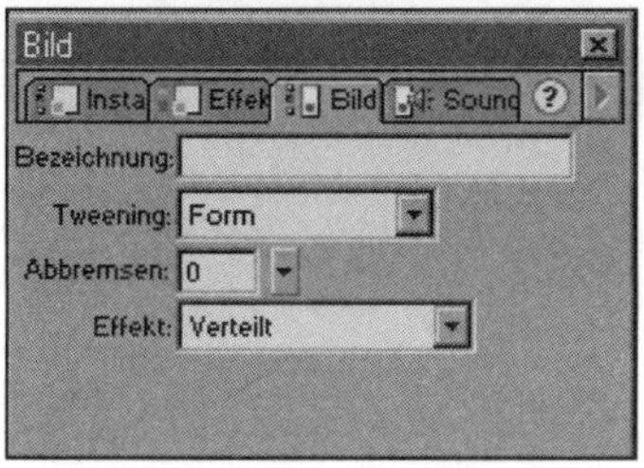

Abb. 3.5: Die Optionen des Form-Tweenings

Bei komplexen Formen kann es häufig vorkommen, dass der Morphingverlauf nicht Ihren Erwartungen entspricht. Diese können Sie mithilfe von Formmarken korrigieren. Mit den Formmarken legen Sie fest, welche Ecke einer Form auf welche Ecke der anderen Form getweent wird. Sie können hierbei bis zu 26 Formmarken definieren.

Bild-für-Bild-Animation

Bei der Bild-für-Bild-Animation sind sie naturgemäß auf sich selbst gestellt. Als Hilfe bei der Bearbeitung von Bild-für-Bild-Animationen sei Ihnen die Zwiebelschalen-Ansicht empfohlen.

Zwiebelschalen

Auf der Bühne sehen und bearbeiten Sie normalerweise das aktuelle Bild. Es ist allerdings häufig notwendig, Elemente über die Bilder hinweg aneinander auszurichten. Für diese Aufgabe benötigen Sie den Überblick über mehrere Bilder. Mit der Zwiebelschalen-Ansicht werden die Bilder eines Bereiches angezeigt, den Sie mit den Zwiebelschalenmarkierungen festlegen. Nun werden Ihnen die gewünschten Bilder so dargestellt, als ob diese auf durchscheinendes Papier gezeichnet wären.

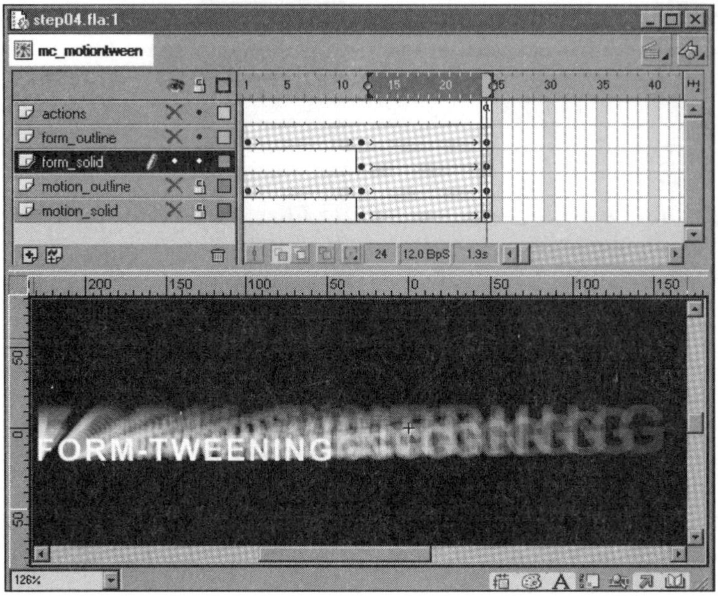

Abb. 3.6: Die Zwiebelschalen-Ansicht und Ziebelschalen-konturen in der Zeitleiste

Als Variation dieser Ansicht gibt es die Zwiebelschalenkonturen; hierbei sehen Sie die Zwischenbilder nur als Konturen.

Die verschiedenen Ansichten werden über die Schalter in der unteren Leiste der Zeitleiste dargestellt. Die erste linke Schaltfläche springt in der Zeitleiste an die Position des Cursors der Zeitleiste, dann folgt die Schaltfläche für Zwiebelschalen-Ansicht, danach kommt die Schaltfläche für die Zwiebelschalenkonturen, die nächste Schaltfläche lässt die Bearbeitung mehrerer Bilder zu (weitere Informationen zum Thema erhalten Sie im nächsten Abschnitt) und zu guter Letzt folgt noch ein Menü, in dem die Zwiebelschalen-Optionen verwaltet werden.

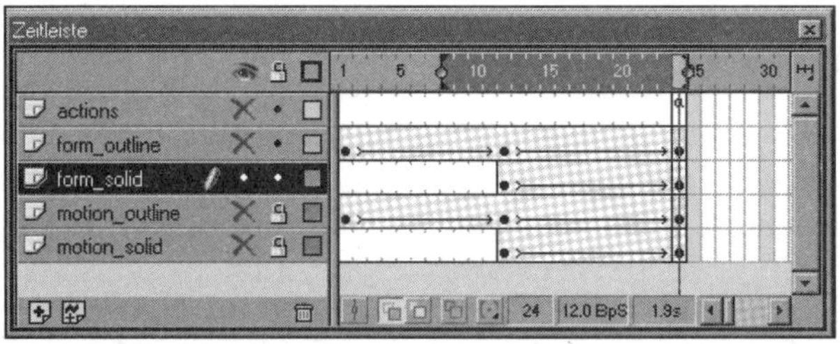

Abb. 3.7: Das Zeitleisten-Menü mit Zwiebelschalenmarkierungen

Mehrere Bilder bearbeiten

Während der Arbeit in der Zeitleiste kommen Sie irgendwann in die Situation, große Teile oder auch die gesamte Animation in der Zeitleiste verschieben zu müssen. Um eine Animation zu verschieben, führen Sie die folgenden Schritte aus.

- Wenn Sie alle Ebenen verschieben wollen, heben Sie die Sperrung aller Ebenen auf; sollten Sie nur bestimmte Ebenen verschieben wollen, sperren Sie alle Ebenen, die nicht verschoben werden sollen.
- Aktivieren Sie die Bearbeitung mehrerer Bilder durch einen Klick auf die Schaltfläche *Mehrere Bilder bearbeiten* am unteren Rand der Zeitleiste.
- Mit Hilfe der Zwiebelschalenmarkierungen grenzen Sie nun den Bereich, der bearbeitet werden soll, ein. Wenn Sie die gesamte Animation bearbeiten wollen, klicken Sie auf die Schaltfläche *Zwiebelschalenmarkierungen ändern* und wählen A*lle Zwiebelschalen.*
- Wählen Sie *Alles markieren* aus dem *Menü Bearbeiten.*
- Verschieben Sie den gewählten Teil der Animation an die neue Position.

Die Bühne

Der Ort des Geschehens, die Bühne, teilt sich in drei Bereiche:

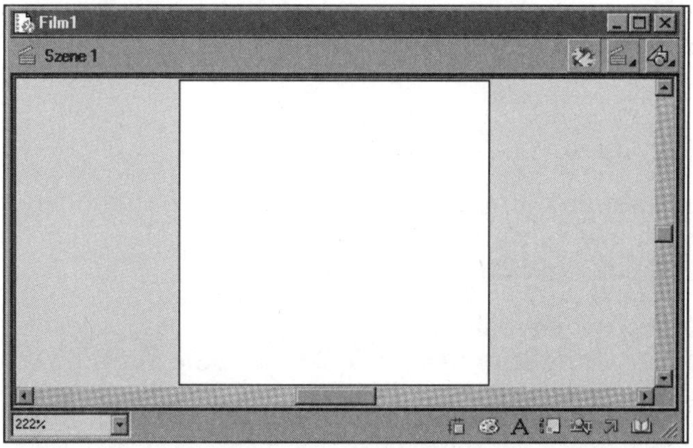

Abb. 3.8: Die Bühne mit Macromedia Generator-Erweiterung

Die obere Leiste enthält eine Info über die gerade bearbeitete Szene oder das Objekt und dessen Pfad. Auf der rechten Seite der Leiste befinden sich zwei oder drei Schaltflächen. Standardmäßig ist die linke für ein Menü zuständig, das die im Film enthaltenen Szenen auflistet, und daneben ist eine Schaltfläche, die alle Objekte der Filmbibliothek auflistet. Wenn Sie die *Macromedia Generator*-Erweiterung installiert haben, fängt die Reihe mit einer Schaltfläche für die Auswahl einer Datenquelle für die Generator-Objekte an.

Im mittleren Teil sehen Sie die Arbeitsfläche der Bühne. Für die Bühne existieren zwei verschiedene Ansichten. Diese beiden Ansichten werden über den Befehl *Ansicht/Arbeitsbereich* kontrolliert. Wenn die Option *Arbeitsbereich* aktiviert ist, sehen Sie alle Objekte, die sich auf der Bühne und neben der Bühnen aufhalten. Ist die Option deaktiviert, können Sie nur Objekte sehen, die sich auf der Bühne befinden. Die Qualität der Darstellung lässt sich im Menü *Ansicht* von *Konturen* bis *Anti Alias Text* einstellen, wobei Sie in der Regel *Anti Alias Text* bevorzugen werden. Die Bühnenausmaße werden, wie schon erwähnt, in den Filmeigenschaften eingestellt. Für das punktgenaue Arbeiten stehen Ihnen das Lineal, die Hilfslinien und das Gitternetz zur Verfügung. Natürlich können Sie Objekte entlang der Hilfs- und Gitternetzlinien ausrichten. Last but not least ist es möglich, die Auswahl-Ränder auszublenden.

Im unteren Teil befindet sich auf der linken Seite ein Menü, über das Sie die Zoom-Stufe der Bühnendarstellung einstellen können. Auf der rechten Seite der unteren Leiste finden Sie mehrere Schaltflächen, die die verschiedenen Paletten von Flash aufrufen.

Animation unter Verwendung der Zeitleiste

Im Folgenden werden die verschiedenen Tweening-Methoden im Einzelnen vorgestellt. Dies erfolgt an Hand eines Beispiel, das später alle Tweening-Methoden in sich vereinigt.

Als Erstes werden wir ein paar Vorbereitungen für das Projekt treffen. Um eine strukturierte Grundlage zu schaffen, führen Sie folgende Schritte aus:

CD-ROM

Alternativ können Sie die Arbeit auch am Film *step01.fla* im Ordner *kap03* nachvollziehen.

- Legen Sie einen neuen Film mit den Ausmaßen 468 Pixel Breite und 60 Pixel Höhe zugrunde. Dies entspricht Web-Banner-Maßen. Als Hintergrund wählen Sie die Farbe Schwarz.
- Legen Sie fünf Ebenen in der Zeitleiste an.
- Die erste Ebene, die für die ActionScript-Befehle zuständig ist, nennen Sie *actions*.
- Die zweite Ebene nimmt die Markierungen auf und heißt *marks*.
- Die nächsten drei Ebenen enthalten später die eigentlichen Filme und heißen *flash*, *made_by* und *motion & form*.
- Erstellen Sie in der *marks*-Ebene auf den Bildern 2, 10 und 20 Schlüsselbilder.
- Bezeichnen Sie die Bilder der Reihe nach mit *start*, *madeby* und *flash*.
- Wechseln Sie in die Filmbibliothek und erstellen Sie dort drei Ordner.
- Benennen Sie die Ordner mit *_motion-form_objects*, *_made_by_objects* und *_flash_objects*. Die führenden Unterstrichen dienen nur der Übersicht im Filmbibliotheksfenster und bewirken, das alle Ordner oberhalb der Objekte angeordnet werden.

Wie Sie an den Vorbereitungen erkennen können, wird der Film hauptsächlich aus drei Teilen bestehen. Um die Verteilung der drei Elemente festzulegen, erzeugen Sie nun drei Dummies, die in Form und Ausmaßen den späteren Originalen gleichen.

- Erzeugen Sie eine Filmsequenz namens *mc_txt_m_tween* und eine Filmsequenz namens *mc_txt_f_tween*. Erstellen Sie im Film *mc_txt_m_tween* einen Text mit dem Inhalt *MOTION-TWEEN* mit etwa 40 Pixeln Größe und einem serifenlosen Font, wie *Arial*. Zentrieren Sie den Text auf der Seitenmitte und kopieren Sie ihn. Setzen Sie den Text in den Film *mc_txt_f_tween* ein und ändern Sie ihn auf *FORM-TWEEN*. Verschieben Sie die Objekte in den Ordner *_motion-form_objects*.
- Erzeugen Sie eine Filmsequenz namens *mc_txt_mady_by*. Erstellen Sie in diesem Film einen Text mit dem Inhalt *made by* von etwa 40 Pixeln Größe und einem handschriftlichen Font, wie *Staccato222 BT*. Zentrieren Sie den Text auf Seitenmitte. Verschieben Sie den Film in den Ordner *_made_by_objects*.
- Erzeugen Sie eine Filmsequenz namens *mc_txt_flash*. Erstellen Sie in diesem Film einen Text mit dem Inhalt *FLASH* von etwa 40 Pixeln Größe und einem handschriftlichen Font, wie *Staccato222 BT*. Zentrieren Sie den Text auf Seitenmitte. Verschieben Sie den Film in den Ordner *_flash_objects*.

Erzeugen Sie nun in den Ebenen *motion&form, made by* und *flash* ein Schlüsselbild.

Platzieren Sie die Objekte aus den Ordnern der Filmbibliothek sinngemäß in den Ebenen.

Ordnen Sie die Instanzen nun so auf der Bühne an, dass sie der folgenden Abbildung entsprechen.

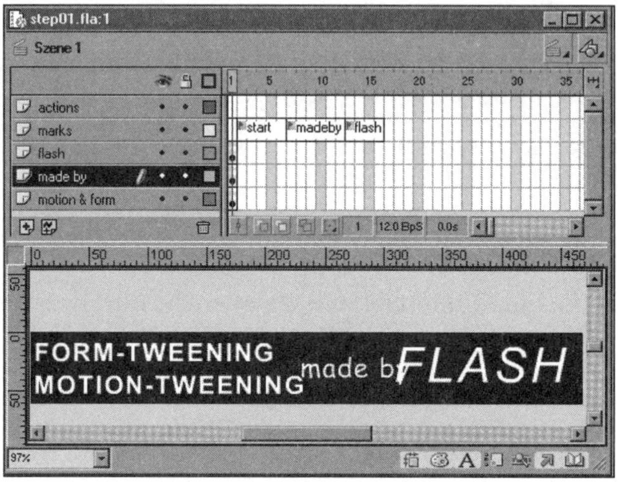

Abb. 3.9: Schritt eins: die Vorbereitungen

Nun sind die Vorbereitungen für die eigentliche Arbeit erledigt. In den folgenden Schritten folgt die Animation der Instanzen.

Bewegungs-Tweening

Zuerst einmal soll der Auftritt der Schriftzüge *MOTION-TWEEN* und *FORM-TWEEN* mit Hilfe des Bewegungs-Tweenings animiert werden. Die Schriftzüge sollen als Umriss in Übergröße auftreten; sie werden dann auf formatfüllende Größe herunterskaliert. Ist die formatfüllende Größe erreicht, soll die Füllung langsam hinzukommen, während die Schriftzüge auf ihre Endposition zuwandern.

Alternativ können Sie die Arbeit auch am Film *step02.fla* im Ordner *kap03* nachvollziehen.

Um den Umrissschriftzug zu erstellen, duplizieren Sie das Objekt *mc_txt_f_tween* und nennen dieses *mc_f_tween_outline.*

Bearbeiten sie nun den Text mit *Modifizieren/Teilen,* um die Schrift in Form umzuwandeln.

- Weisen Sie den Formen nun mit Hilfe des *Tintenfass*-Werkzeugs Umrisse von 2 Pixeln Stärke zu und entfernen Sie danach durch Drücken der [Entf]-Taste die Elementfüllungen.
- Erstellen Sie aus dem Film *mc_txt_m_tween* ebenso einen Umriss.

Nun sind die Objekte für die nächsten Arbeitsschritte, das Erstellen des eigentlichen Bewegungs-Tweenings, vorbereitet. Die Animation der Schriftzüge wird eine eigene Filmsequenz, die in der Hauptzeitleiste des Films angeordnet wird. Wenn die Animation der Schriftzüge abgelaufen ist, stoppt diese und veranlasst die Hauptzeitleiste, die nächste Sequenz abzuspielen.

Beginnen Sie nun also mit der Erstellung der Animation der Schriftzüge:

- Erstellen Sie eine neue Filmsequenz mit dem Namen *mc_motiontween.*
- Platzieren Sie das Objekt *mc_f_tween_outline* zentriert zur Seite in dem Film *mc_motiontween.*
- Erstellen Sie nun in der Ebene *motion&form* im Bild 2 der Hauptzeitleiste ein leeres Schlüsselbild und platzieren Sie die Sequenz *mc_motiontween* darin zentriert zur Seite.

Diese Schritte waren notwendig, um den Film *mc_motiontween* zentriert auf die Bühne zu bringen. Dies ist wichtig für die weitere Bearbeitung; hierbei ist es erforderlich, die Bühnenausmaße im Auge zu behalten, um die weiteren Instanzen genau platzieren zu können.

Wenn Sie Objekte aus der Filmbibliothek direkt bearbeiten, wird Ihnen die Bühne nicht gezeigt. Nur wenn Sie von der Hauptzeitleiste aus eine Instanz mit dem Befehl *An Position bearbeiten* aus dem Kontextmenü oder durch Doppelklick auf die Instanz das Objekt bearbeiten, werden Ihnen die Bühnenausmaße eingeblendet.

- Doppelklicken Sie also auf die Instanz der Ebene *motion&form,* um das Objekt *mc_motiontween* zu bearbeiten.
- Löschen Sie den Text aus dem ersten Bild der ersten Ebene.
- Erstellen Sie zwei Ebenen; die eine nennen Sie *motion_outline,* die andere *motion_solid.*
- Erstellen Sie in beiden Ebenen im ersten Bild ein Schlüsselbild.
- Platzieren Sie das Objekt *mc_txt_m_tween* in der Ebene *motion_solid.* Zentrieren Sie es zur Seite.
- Platzieren Sie das Objekt *mc_m_tween_outline* in der Ebene *motion_outline* außerhalb der Bühne.

Abb. 3.10: Die Sequenz *mc_motiontween* wird *An Position bearbeitet*

- Erstellen Sie in Bild 12 der Ebene *motion_outline* ein Schlüsselbild. Platzieren Sie den Ebeneninhalt zentriert auf die Bühne.
- Wählen Sie ein beliebiges Bild zwischen 1 und 11, wählen Sie aus dem Kontextmenü des Bildes *Bewegungs-Tween erstellen* und lassen Sie sich die *Bildeigenschaften anzeigen.* Wenn Sie den Film jetzt abspielen, sehen Sie, wie sich der Text zur Bühnenmitte bewegt.
- Ziehen Sie nun das Bild 1 der Ebene *motion_solid* auf das 12. Bild. Zentrieren Sie den Text so, dass dieser genau unterhalb des Umrisses liegt. Leider müssen Sie den Schritt manuell ausführen, da ein Zentrieren zur Seite leider nicht den gewünschten Effekt erzielt. Sperren Sie diese Ebene in der Zeitleiste.

Nun haben Sie das erste Bewegungs-Tweening erstellt, mit den folgenden Schritten soll die Animation nun etwas dramatischer gestaltet werden.

- Wählen Sie das erste Bild der Ebene *motion_outline.*
- Skalieren Sie den Umriss auf etwa 1000 % der Größe – auch dies müssen Sie manuell erledigen, da ein Skalieren mit Hilfe der *Transformieren*-Palette nicht zum gewünschten Ergebnis führt.
- Platzieren Sie den Text nun mit dem letzten Drittel auf der Bühne.
- Der erste Teil ist erledigt. Nun muss nur noch der Text auf seine Endposition wandern und der Umriss abtreten.
- Erstellen Sie nun in Bild 24 in beiden Ebenen ein neues Schlüsselbild.

Abb. 3.11: Die Sequenz *mc_motiontween* in *Zwiebelschalen-Ansicht*

- Wählen Sie beide Bilder aus, skalieren Sie den Inhalt auf 45 % der Originalgröße und platzieren Sie diesen dann links oben in der Bühne.
- Wählen Sie nun beide Sequenzen und erstellen Sie für diese einen Bewegungs-Tween.
- Wählen Sie Bild 24 in der Ebene *motion_outline* und lassen Sie sich die *Effekt*-Palette anzeigen. Stellen Sie nun einen Alpha-Wert von 0 % ein.
- Wählen Sie dann Bild 12 in der Ebene *motion_solid* aus und stellen Sie einen *Alpha*-Wert von 0 % ein.

Nun ist der Auftritt des einen Textes komplett. Da die Animation des zweiten Textes im Ablauf der ersten Animation gleicht, können Sie sich durch Kopieren der ersten beiden Ebeneninhalte hier viel Zeit und Arbeit sparen.

- Erstellen Sie eine neue Ebene.
- Markieren Sie nun alle Inhalte, wählen Sie aus dem Kontextmenü den Befehl *Bilder kopieren* aus und fügen Sie die Bilder in der neuen Ebene wieder ein.
- Benennen Sie diese neuen Ebenen dem Inhalt nach *form_outline* und *form_solid.*
- Sperren Sie die anderen beiden Ebenen gegen ungewolltes *Bearbeiten* in der Zeitleiste und blenden Sie diese aus.
- Lassen Sie sich die *Instanz*-Palette anzeigen. Nun werden die Objekte der Instanzen ausgetauscht, um die neuen Texte zu benutzen.

- Wählen Sie das erste Bild der Ebene *form_outline*. Klicken Sie auf die Schaltfläche *Symbol wechseln* in der *Instanz*-Palette. Wählen Sie im Dialogfenster das Objekt *mc_f_tween_outline* aus und klicken Sie auf *OK* – das Objekt der Instanz wurde auf den neuen Text gelegt.
- Wiederholen Sie den Vorgang für die restlichen vier Bilder der beiden Ebenen.
- Wählen Sie nun die letzten zwei Bilder der beiden Ebenen aus. Platzieren Sie den Text in der linken unteren Ecke der Bühne.

Abschließend müssen nur noch die ActionScript-Befehle eingebaut werden, die den späteren Animationsablauf sicherstellen.

- Erstellen Sie eine neue Ebene mit dem Namen *actions* und legen Sie im letzten Bild ein Schlüsselbild an.
- Lassen Sie sich die *Bild-Aktionen* anzeigen. Wählen Sie aus der Liste der *Basis-Aktionen* die *stop*-Aktion.
- Wählen Sie aus der Liste der *Basis-Aktionen* die Aktion *Go To*. Wählen Sie unter Typ *Bildmarkierung* und tragen Sie unter Bild *made_by* ein.
- Wechseln Sie nun in den Experten-Modus, gehen Sie in die Zeile mit der *gotoAndPlay-Aktion* und tragen Sie am Beginn der Zeile *_level0.* ein, damit die Hauptzeitleiste diesen Befehl empfängt.

Nun ist dieser Teil soweit fertig gestellt. Um ihn erfolgreich testen zu können, muss in der Hauptzeitleiste noch eine *stop*-Aktion eingefügt werden.

- Fügen Sie in der Ebene *actions* der Hauptzeitleiste im zweiten Bild ein Schlüsselbild ein.
- Lassen Sie sich *Bild-Aktionen* anzeigen und fügen Sie die *stop*-Aktion ein.
- Speichern Sie die Arbeit und testen Sie den Film mit dem Befehl *Steuerung/Film testen.*

Pfad-Animation

Um die Bewegung der Schriftzüge nicht so linear erscheinen zu lassen, werden Sie nun die Bewegung an einen Pfad entführen. Die Schriftzüge sollen einen Bogen beschreiben, während sie auf ihre Endpositionen zustreben. Für diesen Zweck werden Führungspfade in die Sequenz eingefügt, an denen sich die Schriftzüge entlangbewegen.

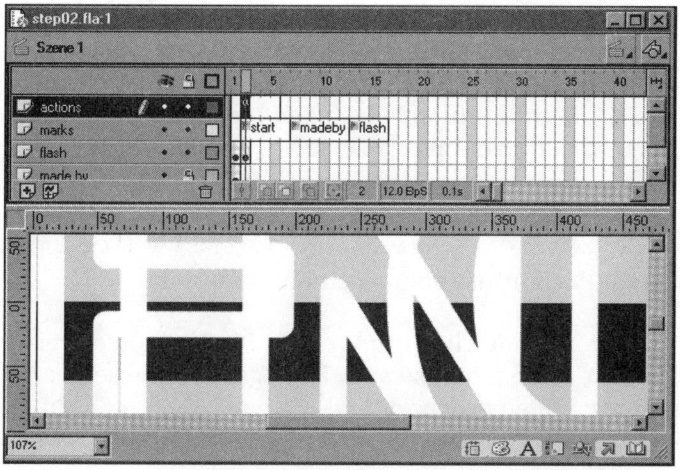

Abb. 3.12: Der zweite Schritt ist fast fertig gestellt

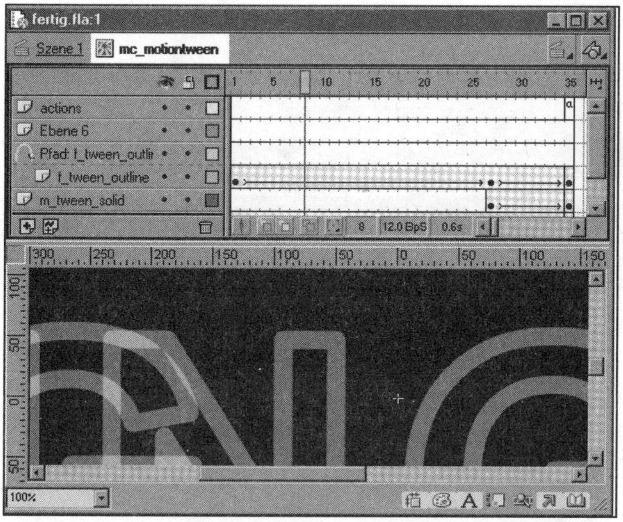

Abb. 3.13: Die Pfadebene mit Elementebene

- Wählen Sie die Ebene *form_motion* und fügen Sie mit dem Befehl *Pfad hinzufügen* eine Führungsebene für diese Ebene hinzu.
- Erstellen Sie nun auf dieser Ebenen eine Linie, die die Führungspunkte des Textes auf Bild 12 mit dem Führungspunkt auf Bild 24 verbindet.
- Wandeln Sie mit Hilfe des *Unterauswahl*-Werkzeugs in eine geschwungene Linie um.

Wechseln Sie auf die Ebene des Textes. Sie müssen nun den Text der Start- und Endposition mit dem Führungspunkt an das jeweilige Ende der Linie bringen, auch wenn diese schon perfekt an den Führungspunkten liegen; erst durch diesen Schritt erkennt Flash den Zusammenhang zwischen den Linienenden und der Position des Textes.

Kopieren Sie die Führungslinie, um diese für die anderen Elemente zu verwenden.

Erstellen Sie für den Umriss ebenso einen Pfad.

Der andere Text soll natürlich auch einen Pfad erhalten; verwenden Sie hierzu die Linie des ersten Textes und spiegeln Sie diesen vertikal, damit er einen anderen Bogen beschreibt.

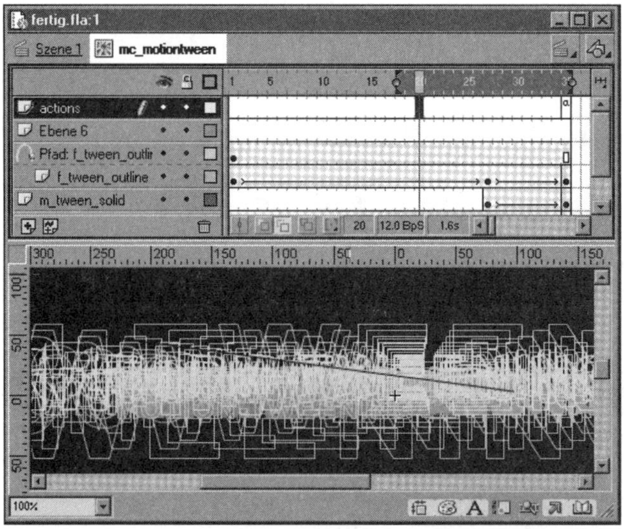

Abb. 3.14: Die fertig gestellte Pfadanimation

Form-Tweening

Nun kommen wir zur zweiten Tweening-Technik, dem Form-Tweening. Sie werden am Ende dieses Abschnitts den Schriftzug *FLASH* aus fünf rechteckigen Formen entstehen lassen.

Alternativ können Sie die Arbeit auch am Film *step03.fla* im Ordner *kap03* nachvollziehen.

Wechseln Sie in die Filmbibliothek, duplizieren Sie das Objekt *mc_txt_flash* und nennen sie es *mc_flash.*

Wandeln Sie den Text mit dem Befehl *Modifizieren/Teilen* in Formen um.

- Erstellen Sie vier neue Ebenen. Verteilen Sie die Buchstaben über die Ebenen und benennen Sie die Ebenen nach dem enthaltenen Buchstaben. Zentrieren Sie die Buchstaben auf die Seitenmitte.
- Markieren Sie alle Schlüsselbilder und verschieben Sie diese auf Bild zwei.

Nach diesen vorbereitenden Maßnamen können Sie mit dem eigentlichen Form-Tweening beginnen. Das Form-Tweening arbeitet nur mit Formen, nicht mit Instanzen von Objekten. Aus einer rechteckigen Form soll ein Buchstabe geformt werden.

- Wählen Sie die Ebene *F* und erstellen Sie im ersten Bild eine rechteckige Form. Diese Form soll das *F* großzügig überlappen.
- Lassen Sie sich die *Bild*-Palette anzeigen. Wählen Sie im Feld *Tweening Form*.

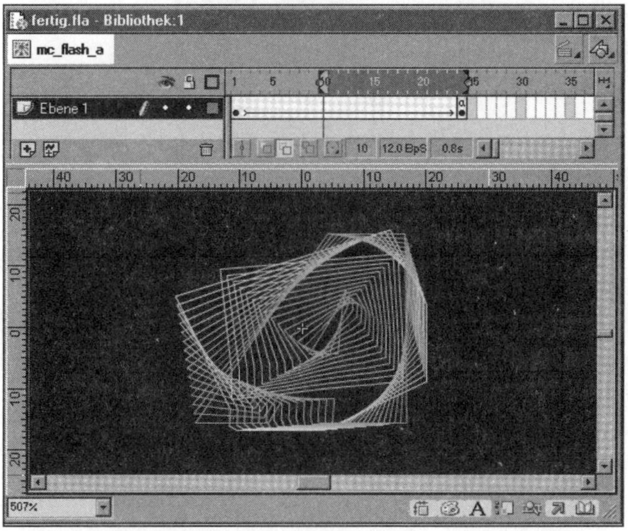

Abb. 3.15: Form-Tweening ohne Formmarken in Zwiebelschalen-Ansicht

Nun haben Sie das Form-Tweening zweier Formen erstellt. Wenn Sie diese Sequenz abspielen, werden Sie feststellen, dass der Übergang ganz und gar nicht den Erwartungen entspricht.

Verwenden von Formmarken

Mehr Kontrolle über das Form-Tweening gewinnen Sie, wenn Sie Formmarken verwenden. Mit Hilfe der Formmarken können Sie festlegen, welcher Punkt der Ausgangsform auf welchen Punkt der Endform gelegt wird.

Die Formmarken werden mit dem Befehl *Modifizieren/Transformieren/Form-marken hinzufügen* oder mit der Tastenkombination Strg ⇧ H auf die Bühne gebracht. Die Sichtbarkeit der Formmarken auf der Bühne steuert der Befehl *Ansicht/Formmarken anzeigen.* Die Formmarken verfügen über ein Kontextmenü, über das einzelne oder alle Formmarken gelöscht werden können.

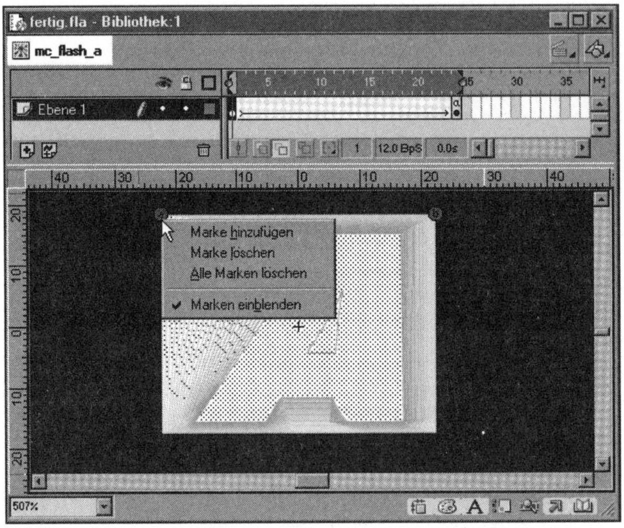

Abb. 3.16: Der Einbau von Formmarken

Formmarken arbeiten am effektivsten, wenn sie im Uhrzeigersinn über die Form verteilt werden. Am besten fangen Sie mit der Verteilung in der linken, oberen Ecke der Form an. Die Formmarken werden alphabetisch von a–z benannt.

Verwenden Sie nun Formmarken um den Übergang vom Rechteck auf das *F* zu optimieren.

- Wählen Sie das erste Bild aus und fügen Sie eine Formmarke hinzu. Die Formmarke erscheint in der Bildschirmmitte.
- Platzieren Sie die Formmarke links oben auf dem Rechteck.
- Wechseln Sie auf das zweite Bild und platzieren sie die Formmarke auf der linken oberen Ecke des *F.*
- Lassen Sie die Sequenz ablaufen. Sie sehen, dass sich das Ergebnis noch nicht entscheidend gebessert hat. Fügen Sie also ein weiteres Paar Formmarken hinzu.

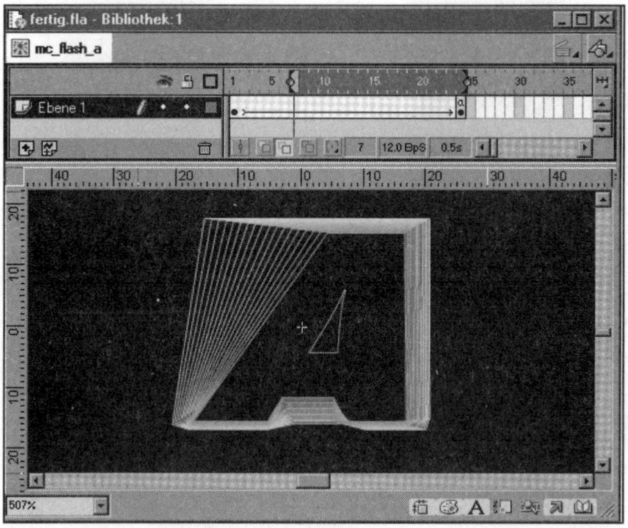

Abb. 3.17: Form-Tweening mit Formmarken in Zwiebelschalen-Ansicht

Ab der zweiten Formmarke verläuft das Form-Tweening schon meistens wie gewünscht; Sie können zur Verfeinerung noch weitere Formmarken einfügen, allerdings wird sich am Übergang nicht mehr viel ändern.

Erstellen Sie nun für die restlichen vier Buchstaben ähnliche Form-Tweens. Die erstellten Form-Tweens werden dann in separate Filmsequenzen übertragen und mit ActionScript versehen, um die Film-Steuerung sicherzustellen.

- Markieren Sie in der Zeitleiste einen Buchstaben und kopieren Sie diese mit dem Befehl *Bilder kopieren* aus dem Kontextmenü.
- Erstellen Sie in der Filmbibliothek eine neue Filmsequenz und benennen Sie den Film nach dem Buchstaben.
- Erstellen Sie eine neue Ebene in der Zeitleiste und nennen Sie diese *actions.*
- Setzen Sie nun diese erstellte Filmsequenz an die Stelle der alten Filmsequenz.
- Löschen Sie die alte Buchstaben-Sequenz.
- Verfahren Sie genau so mit den restlichen vier Buchstaben.

Nun sollte die Filmsequenz *mc_flash* nur noch aus fünf Ebenen, die die Sequenzen der Buchstaben enthalten, bestehen. Der letzte Schritt hat den Sinn, sich die Möglichkeit zu schaffen, den einzelnen Buchstaben Effekte zuzuweisen. Da sich Effekte nur auf Instanzen von Objekten anwenden lassen, mussten diese umgewandelt werden.

Der Einbau der eben erstellten Sequenz in den Hauptfilm erfolgt nach der Erstellung der Bild-für-Bild-Animation im nächsten Abschnitt.

Bild-für-Bild-Animation

Der letzte Teil des Films ist nun die Animation des Schriftzuges *made by.* Dieser Schriftzug soll auf der Bühne erscheinen, als wenn er von unsichtbarer Hand geschrieben wird. Hierzu wird der Schriftzug in Formen umgewandelt, in kleine Häppchen zerteilt und über einzelne Schlüsselbilder verteilt.

CD-ROM

Alternativ können Sie die Arbeit auch am Film *step04.fla* im Ordner *kap03* nachvollziehen.

- Erstellen Sie in der Filmbibliothek eine neue Filmsequenz mit dem Namen *mc_made_by.*
- Platzieren Sie die Sequenz *mc_txt_made_by* in dieser Sequenz zentriert auf der Seitenmitte.
- Wandeln Sie den Text mit Hilfe des Befehls *Modifizieren/Teilen* in Formen um.
- Erstellen Sie nun auf dem zweiten Bild ein leeres Schlüsselbild.

  Markieren Sie nun mit dem Lasso-Werkzeug ein kleines Stück des Anfangs des Textes und schneiden Sie dieses aus.
- Wechseln Sie auf das leere Schlüsselbild und fügen Sie mit dem Befehl *Bearbeiten/An Position einfügen* das Teilstück wieder ein.
- Wechseln Sie nun wieder auf das erste Schlüsselbild und schneiden Sie erneut ein Stück des Textes aus. Erstellen Sie ein Schlüsselbild auf dem dritten Bild und fügen Sie das Teilstück mit dem Befehl *An Position einfügen* dem Bild wiederum hinzu.
- Wiederholen Sie den letzten Schritt so lange, bis Sie den gesamten Schriftzug zerteilt haben.

Abb. 3.18: Der Schriftzug wird zerteilt

Endmontage des Films

Nun haben Sie die letzte Animationssequenz erstellt und können sich daran machen, den Film zusammenzufügen. Die beiden zuletzt erstellten Sequenzen müssen noch in die Hauptzeitleiste eingebaut werden. Als Erstes werden Sie in die gerade erstellte Sequenz eine ActionScript-Aktion einbauen.

CD-ROM

Alternativ können Sie die Arbeit auch am Film *step04.fla* im Ordner *kap03* nachvollziehen.

- Erstellen Sie eine neue Ebene und nennen Sie diese *actions.*
- Erstellen Sie auf der letzten Sequenz ein Schlüsselbild.
- Lassen Sie sich die Bildaktionen des Bildes anzeigen und wählen Sie aus der Aktionsliste die *stop*-Aktion aus.
- Nun müssen Sie dafür sorgen, dass die nächste Sequenz der Hauptzeitleiste gestartet wird. Wechseln Sie in den Experten-Modus, erstellen Sie hinter der *stop*-Aktion eine neue Zeile und fügen Sie die folgende Aktion dort ein:

```
_level0.gotoAndPlay("flash").
```

Als Nächstes wenden wir uns wieder der Hauptzeitleiste zu. Hier müssen die beiden letzten Sequenzen eingebaut, Marken gesetzt und das ActionScript muss eingetragen werden.

- Löschen Sie die ersten Bilder der Ebenen *flash*, *made_by* und *motion&form*. Diese werden nicht mehr benötigt.
- Erstellen Sie auf der Ebene *actions* der Hauptzeitleiste in den Bildern 10 und 20 je ein Schlüsselbild.
- Erzeugen Sie für jedes Bild eine *stop*-Aktion.
- Erstellen Sie auf der Ebene *made_by* im Bild 10 ein Schlüsselbild.
- Wechseln Sie in die Sequenz *mc_made_by*, erzeugen Sie im ersten Bild der Ebene *actions* ein Schlüsselbild und setzen hier als Dummy zum Einpassen der Sequenz in den Hauptfilm die Sequenz *mc_txt_flash* ein. Setzen Sie nun die Sequenz *mc_made_by* in das zehnte Bild der Hauptzeitleiste ein. Skalieren Sie die Sequenz entsprechend.
- Nach dem Platzieren der Sequenz entfernen Sie den Dummy aus der Ebene *actions* wieder.
- Verlängern Sie die Darstellung der Ebenen *made_by* und *motion&form* bis zum 20. Bild der Hauptzeitleiste.

Nun ist die Sequenz *mc_made_by* in den Hauptfilm integriert. Testen Sie das Ergebnis; es müsste jetzt bis zu der Sequenz *mc_made_by* korrekt durchlaufen.

Nun wird die Sequenz *mc_flash* in den Hauptfilm eingebaut.

- Wechseln Sie in die Hauptzeitleiste und erstellen Sie ein Schlüsselbild auf dem 20. Bild in der Ebene *flash*.
- Setzen Sie die Sequenz *mc_flash* in das Schlüsselbild ein und platzieren Sie es entsprechend.
- Speichern Sie den Film und testen Sie ihn nun.

Die Animationen in diesem Film ist jetzt fertig gestellt, allerdings ist die Schwarzweißoptik noch nicht der Weisheit letzter Schluss. Sie können nun daran gehen, die Animationselemente zu kolorieren.

Kolorieren der Animation

Die beiden Schriftzüge sollen zuerst gelb auftreten und sich allmählich zur Endfarbe – Grün und Blau – ändern. Der *made by*-Text soll gelb gefärbt werden. Und schließlich soll der Schriftzug *FLASH* rot gefärbt werden.

CD-ROM

Alternativ können Sie die Arbeit auch am Film *step05.fla* im Ordner *kap03* nachvollziehen.

Nun werden Sie die erste Sequenz, *mc_motiontween2*, einfärben.

- Wechseln Sie in die Sequenz *mc_motiontween.*
- Wählen Sie Bild 12 der Ebene *form_solid* aus und lassen Sie sich die *Effekt*-Palette anzeigen.
- Wählen Sie den Effekt *Farbton* aus und wählen Sie Gelb als Farbe aus der Palette.
- Wiederholen Sie die Schritte, um den anderen Schriftzug ebenfalls gelb zu färben.
- Wechseln Sie auf Bild 24 in der Ebene *form_solid* und wählen Sie nun die Farbe Grün aus der *Effekt*-Palette für den Text aus.
- Wiederholen Sie den letzten Schritt für den anderen Text mit der Farbe Blau.

Nun wird die Sequenz *mc_made_by* koloriert:

- Wechseln Sie die Hauptzeitleiste des Films.
- Wählen Sie Bild 10 in der Ebene *made_by* aus und lassen Sie sich die *Effekt*-Palette anzeigen.
- Wählen sie aus dem Effekt *Farbton* ein gelbe Farbe für die Sequenz aus.

Als Letztes muss nun der *FLASH*-Text eingefärbt werden:

- Wechseln Sie in die Sequenz *mc_flash.*
- Wählen Sie alle Element der Sequenz an und lassen Sie sich die *Effekt*-Palette anzeigen.
- Wählen Sie aus dem Effekt *Farbton* eine rote Farbe für den Text aus.

Abb. 3.19: Der fertig gestellte Film

Thema 4

1. Grafik importieren und optimieren
2. Arbeiten mit ActionScript
3. Animationen erstellen
4. Sound einbinden
5. Menüs gestalten
6. Formulare erstellen
7. Diagramme erstellen
8. Perfekt drucken
9. Ein universeller Start-Film
10. Publizieren des Projekts

Übersicht

Flash 5.0 stellt vielfältige Möglichkeiten der Sound-Einbindung und Sound-Steuerung zur Verfügung. Sie können Sound zu einer Animation synchronisieren oder unabhängig von einer Animation abspielen. Sie können die verschiedenen Zustände von Schaltflächen mit Sound untermalen.

Flash unterstützt zwei verschiedene Typen von Sound:

- Ereignis-Sound
- Streaming-Sound

Ereignis-Sounds müssen vor dem Abspielen vollständig heruntergeladen werden und lassen sich weitgehend steuern.

Streaming-Sounds werden abgespielt, sobald ausreichend Daten für die ersten Bilder geladen wurden und laufen synchron zur Animation ab. Die Synchronität wird durch Auslassen von Bildern selbst auf langsamen Rechnern gewährleistet.

Die Sounds können für die Veröffentlichung komprimiert werden. Sie haben die Möglichkeit, ein Kompressionsverfahren zu wählen und die Parameter dem Sound und Ihren Qualitätsanforderungen entsprechend einzustellen, um eine hohe Wiedergabequalität des Sounds im Internet sicherzustellen. Flash unterstützt drei Verfahren, Sound zu speichern und zu komprimieren.

Um Speicherplatz und Übertragungszeit zu sparen, können Sie Sounds in Bibliotheken ablegen, um diesen gemeinsam mit anderen Filmen zu nutzen.

Verwaltung von Sounds

Wenn Sie mit vielen Sounds bei der Entwicklung von Internet-Präsentationen arbeiten, kann dies schnell die Festplatten verstopfen, da hochwertige Sound-Files in der Regel recht groß sind. Wenn Sie hauptsächlich fürs Internet und weniger an CD-ROM-Produktionen arbeiten, sollten Sie Ihre Originale ins MP3-Format konvertieren; Sie können so bis zu 90 % Speicherplatz sparen.

Sound-Import

Um Sounds in Flash zu nutzen, müssen diese importiert werden. Benutzen Sie den Befehl *Datei/Importieren*. Auf diese Weise importierte Sound-Files werden in der Filmbibliothek gespeichert.

Unterstützte Sound-Formate
Standardmäßig unterstützt Flash 5.0 zwei Formate für den Import:

- MP3 (Windows und Macintosh)
- WAV (Windows)
- AIFF (Macintosh)

Ist auf Ihrem Computersystem QuickTime 4.0 installiert, stehen Ihnen außerdem noch folgende Formate zur Verfügung:

- Sound Designer II (Macintosh)
- QuickTime Film, nur Sound (Windows und Macintosh)
- SUN AU (Windows und Macintosh)
- System 7 Sounds (Macintosh)
- WAW (Windows und Macintosh)

Verwenden Sie am besten Sounds mit einer Sampling-Frequenz, die ein Vielfaches von 11 kHz, ist; Sounds mit anderen Sampling-Frequenzen werden von Flash während des Imports neu berechnet.

Gemeinsame Bibliotheken
Da Sounddateien auch im komprimierten Zustand für Internetverhältnisse noch relativ groß sind, ist es sinnvoll, diese bei größeren Projekten in mehreren Film gemeinsam zu nutzen.

Speichern Sie Sound in einer oder mehreren sinnvoll gegliederten externen gemeinsam genutzten Bibliotheken. Dies hat bei der Darstellung des Films im Webbrowser den Vorteil, dass die gemeinsam genutzten Bibliotheken einmal geladen werden. Bei den nächsten Anforderungen dieser Bibliothek wird diese nicht über das Internet geladen, sondern aus dem Cache des Webbrowsers. Mehr Informationen zu gemeinsam genutzten Bibliotheken erhalten Sie in *Kapitel 1: Grafik importieren und optimieren.*

Bearbeitung von Sound-Instanzen

Für die Bearbeitung der Sound-Instanzen steht die *Sound*-Palette zur Verfügung.

Abb. 4.1: Die *Sound*-Palette

- *Ton*: Wählen Sie hier einen Sound aus, der sich in der Filmbibliothek befindet. Darunter werden Informationen zu den Sound-Parametern dargestellt.
- *Effekt*: Wählen Sie hier einen Effekt, mit dem der Sound wiedergegeben werden soll. Über die Schaltfläche *Bearbeiten* gelangen Sie zu einem Dialog, in dem Sie den Sound bearbeiten können (mehr hierzu im nächsten Abschnitt).
- *Sync*: Wählen Sie hier aus, wie der Sound wiedergeben werden soll. *Ereignis* lässt den Sound starten, sobald das startende Schlüsselbild erreicht wird. Der Sound wird so lange wiedergegeben, bis er vollständig abgespielt wurde, egal ob der Film gestoppt wurde. *Start* verhält sich wie *Ereignis*, nur dass hier eine neue Instanz gestartet wird, wenn eine ältere noch läuft. *Stop* hält den bezeichneten Sound an. Mit *Stream* wird der Sound zur Animation synchronisiert. Wenn er nicht schnell genug abgespielt werden kann, werden Bilder ausgelassen, um synchron mit dem Sound zu bleiben. Ein Streaming-Sound wird nur so lange abgespielt, wie die Zeitdauer der Bilder, denen er zugewiesen wurde, ist.
- *Wdh*: Geben Sie hier die Anzahl der Wiederholungen für den Sound an. Streaming-Sounds sollten Sie nicht über diese Option wiederholen, da für jede Wiederholung entsprechend viele Bilder an den Film angehängt werden und sich der Film um die Anzahl der Wiederholungen vergrößert.

Effekte bearbeiten

Sie können Variationen von einem Sound-Objekt erstellen, ohne den Speicherbedarf des Films zu erhöhen, indem Sie Instanzen von Sound-Objekten bearbeiten. Flash bietet zwei Möglichkeiten der Bearbeitung von Sounds:

- Festlegung von Start- und Endpunkt des Sounds
- Anlegen einer Stereo-Lautstärke-Hüllkurve

Eine Lautstärke-Hüllkurve beschreibt den Lautstärkeverlauf über die verstreichende Zeit. Sie können hiermit Sounds ein- und ausblenden oder von links nach rechts wandern lassen. Durch die mehrfache Verwendung von einem Sound-Objekt können Sie durch Festlegen verschiedener Start- und Endpunkte in den Instanzen den Soundeindruck stark variieren.

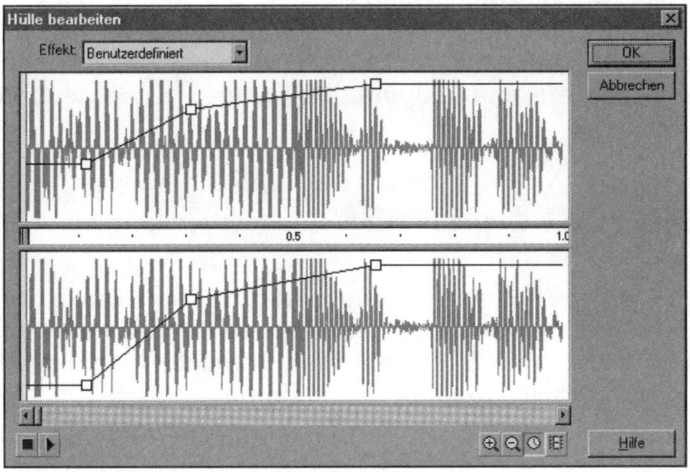

Abb. 4.2: Die Soundbearbeitung

Im Folgenden werden die Optionen der Soundbearbeitung beschrieben. Für die Bearbeitung einer Sound-Instanz benutzen Sie die *Bearbeiten*-Schaltfläche in der *Sound*-Palette.

Im oberen Teil des Dialogs können Sie im Feld *Effekt* voreingestellte Effekte wie *Ausblenden, Einblenden* usw. abrufen, um diese weiter zu bearbeiten. Darunter folgen zwei Fenster, in denen die beiden Soundkanäle grafisch dargestellt werden. Diese werden durch eine Zeitleiste voneinander getrennt. Unter der Sounddarstellung sind von links nach rechts die folgenden Schaltflächen angeordnet.

- *Abspielen*
- *Stoppen*
- *Vergrößern der Anzeige*
- *Verkleinern der Anzeige*
- *Anzeige der Zeitleiste in Sekunden*
- *Anzeige der Zeitleiste in Bildern*

Innerhalb der Fenster der Sounddarstellung befindet sich oben links ein Quadrat; dies ist ein Hüllenanfasser. Mit Hilfe eines Hüllenanfassers wird die Lautstärke-Hüllkurve manipuliert. Verschieben Sie die Hüllenanfasser mit der Maus um die Kurve zu verändern. Durch einen Doppelklick werden neue Hüllenanfasser in die Kurve eingefügt.

Die Zeitleiste zwischen den beiden Fenstern der Sounddarstellung besitzt zwei Steuerelemente, die für die Markierung des Start- und Endpunktes des Sounds zuständig sind. Verschieben Sie die Steuerelemente mit der Maus, um neue Start- und Endpunkte der Sound-Instanz festzulegen.

Abspielen von Sounds

In der Regel werden Sounds in Filme eingebaut, indem diese auf die Bühne gezogen werden; die Bilder in der Zeitleiste, die den Sound beinhalten, stellen den Sound grafisch dar. Es ist auch möglich, Sounds, die in der Filmbibliothek vorhanden sind, mit Hilfe von ActionScript abzuspielen und zu kontrollieren.

Abb. 4.3: Ein Sound in der Bibliothek

Das Abspielen von Sounds in der Entwicklungsumgebung kann über den Befehl *Steuerung/Sound deaktivieren* ausgeschaltet werden.

Start von Sound in Filmen

Um einen Sound, zum Beispiel einen Hintergrund-Sound, einem Film hinzuzufügen, wird dieser auf die Bühne gezogen. Dabei wird er dem aktuell gewählten Bild hinzugefügt. Es wird dringend empfohlen, für jeden Sound eine eigene Ebene anzulegen.

Um einen Sound einem Film hinzuzufügen, führen Sie die folgenden Schritte aus:

- Importieren Sie einen passenden Sound.
- Erstellen Sie an der Stelle, an der der Sound starten soll, ein Schlüsselbild.
- Ziehen Sie den gewünschten Film aus der Filmbibliothek auf die Bühne.
- Lassen Sie sich die *Sound*-Palette anzeigen. Stellen Sie die Anzahl der *Wiederholungen* ein.
- Stellen Sie unter *Sync* in der *Sound*-Palette *Ereignis* ein.
- Bearbeiten Sie – wenn nötig – die Effekte der *Sound*-Instanz.

Wenn Sie den Film abspielen, wird der Sound gestartet, wenn das Schlüsselbild erreicht wird, und so lange wiedergegeben, bis der Sound vollständig, inklusive der Wiederholungen, abgespielt wurde. Wenn der Sound vorher gestoppt werden soll, müssen Sie dies mithilfe von ActionScript erledigen (weitere Informationen erhalten Sie im Kapitel *Sound-Steuerung mit ActionScript*) oder mit Schlüsselbildern.

Steuerung von Sound über Schlüsselbilder

Sie können das Ende des Sounds mit Hilfe von Schlüsselbildern steuern.

- Importieren Sie einen passenden Sound.
- Erstellen Sie an der Stelle, an der der Sound starten soll, ein Schlüsselbild.
- Ziehen Sie den gewünschten Film aus der Filmbibliothek auf die Bühne.
- Erstellen Sie nun ein Schlüsselbild, an dem der Sound gestoppt werden soll.
- Lassen Sie sich die *Sound*-Palette anzeigen und wählen Sie unter *Sync Stop*.
- Wählen Sie unter *Ton*, welcher Sound gestoppt werden soll.

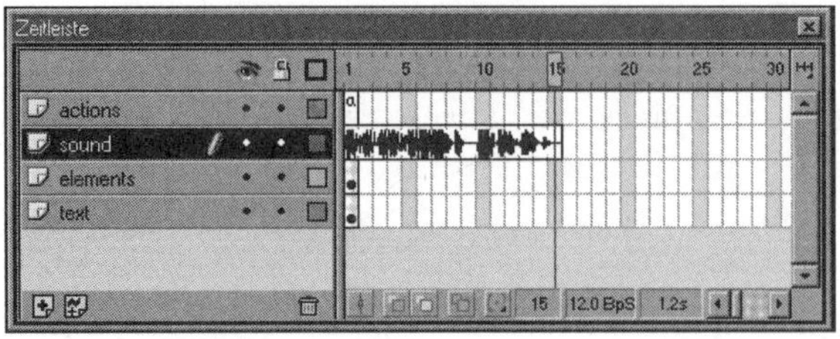

Abb. 4.4: Ein Sound in der *Zeitleiste*

Das Schlüsselbild, das einen Sound-Stop bewirkt, wird durch ein ausgefülltes Rechteck markiert.

Interaktiver Sound für Schaltflächen

Bei interaktiven Schaltflächen ist es möglich, deren verschiedenen Zuständen verschiedene Sounds zuzuweisen.

- Erstellen Sie eine Schaltfläche.
- Erstellen Sie für jeden Sound, den Sie verwenden wollen, eine Ebene und benennen diese nach dem Sound, behalten Sie die Übersicht über den Aufbau dieser Schaltfläche.
- Fügen Sie dem Zustand, dem Sie einen Sound hinzufügen wollen, auf der Ebene des Sounds ein Schlüsselbild hinzu.
- Ziehen Sie den gewünschten Sound von der Filmpalette auf die Bühne.
- Lassen Sie sich die *Sound*-Palette anzeigen und wählen Sie unter *Sync Ereignis.*
- Für jeden weiteren Zustand der Schaltfläche wiederholen Sie die letzten beiden Schritte.

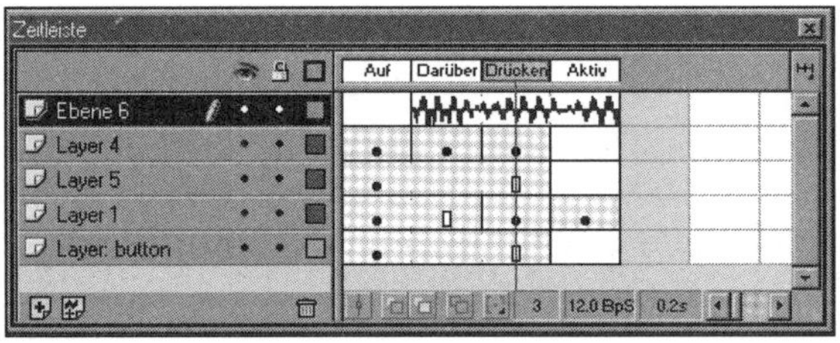

Abb. 4.5: Ein Sound in der *Zeitleiste* einer Schaltfläche

Sie können auch einen einzigen Sound für die Unterlegung aller Zustände der Schaltfläche verwenden und doch verschiedene Klangeindrücke für jeden Zustand festlegen. Um einen einzigen Sound für eine Schaltfläche zu benutzen, führen Sie die folgenden Schritte aus:

- Erstellen Sie eine Schaltfläche.
- Erstellen Sie für den Sound, den Sie verwenden wollen, eine Ebene und benennen diese nach dem Sound, behalten Sie die Übersicht über den Aufbau dieser Schaltfläche.
- Fügen Sie dem Zustand *Darüber,* den Sie einem Sound hinzufügen wollen, auf der Ebene des Sounds ein Schlüsselbild hinzu.
- Ziehen Sie den gewünschten Sound von der Filmpalette auf die Bühne.
- Lassen Sie sich die *Sound*-Palette anzeigen und wählen Sie unter *Sync Ereignis.*
- Klicken Sie auf die Schaltfläche *Bearbeiten.*
- Bearbeiten Sie den Sound so, dass nur der erste Teil oder ein Teil ihres Wunsches abgespielt wird.
- Fügen Sie dem Zustand *Drücken,* den Sie einem Sound hinzufügen wollen, auf der Ebene des Sounds ein Schlüsselbild hinzu.
- Ziehen Sie denselben Sound von der Filmpalette auf die Bühne.
- Lassen Sie sich die *Sound*-Palette anzeigen und wählen Sie unter *Sync Ereignis.*
- Klicken Sie auf die Schaltfläche *Bearbeiten.*
- Bearbeiten Sie den Sound so, dass nur der letzte Teil oder ein Teil Ihres Wunsches abgespielt wird.

Darüber hinaus können Sie auch nun die Lautstärke-Hüllkurve bearbeiten, um den Soundeindruck noch weiter zu verändern.

Sound-Steuerung mit ActionScript

Eine gewisse Kontrolle über den Sound gewinnen Sie mit ActionScript. ActionScript stellt Ihnen das Sound-Objekt zur Verfügung, mit dessen Hilfe Sie beliebige in der Filmbibliothek enthaltene Sounds ansprechen und steuern können.

Der Sound-Konstruktor

Die folgenden beiden ActionScript-Zeilen zeigen den Sound-Konstruktor; das optionale Argument *ziel* verweist auf eine Film-Instanz, die sich auf der Bühne befindet und den Sound enthält, der gesteuert werden soll. Wenn Sie das *ziel* nicht angeben, bezieht sich das Sound-Objekt auf die globale Zeitleiste.

```
mySound = new Sound( ziel);

mySound = new Sound();
```

Die Sound-Methoden

Nachdem Sie auf diese Weise eine Sound-Instanz erzeugt haben, können Sie die verschiedenen Methoden auf das Sound-Objekt anwenden:

- attachSound(id-name)
- getPan()
- setPan(pan)
- getVolume()
- setVolume(vol)
- start([secondOffset, loop])
- stop()
- StopAllSounds()
- getTransform()
- setTranform(soundTransformObject)

Vorbereitende Maßnahmen am Sound

Bevor Sie einen Sound aus der Filmbibliothek ansprechen können, müssen Sie wissen, wie dieser heißt. Von Natur aus haben Sounds in der Filmbibliothek, nachdem sie importiert wurden, keinen Namen, mit dem ActionScript bzw. das Sound-Objekt etwas anfangen kann. Sie müssen für einen Sound in der Filmbibliothek einen Bezeichner vergeben, über den die Sound-Methode *attachSound(bezeichner)* den Sound ansprechen kann; dieser Name muss natürlich für die Filmbibliothek einmalig sein.

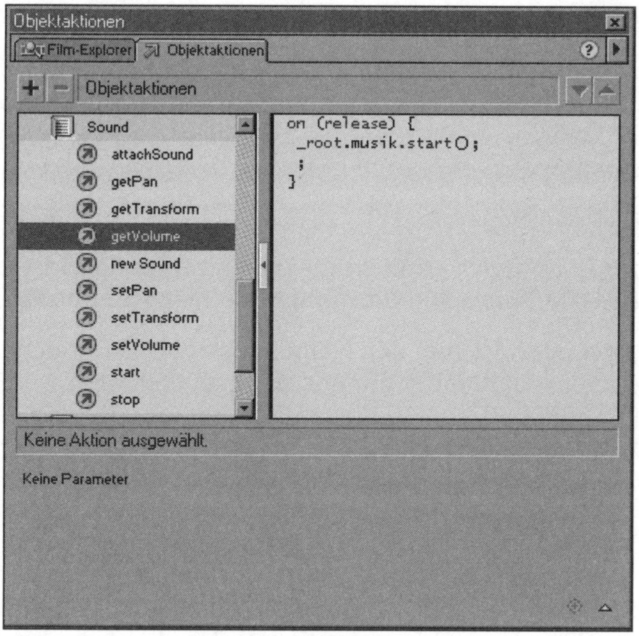

Abb. 4.6: Das Sound-Objekt im Scriptfenster

Vergabe des Sound-Bezeichners

Der *Sound-Bezeichner* ist eigentlich jener Bezeichner, der für die Verknüpfung von Objekten in gemeinsam genutzten Bibliotheken zuständig ist.

Um einen *Sound-Bezeichner* zu vergeben, führen Sie folgende Schritte aus:

- Wählen Sie den gewünschten Sound in der Filmbibliothek aus und lassen Sie sich dessen Kontextmenü anzeigen.
- Wählen Sie *Verknüpfung,* um sich die Verknüpfungseigenschaften anzeigen zu lassen.
- Aktivieren Sie die Option *Dieses Symbol exportieren.*
- Geben Sie im Feld *Bezeichner* nun einen passenden Namen ein; dieser Name darf keine Leerzeichen enthalten.

Nun können Sie den Sound unter dem von Ihnen vergebenen Bezeichner mit der *attachSound*-Methode ansprechen und somit dem Sound-Objekt zur Verfügung stellen.

Die gebräuchlichsten Sound-Methoden im Überblick

attachSound

```
mySound = new Sound();

mySound.attachSound( bezeichner)
```

- Die *attachSound*-Methode verbindet die Instanz eines Sound-Objekts mit einem Sound aus der Filmbibliothek und besitzt ein Argument.
- *bezeichner*: Verwenden Sie hier den Namen, den Sie als Bezeichner in den Verknüpfungseigenschaften des Sounds eingegeben haben.

getPan

```
mySound = new Sound();

pan = _root.mySound.getPan();
```

Die Methode *getPan* beschreibt die Stereo-Position des Sounds zwischen den beiden Kanälen. Der zurückgegebene Wertebereich liegt zwischen -100 (linker Kanal) und +100 (rechter Kanal). Der Wert muss vorher mit *setPan* eingestellt werden.

setPan

```
mySound = new Sound();

mySound.setPan( pan);
```

Die Methode *setPan* setzt die Stereo-Position des Sounds zwischen den beiden Kanälen. Der Wert muss im Bereich von -100 bis +100 liegen (siehe *getPan*).

getVolume

```
mySound = new Sound();

vol = _root.mySound.getVolume();
```

Die Methode *getVolume* gibt die Lautstärke eines Sounds zurück. Der Wertebereich liegt zwischen 0 (leise) und 100 (laut). Die Voreinstellung liegt bei 100.

setVolume

```
mySound = new Sound();

mySound.setVolume( vol);
```

Die Methode *setVolume* setzt die Lautstärke eines Sounds. Der Wertebereich liegt zwischen 0 (leise) und 100 (laut).

start

```
mySound = new Sound();

mySound.start([ zweiterOffset, wiederholung]);
```

Die Methode *start* startet den Abspielvorgang eines Sounds und besitzt zwei optionale Argumente:

- *zweiterOffset*: Hiermit legen Sie optional fest, wie viele Sekunden von Beginn der Sounddatei an übersprungen werden sollen. Der Abspielvorgang startet von der angegebenen Position verzögerungsfrei.
- *loop*: Legen Sie optional die Anzahl der Wiederholungen für die Sounddatei fest.

stop

```
mySound = new Sound();

mySound.stop([bezeichner]);
```

Die Methode *stop* stoppt den Abspielvorgang aller Sounds und weist ein optionales Argument auf:

- *bezeichner*: Wenn Sie das optionale Argument verwenden und dieser ein gültiger *Sound-Bezeichner* ist, wird nur der mit Bezeichner assoziierte Sound gestoppt. Verwenden Sie hier den Namen, den Sie als Bezeichner in den Verknüpfungseigenschaften des Sounds eingegeben haben.

StopAllSounds

StopAllSounds() ist keine Methode des Sound-Objekts und ein Überbleibsel aus den Zeiten vor Flash 5.0; diese Aktion wird aber weiterhin unterstützt und Sie werden sicher dann und wann noch auf sie stoßen, deshalb sei sie hier noch genannt.

Ein MP3-Player

Mit den eben kennen gelernten Methoden werden Sie als Nächstes einen kleinen MP3-Player erstellen. Dieser Player soll eine Auswahl zwischen verschiedenen Musikstücken ermöglichen. Die Grundfunktionen wie starten und stoppen der Musik sowie das Einstellen der Lautstärke und Balance sollen mit Hilfe von Schaltflächen und Slidern realisiert werden.

Leider ist es mit Flash nicht möglich MP3-Dateien abzuspielen, die sich nicht in der Filmbibliothek befinden. Unser Flash-MP3-Player wird nicht in der Lage sein, beliebige MP3-Dateien aus dem Internet abzuspielen.

Import und Platzieren der Player-Elemente

Zuerst erstellen Sie die Grundlage des Projekts: Importieren Sie die Musiktitel, die zur Verfügung gestellt werden sollen, in die Filmbibliothek. Als Beispiel können Sie Titel auf der CD verwenden.

- Erstellen Sie einen neuen Film mit den Ausmaßen 200 x 150 Pixel.
- Importieren Sie die drei Sound-Files mit Hilfe des Befehls *Datei/Importieren.*
- Erstellen Sie in der Filmbibliothek einen Ordner mit Namen *_musik* und verschieben Sie die Sound-Objekte dorthin.
- Vergeben Sie für alle Sound-Objekte in den Verknüpfungseigenschaften einen *Bezeichner*-Namen (*titel1, titel2, titel3*).

Nachdem Sie die Sounds importiert haben, werden Sie die Hauptzeitleiste vorbereiten:

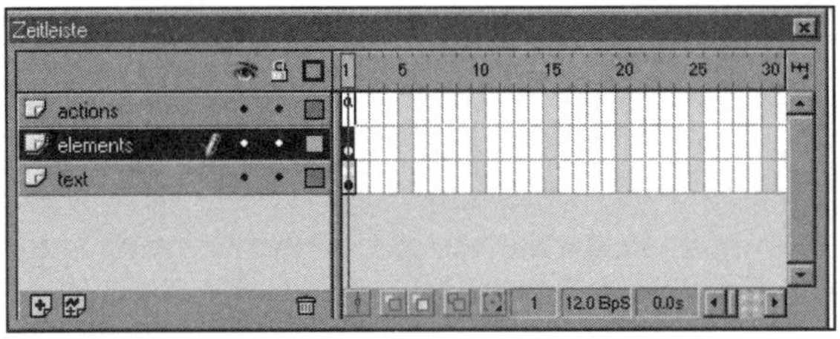

Abb. 4.7: Die *Zeitleiste* im ersten Schritt

- Benennen Sie die vorhandene Ebene in *actions* um.
- Erstellen Sie zwei neue Ebenen und nennen Sie diese *elements* und *text.*
- Wählen Sie das erste Bild der Ebene *action* aus und lassen Sie sich die *Bild-Aktionen* anzeigen. Hier soll nun das Sound-Objekt initialisiert werden. Schalten Sie in den Experten-Modus und geben Sie folgende Zeilen ein:

```
current_title = „titel1“;

musik = new Sound();
```

- Der erste Titel der Bibliothek soll der Titel sein, der ertönt, wenn der Benutzer noch keinen Titel ausgewählt hat. Geben Sie folgende Zeile in das Scriptfenster ein:

```
musik.attachSound(current_title);
```

- Testen Sie das Script auf Syntax-Fehler mit der Tastenkombination [Strg][↵] oder mit dem Befehl aus dem Menü des ActionScript-Fensters.

Als Nächstes importieren Sie die Schaltflächen, die Sie dann auf der Bühne anordnen. Bei den Schaltflächen bedienen Sie sich aus der mitgelieferten Schaltflächen-Bibliothek.

- Lassen Sie sich mit dem Befehl *Fenster/Allgemeine Bibliotheken/Schaltflächen* die mitgelieferte Schaltflächen-Bibliothek anzeigen. Wählen Sie aus dem Ordner *(circle) VCR Button Set* die Schaltflächen *gel Record, gel Stop* und *gel Right.* Erstellen Sie den Ordner *_schalter* in der Filmbibliothek und verschieben Sie alle Schaltflächen dorthin.
- Nun werden Sie die nötigen Texte erstellen. Sie benötigen die folgenden Texte: Lautstärke, Balance, Titel 1, Titel 2, Titel 3, max und min.
- Erstellen Sie den Ordner *_texte* und verschieben Sie alle Textsequenzen dort hinein.

Da Sie nun alle Basiselemente zusammengestellt haben, können Sie daran gehen, die Steuerelemente für den Sound zu erstellen. Als Erstes erstellen Sie zwei Slider, die die Lautstärke und die Balance steuern sollen, und platzieren die Schaltflächen für Start und Stopp des Sounds auf der Bühne.

- Erstellen Sie auf der Bühne in Bild 1 der Ebene *elements* eine 100 Pixel lange vertikale Linie. Positionieren Sie die Linie mit dem oberen Ende auf x=30 und y=20.
- Duplizieren Sie die soeben erstellte Linie und positionieren Sie diese mit dem oberen Ende auf x=70 und y=20.
- Erstellen Sie eine neue Filmsequenz mit dem Namen *mc_sliderbut_volume.* Ziehen Sie in diese Sequenz die Schaltfläche *gel Record* und zentrieren Sie diese in der Bildmitte.
- Erstellen Sie eine neue Filmsequenz mit dem Namen *mc_sliderbut_balance.* Ziehen Sie in diese Sequenz die Schaltfläche *gel Record* und zentrieren Sie diese in der Bildmitte.
- Wechseln Sie nun in der Hauptzeitleiste in das erste Bild auf der Ebene *elements.*
- Positionieren Sie die Sequenz *mc_sliderbut_volume* auf der linken Linie am unteren Ende.
- Positionieren Sie die Sequenz *mc_sliderbut_balance* auf der rechten Linie etwa in der Mitte.
- Positionieren Sie das Objekt *gel Right* im zweiten Viertel der Bühne von rechts, unten auf der Bühne.
- Positionieren Sie das Objekt *gel Stop* im ersten Viertel der Bühne von rechts unten auf der Bühne.

Nun haben Sie alle Elemente auf der Bühne platziert, die Sie zur Erstellung der grundlegenden Funktionalität brauchen: dem Starten und Stoppen der Musik und der Lautstärke- und Balance-Steuerung.

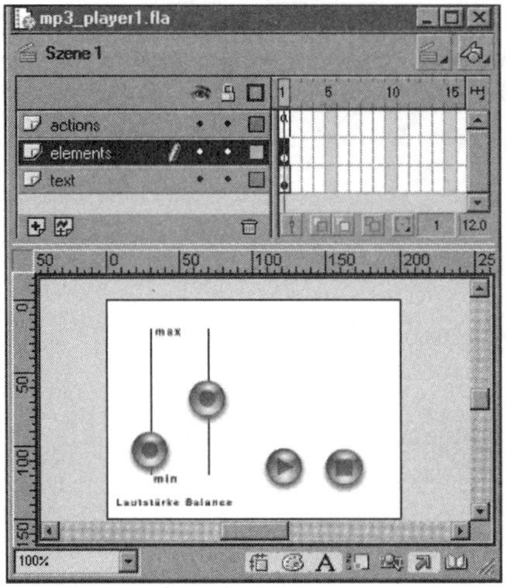

Abb. 4.8: Die Bühne im ersten Schritt

Erstellung des ActionScripts der Sound-Steuerung.
Der erste Schritt wird eine leichte Übung zum warm werden. Die Scripte, die das Starten und Stoppen der Musik erledigen, werden Sie in den dazugehörigen Schaltflächen unterbringen.

- Wählen Sie die Instanz, die die Start-Schaltfläche darstellen soll, und lassen Sie sich die Objekt-Aktionen anzeigen.
- Wählen Sie die *evaluate*-Aktion aus den Aktionen des ActionScript-Fensters aus.
- Tragen Sie nun die folgende ActionScript-Zeile ein:

```
_root.musik.start()
```

- Wiederholen Sie die letzten Schritte für die Stopp-Schaltfläche und geben Sie die folgende ActionScript-Zeile ein:

```
_root.musik.stop()
```

- Testen Sie den Film mit Hilfe des Befehls *Steuerung/Film testen.* Sie sollten nun in der Lage sein, die Musik zu starten und zu stoppen.

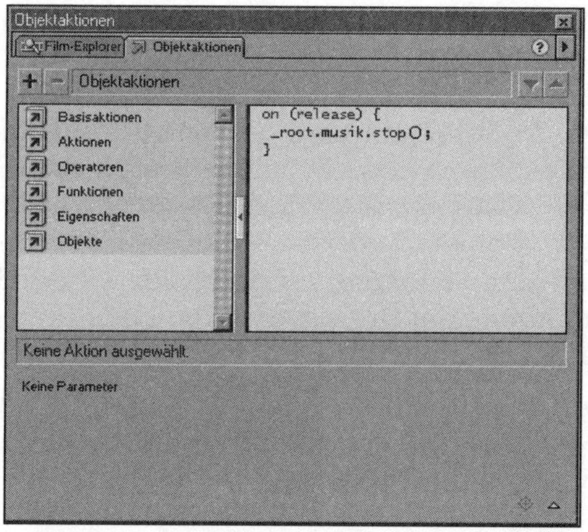

Abb. 4.9: Die *stop*-Aktion in den Objekt-Aktionen

Der zweite Schritt ist das Erstellen des Scripts, das den Lautstärke-Slider-Knopf auf der Bühne verschiebbar macht.

- Wählen Sie die Instanz der Sequenz *mc_sliderbut_volume* und lassen sich die *Objekt-Aktionen* der eingebetteten Schaltfläche anzeigen.
- Fügen Sie das folgende ActionScript in das Scriptfenster ein.

```
on (press) {
    startDrag (this, false, 30, 20, 30, 120);
    dragging = true;
}
on (release) {
    stopDrag ();
    dragging = false;
}
```

Der erste Block, der auf das Ereignis *drücken* der Maus reagiert,

```
on (press) {
```

sorgt mit der Aktion *startDrag()* dafür, dass der Schalter auf der Bühne verschoben werden kann.

```
startDrag (this, false, 30, 20, 30, 120);
```

Die *startDrag*-Aktion grenzt über die letzten vier Argumente die Beweglichkeit des Schalters auf der Bühne ein, in diesem Fall auf eine senkrechte 100 Pixel lange Linie.

Der zweite Block, der auf das Ereignis *loslassen* der Maus reagiert,

```
on (release) {
```

sorgt mit der Aktion *stopDrag()* dafür, dass der Schalter wieder von der Maus gelöst wird.

```
stopDrag ();
```

Testen Sie den Film, um seine Funktion zu überprüfen. Sie sollten den Knopf der Lautstärkesteuerung auf der senkrechten Linie bewegen können, wobei der Knopf die Linie nicht verlassen kann.

Nun kommen wir zu der eigentlichen Lautstärkesteuerung. Wählen Sie den Knopf der Lautstärkesteuerung und tragen Sie in dessen Objekt-Aktionen den folgenden ActionScript-Code ein:

```
onClipEvent (enterFrame) {
    if (dragging == true) {
        _root.musik.setVolume (120 - this._y );
    }
}
```

Der eigentliche Wert für die Lautstärke wird aus der Position des Knopfes für die Lautstärke errechnet. Testen Sie den Film; sie sollten jetzt in der Lage sein die Lautstärke einzustellen.

Als Nächstes verpassen Sie dem Balance-Slider die nötigen ActionScripte für die Funktionalität.

- Wählen Sie die Instanz der Sequenz *mc_sliderbut_balance* und lassen Sie sich die *Objekt-Aktionen* der eingebetteten Schaltfläche anzeigen.
- Fügen Sie das folgende ActionScript in das Scriptfenster ein:

```
on (press) {
    startDrag (this, false, 70, 20, 70, 120);
    dragging = true;
}
on (release) {
    stopDrag ();
    dragging = false;
}
```

Damit ist der Balance-Knopf nun auch beweglich. Nun folgt das Script für die Balancesteuerung. Wählen sie Knopf der Balancesteuerung und tragen Sie in deren Objekt-Aktionen den folgenden ActionScript-Code ein:

```
onClipEvent (enterFrame) {
   if (dragging == true) {
         _root.musik.setPan(( 120 - this._y) * 2 - 100 );
   }
}
```

Testen Sie den Film. Wenn Ihnen keine Fehler unterlaufen sind, ist die Balance zwischen den Kanälen nun einstellbar.

Die Soundauswahl

Nun ist es Zeit, ein Menü zu implementieren, das die Auswahl zwischen den drei in der Filmbibliothek enthaltenen Titeln ermöglicht und den aktuellen Titel anzeigt.

- Erstellen Sie eine neue Filmsequenz mit dem Namen *mc_titelmenue.*
- Konvertieren Sie die Sequenzen *mc_titel1*, *mc_titel2* und *mc_titel3* innerhalb der Filmbibliothek in Schaltflächen und verschieben Sie diese in den Ordner *_schalter.*
- Platzieren Sie die Schaltflächen innerhalb der Sequenz *mc_titelmenue* senkrecht untereinander mit einem Abstand von 40 Pixel rechts oben auf der Bühne.
- Nennen Sie die Ebene *schalter.*
- Erstellen Sie drei weitere Ebenen mit den Namen *marks, actions* und *status.*
- Wählen Sie das erste Bild der Ebene *marks* aus und tragen Sie im Feld *Bezeichnung* den Namen *titel1* ein.
- Fügen Sie in dieser Ebene auf den Bildern 5 und 20 ein Schlüsselbild hinzu und vergeben Sie die Bezeichnungen *titel2* und *title3.*
- Wechseln Sie nun auf die Ebene *actions* und tragen Sie in den *Bild-Aktionen* für das Bild 1 eine *stop*-Aktion ein.
- Fügen Sie in der Ebene *actions* in den Bildern 5 und 10 Schlüsselbilder hinzu und tragen Sie in deren *Bild-Aktionen* jeweils eine *stop*-Aktion ein.

Nach diesen Vorbereitungen wird es Zeit, die Funktion des Menüs zu erstellen. Als Nächstes werden die Schaltflächen zur Auswahl des Titels ausgearbeitet:

- Erstellen Sie im *Darüber*-Status ein neues Schlüsselbild.
- Ändern Sie die Farbe des Textes auf Blau.

- Erstellen Sie im *Drücken*-Status ein neues Schlüsselbild.
- Ändern Sie die Farbe des Textes auf Rot.
- Erstellen Sie im Status *Aktiv* ein neues Schlüsselbild.
- Erstellen Sie mit Hilfe des *Rechteck*-Werkzeugs ein Rechteck, das den Text vollständig einschließt. Dieses ist der Bereich, auf den mit einer Statusänderung reagiert wird, wenn sich die Maus dort hinein bewegt.
- Wiederholen Sie die letzten Schritte, um die restlichen Schaltflächen fertig zu stellen.

Die Schaltflächen sind fertig; fehlt nur noch der Indikator, der den aktuellen Titel anzeigt. Dieser wird von einer verkleinerten Schaltfläche dargestellt und immer vor den aktuellen Titel gestellt.

- Wählen Sie die Sequenz *mc_titelmenue* zur Bearbeitung und anschließend in der Zeitleiste auf der Ebene *status* das erste Bild aus.
- Fügen Sie in das Bild die Schaltfläche *gelRight* ein und verkleinern Sie diese um 40 %.
- Positionieren Sie die Schaltfläche vor dem Text *Titel 1*.
- Wählen Sie in der Ebene *status* das Bild 5 aus und erstellen Sie ein neues Schlüsselbild.

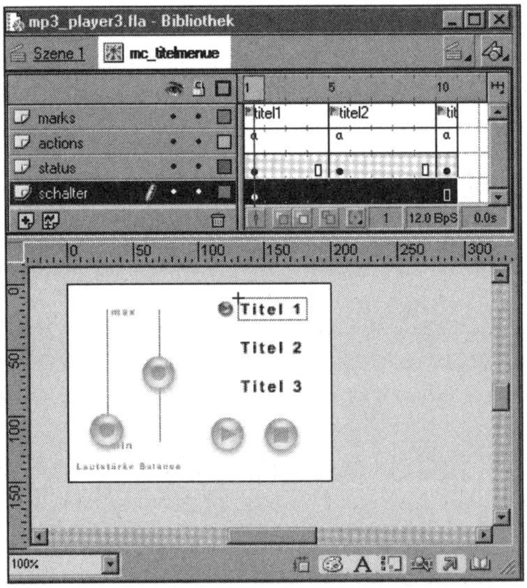

Abb. 4.10: Die fertige Oberfläche

- Verschieben Sie die kleine Schaltfläche so, dass diese vor den Text *Titel 2* zu liegen kommt.
- Wählen Sie nun in der Ebene *status* das Bild 10 aus und erstellen Sie ein neues Schlüsselbild.
- Verschieben Sie die kleine Schaltfläche so, dass diese vor den Text *Titel 3* zu liegen kommt.
- Verlängern Sie die Anzeigedauer des ersten Bildes der Ebene *schalter* bis auf das 10. Bild.

Nun, da alle Elemente des Titelmenüs platziert sind und die Zeitleiste fertig eingerichtet ist, können Sie mit der Installation der Scripts weitermachen.

- Wählen Sie das Titelmenü zur Bearbeitung aus.
- Wählen Sie die Schaltfläche aus, die den ersten Titel kontrolliert, und lassen Sie sich die *Objekt-Aktionen* anzeigen.
- Tragen Sie folgenden ActionScript-Code in das Scriptfenster ein:

```
on (release) {
    gotoAndStop ("titel1");
    _root.musik.stop();
    _root.musik.attachSound("titel1");
}
```

- Wiederholen Sie die letzten beiden Schritte für die restlichen Schaltflächen. Vergessen Sie dabei nicht, den *Bezeichner* des Titels jeweils der Schaltfläche anzupassen.

Dieser Block reagiert auf das Loslassen der Maustaste:

```
on (release) {
```

In der ersten Zeile wird die Funktionalität der Statusanzeige realisiert, indem mit der *gotoAndStop*-Aktion auf die Marke des ersten Titels gesprungen wird.

```
gotoAndStop ("titel1");
```

Die zweite Zeile stoppt eventuell laufende Musik. Würde die Musik nicht angehalten, würde der neue Titel starten, während der alte noch läuft.

```
_root.musik.stop();
```

Die dritte Zeile verbindet mit Hilfe der *attachSound*-Aktion die *musik*-Instanz mit dem Sound aus der Filmbibliothek.

```
_root.musik.attachSound("titel1");
```

Nun ist der Flash-MP3-Player fertig gestellt. Testen Sie das Umschalten zwischen den verschiedenen Titeln.

Soundkomprimierung

Um das Ladeverhalten eines Films im Internet so schnell wie möglich zu machen, ist es notwendig, den Sound beim Veröffentlichen zu komprimieren. Das Bestimmen der Parameter für die Kompression ist immer ein Kompromiss zwischen einer möglichst hohen Wiedergabequalität und einer möglichst kleinen Sounddatei.

Die *Samplingrate* und die *Kompressionsrate* haben einen großen Einfluss auf die Klangqualität. Eine niedrige *Samplingrate* und eine hohe *Kompressionsrate* ergeben eine kleine Sounddatei mit niedriger Klangqualität. Sie sollten eine Zeitlang mit verschiedenen Sounds und verschiedenen Parametern experimentieren.

Die Exporteinstellungen

Wenn Sie für einen Bibliothekssound keine Export-Parameter definieren, werden beim Export die Sound-Einstellungen des Films verwendet. Sie können allerdings für jeden Bibliothekssound eigene Export-Parameter einstellen.

Um die Export-Parameter für einen Bibliothekssound einzustellen, lassen Sie sich über den Befehl *Exporteinstellungen* des Kontextmenüs des Sounds in der Filmbibliothek den Dialog der Exporteinstellungen anzeigen.

Standard-Kompression

Hierbei werden die Einstellungen, die in den *Einstellungen für Veröffentlichungen* eingestellt sind, für diesen Sound verwendet. Hierfür können keine weiteren Parameter eingestellt werden.

Abb. 4.11: Die *Standard*-Kompression

ADPCM-Kompression

Diese Option sollten Sie nur für kurze Ereignis-Sounds verwenden oder Sie sollten gleich auf das MP3-Format wechseln, das bessere Sound-Qualität bei höherer Kompressionsrate erzielt.

Abb. 4.12: Die *ADPCM*-Kompression

- *Vorverarbeitung*: Wenn Sie Stereo-Sound in Mono-Sound konvertieren wollen, aktivieren Sie diese Option. Stereo-Sounds beanspruchen mehr Speicherplatz als Mono-Sounds.
- *Samplingrate*: Eine hohe Samplingrate ergibt eine höhere Qualität, aber auch eine größere Datei. *5 kHz* ist für Sprache gerade noch akzeptabel, *11 kHz* die Mindestanforderung für ein kurzes Stück Musik, *22 kHz* wird gern für Sounds im Web verwendet, *44 kHz* entspricht dem Standard einer Audio-CD
- *ADPCM-Bits*: Je weniger Bits Sie für den Sound verwenden, desto kleiner wird die Datei und desto niedriger ist die Klangqualität.

MP3-Kompression

Die *MP3*-Kompression bietet eine hohe Sound-Qualität bei hoher Kompressionsrate. MP3-Sound kann gestreamt werden, das heißt, der Sound kann abgespielt werden, wenn er noch nicht vollständig heruntergeladen ist.

Wenn ein MP3-Sound gestreamt werden soll, wird dieser beim Export erneut komprimiert. MP3-Sounds, die nicht gestreamt werden, werden nicht erneut komprimiert während des Exports.

Abb. 4.13: Die *MP3*-Kompression

- *Vorverarbeitung*: Wenn Sie Stereo-Sound in Mono-Sound konvertieren wollen, aktivieren Sie diese Option. Stereo-Sounds beanspruchen mehr Speicherplatz als Mono-Sounds. Diese Option steht nur bei Bit-Raten über 20 kBit zur Verfügung.
- *Bit-Rate*: Flash unterstützt Bit-Raten von 8 kBit/s bis 160 kBit/s. Wenn Sie Musik exportieren wollen, stellen Sie mindestens eine Bit-Rate von 20 kBit/s ein. Ab 128 kBit/s erhalten Sie CD-Audio-Qualität.
- *Qualität*: *Schnell* ergibt eine schnelle Kompression bei niedriger Qualität, *Mittel* ergibt eine langsamere Kompression und eine bessere Qualität, *Langsam* ergibt eine langsame Kompression bei bester Klangqualität.

RAW-Format

Das RAW-Format unterstützt keine Kompression und ist für die Verwendung im Internet nicht geeignet – weichen Sie auf das MP3-Format aus.

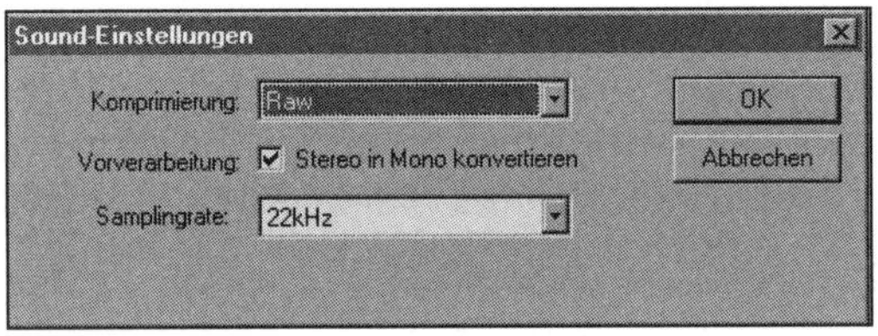

Abb. 4.14: Das *RAW*-Format

- *Vorverarbeitung*: Wenn Sie Stereo-Sound in Mono-Sound konvertieren wollen, aktivieren Sie diese Option. Stereo-Sounds beanspruchen mehr Speicherplatz als Mono-Sounds.
- *Samplingrate*: Eine hohe Samplingrate ergibt eine höhere Qualität, aber auch eine größere Datei. 5 kHz ist für Sprache gerade noch akzeptabel, 11 kHz die Mindestanforderung für ein kurzes Stück Musik, 22 kHz wird gern für Sounds im Web verwendet, 44 kHz entspricht dem Standard einer Audio-CD.

Tipps für den Export

Bisher haben Sie bei der Optimierung des Sounds nur die Soundparameter berücksichtigt; es gibt aber außer der Sampling- und Kompressionsrate noch weiter Punkte, die einen effektiven Umgang mit Sounds ermöglichen.

Als Flash-Film

- Stellen Sie den Sound so ein, dass keine lautlosen Enden entstehen.
- Verwenden Sie einen Sound mehrfach, indem Sie die Instanzen mit Effekten bearbeiten.
- Verwenden Sie für Hintergrundsounds/Musik möglichst kurze Wiederholungen, um Platz zu sparen.
- Streaming-Sound sollte nie in einer Schleife abgespielt werden; vermeiden Sie bei Streaming-Sounds Wiederholungen.

Als QuickTime-Film

QuickTime-Filme verhalten sich in Bezug auf Sounds und deren Speicherung anders als Flash-Filme.

Sie brauchen sich bei der Produktion für QuickTime-Filme nicht so viele Gedanken um die Anzahl der verwendeten Sounds zu machen. Alle Sounds auf allen Ebenen werden während des Exports in den QuickTime-Film zusammen in eine Sound-Spur kopiert. Somit hat die Anzahl der im Flash-Film verwendeten Sounds keinen so großen Anteil an der Dateigröße des QuickTime-Films.

Wenn Sie Animation mit Sound synchronisieren wollen, benutzen Sie Streaming-Sound, um die Übereinstimmung von Bild und Ton zu erhalten. Wenn der Film auf einem leistungsschwachen Computersystem abgespielt wird und das Bild mit dem Ton nicht mehr Schritt halten kann, werden Bilder der Animation ausgelassen, um dem Sound folgen zu können.

Thema 5

1. Grafik importieren und optimieren
2. Arbeiten mit ActionScript
3. Animationen erstellen
4. Sound einbinden
5. Menüs gestalten
6. Formulare erstellen
7. Diagramme erstellen
8. Perfekt drucken
9. Ein universeller Start-Film
10. Publizieren des Projekts

Überblick

Textfelder, Schaltflächen, Radiobuttons, Checkboxen, Dropdownlisten und Menüstrukturen, all das sind grundlegende Elemente, die die Funktionalität von interaktiven Filmen ermöglichen. Besonders Formulare, die häufig für die Sammlung von Daten im Internet benötigt werden, machen regen Gebrauch von diesen Elementen.

Flash 5.0 stellt mit seiner Installation vorgefertigte Menüelemente zur Verfügung. Diese Filmsequenzen sind als SmartClips ausgelegt und somit universell einsetzbar. Sie können die Inhalte der Menüs innerhalb eines Formulares eingeben, und ActionScript erzeugt beim Abspielen des Films das Menüelement.

Sie haben in Flash 5.0 die Möglichkeit, auch eigene Menüstrukturen zu erstellen und werden dabei von Flash 5.0 unterstützt. So können Sie für ein individuelles Outfit Ihrer Formulare sorgen, ohne in der Funktionalität Abstriche machen zu müssen.

Schaltflächen erstellen und verwenden

Schaltflächen stellen für die meisten interaktiven Filme die Basis dar. Sie sind in Flash nichts anderes als Filmsequenzen. Diese Filmsequenz weist allerdings nur vier Bilder auf und die Zeitleiste läuft eigentlich nicht ab, sondern wartet auf dem ersten Bild.

Wie funktioniert eine Schaltfläche?

Wie schon erwähnt, besteht jede Schaltfläche aus vier Bildern; die ersten drei Bilder stellen die verschiedenen Mauszustände dar, auf die die Schaltfläche reagiert.

- *Normal*: Die normale Ansicht der Schaltfläche.
- *Darüber*: Wenn sich die Maus über der Schaltfläche befindet, springt die Sequenz in dieses Bild.
- *Gedrückt*: Wird die linke Maustaste gedrückt, springt die Sequenz in dieses Bild.
- *Aktiv*: Dieses Bild wird nie angezeigt; es dient zur Markierung des aktiven Bereichs, das der Erkennung der Mauszustände dient.

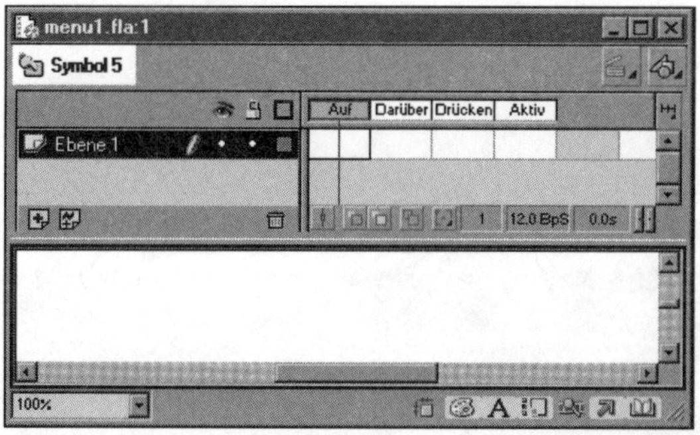

Abb. 5.1: Die Zeitleiste einer Schaltfläche

Während der Laufzeit des Films und in der Entwicklungsumgebung, wenn Sie Option *Steuerung/Schaltflächen aktivieren* aktiviert haben, verändert sich der Mauszeiger über der Schaltfläche zu einer Hand.

Da Schaltflächen nicht wie Filmsequenzen über einen Instanznamen verfügen, können sie über ActionScript nicht direkt angesprochen werden. Dieses Verhalten lässt sich zum Teil umgehen, indem Sie die Schaltfläche in eine normale Filmsequenz einbetten. So können Sie Schaltflächen über ActionScript in Eigenschaften wie Position und Skalierung manipulieren.

Erstellen einer Schaltfläche

Im Folgenden werden Sie eine *OK*-Schaltfläche erstellen, in dieser die verschiedenen Mauszustände definieren und den verschieden Zuständen Sounds zuweisen.

- Erstellen Sie einen neuen Film mit den Ausmaßen 100 x 100 Pixel.
- Erstellen Sie ein neues Symbol, wählen Sie unter Verhalten *Schaltfläche* und vergeben Sie den Namen *but_ok*.
- Vergeben Sie für die erste Ebene den Namen *text* und erstellen Sie eine neue Ebene mit dem Namen *sound*.

Nun können Sie mit der Gestaltung der Schaltfläche beginnen.

- Wechseln Sie in die Ebene *text* und geben Sie hier den Text *OK* ein. Benutzen Sie als Font *Arial* und vergeben Sie eine Zeichengröße von 20 Punkt.
- Erzeugen Sie auf der Ebene *text* im Zustand *Darüber* ein neues Schlüsselbild und färben Sie den Text gelb ein.
- Erzeugen Sie auf der Ebene *text* im Zustand *Gedrückt* ein neues Schlüsselbild und setzen Sie dem Text am Ende ein Ausrufungszeichen hinzu.

- Wechseln Sie nun zur Hauptzeitleiste und ziehen Sie die eben erstellte Schaltfläche auf die Bühne.
- Speichern Sie den Film.

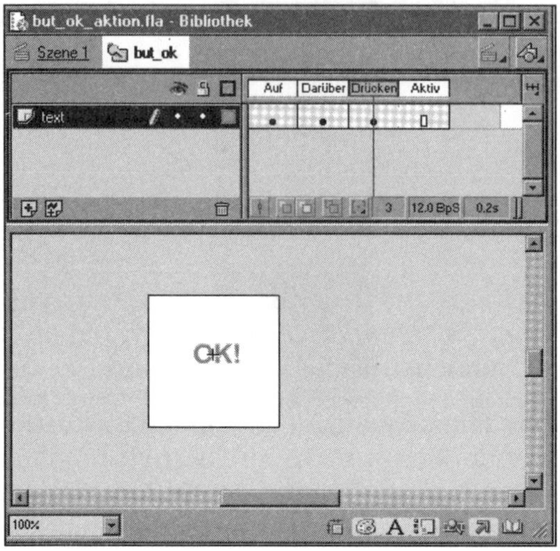

Abb. 5.2: Die Zeitleiste der Schaltfläche

Testen Sie nun den Film und achten Sie darauf, wie die Schaltfläche auf die Maus reagiert. Die Reaktion erfolgt nur, wenn Sie mit der Maus genau über den Text streichen. Es ist also schon eine gehörige Portion Zielwasser nötig, um diese Schaltfläche zu erwischen. Dieses Verhalten lässt sich verbessern, indem Sie auf dem vierten Bild eine Form platzieren, die den aktiven Bereich erweitert.

- Wählen Sie die Schaltfläche zur Bearbeitung aus.
- Wechseln Sie in den Zustand *Aktiv* der Ebene *text* und erzeugen Sie ein neues leeres Schlüsselbild.
- Erzeugen Sie hier eine Form, die den Text großzügig einschließt. Erleichtern Sie sich die Bearbeitung durch Benutzung der Zwiebelschalen-Ansicht.

Wenn Sie nun den Film testen, werden Sie feststellen, dass die Schaltfläche jetzt komfortabler reagiert.

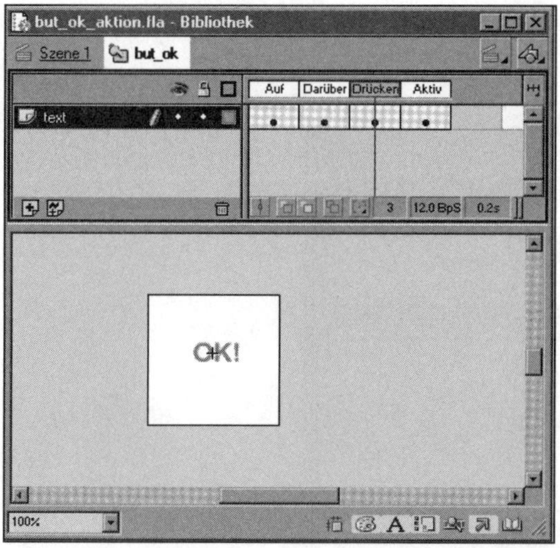

Abb. 5.3: Die Zeitleiste der Schaltfläche mit aktivem Bereich

Als letzten Schritt werden Sie nun Sounds einbauen, die die Zustände der Schaltfläche akustisch unterstreichen sollen. Sounds werden den verschiedenen Zuständen zugeordnet, indem sie auf das entsprechende Bild gezogen werden. Sinnvoll sind hier die Zustände *Darüber* und *Gedrückt*. Für diese beiden Zustände werden Sie die Sounds *Breaker Switch* und *Beam Scan* einbinden.

Wählen Sie die Schaltfläche zur Bearbeitung aus.

Lassen Sie sich mit dem Befehl *Fenster/Allgemeine Bibliotheken/Sounds* die allgemeine Soundbibliothek anzeigen. Ziehen Sie die Sounds *Breaker Switch* und *Beam Scan* aus der *Sound*-Bibliothek in die Filmbibliothek.

Wechseln Sie nun in die Zeitleiste. Wählen Sie in der Ebene *Sound* das Bild des Zustands *Darüber* und fügen Sie ein neues Schlüsselbild ein.

Ziehen Sie nun den Sound *Breaker Switch* aus der Filmbibliothek auf die Bühne. Sie sehen in der Zeitleiste, dass der Sound eingebaut wurde.

Lassen Sie sich die Sound-Eigenschaften des Bildes anzeigen. Vergewissern Sie sich, dass *Wiederholungen* auf Null gesetzt wurde.

Erstellen Sie nun im Bild des Zustands *Gedrückt* ein neues leeres Schlüsselbild und ziehen Sie aus der Filmbibliothek den Sound *Beam Scan* auf die Bühne.

Speichern Sie den Film und testen Sie ihn.

Nun ist die komplette Interaktivität in der Schaltfläche implementiert und diese kann nun benutzt werden.

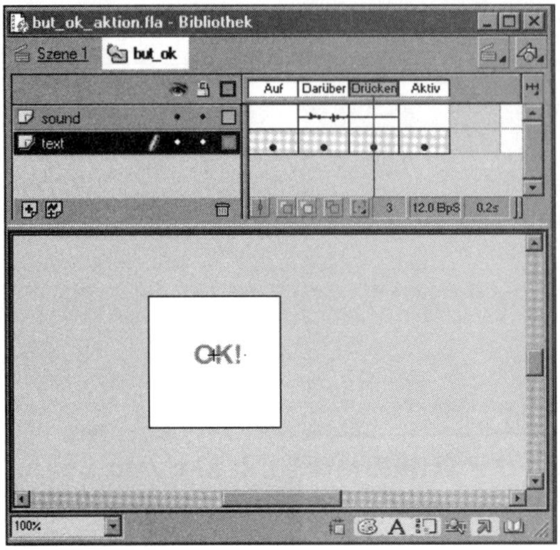

Abb. 5.4: Die Zeitleiste der Schaltfläche mit Sounds

Sie können die Interaktivität einer Schaltfläche auch komplett in der Entwicklungsumgebung testen; Sie müssen hierzu nur die Option *Steuerung/Sound deaktivieren* deaktivieren und die Option *Steuerung/Schaltflächen aktivieren* aktivieren. Um Schaltflächen auf der Bühne bearbeiten zu können, müssen Sie die Option *Schaltflächen aktivieren* deaktivieren.

Verwenden der Schaltfläche

Um eine Schaltfläche benutzen zu können, muss diese ActionScript-Aktionen zugeordnet bekommen, die dann die zugedachte Funktionalität implementieren. Der ActionScript-Code wird hierbei nicht in der Schaltfläche definiert, sondern erst an der Instanz der Schaltfläche auf der Bühne. Dieses Verfahren stellt eine unkomplizierte Wiederverwendung der Schaltflächen-Symbole sicher.

Im Folgenden werden Sie der *OK*-Schaltfläche eine Aktion zuweisen. Diese Aktion wird den Film auf ein anderes Bild springen lassen. Dieses ist eine der immer wieder verwendeten Funktionalitäten in Flash-Filmen.

Erstellen Sie zuerst eine Testumgebung für die Schaltfläche.

- Öffnen Sie den Film aus dem vorherigen Abschnitt und erzeugen Sie eine neue Ebene; nennen Sie diese *marks*.

- Wählen Sie das erste Bild der Ebene *marks* aus und vergeben Sie in der Palette der Bildeigenschaften die Bezeichnung *start*.

- Wählen Sie nun das fünfte Bild der *marks* aus, erstellen Sie ein neues Schlüsselbild und vergeben Sie in der Palette der Bildeigenschaften die Bezeichnung *ok*.
- Nennen Sie die Ebene der Schaltfläche *schalter* und verlängern Sie die Darstellungszeit des ersten Bildes bis auf des fünfte Bild.
- Erstellen Sie eine neue Ebene mit dem Namen *actions*.
- Wählen Sie das erste Schlüsselbild und tragen Sie in den *Bild-Aktionen* eine *stop*-Aktion ein.
- Wählen Sie das fünfte Bild, erstellen Sie ein neues Schlüsselbild und tragen Sie in den *Bild-Aktionen* eine *stop*-Aktion ein.
- Erstellen Sie eine Ebene mit dem Namen *danke* und erstellen Sie im fünften Bild ein neues Schlüsselbild.
- Setzen Sie in diesem Bild den Text *danke* ein.

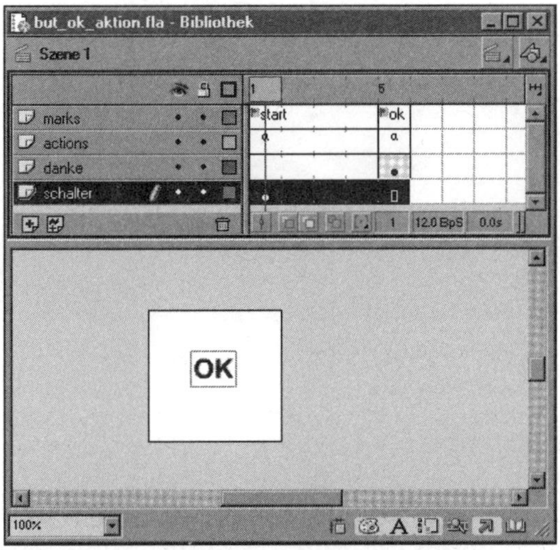

Abb. 5.5: Die Zeitleiste des Films

Nun haben Sie die Testumgebung für die Schaltfläche geschaffen. Und können dieser die Aktion zuweisen, die den Film auf das Bild springen lässt, das die Bestätigung ausgibt.

- Wählen Sie die Schaltfläche auf der Bühne aus.
- Lassen Sie sich die Objekt-Aktionen anzeigen und geben Sie folgenden ActionScript-Code ein:

```
on (release) {
    gotoAndStop ("ok");
}
```

- Schalten Sie die Optionen *Steuerung/Schaltflächen aktivieren* und *Steuerung/Bildaktionen aktivieren* ein, um die Szene in der Entwicklungsumgebung zu testen.

Verwendung der Smart-Menüelemente

Flash 5.0 stellt Ihnen drei vorgefertigte universell verwendbare Standardmenüs zur Verfügung:

- *Dropdown*-Menü
- *Radiobutton*-Menü
- *Checkbox*-Menü

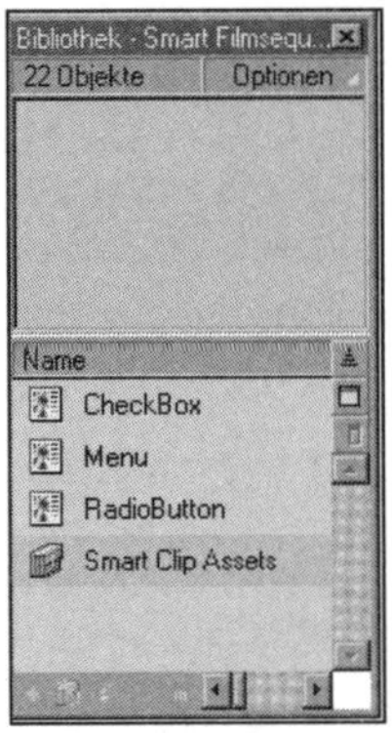

Abb. 5.6: Die SmartClips in der allgemeinen Bibliothek

Diese Menüs besitzen das Standarddesign des jeweiligen Menüelements. Das Design wird automatisch dem Betriebssystem, auf dem der Film abgespielt wird, angepasst; dieses Verhalten können Sie allerdings auch abschalten.

Der Smart-Menü-Testfilm

Um den Umgang der drei Smart-Menü-Typen zu erlernen, schaffen Sie sich erst einmal einen Testfilm, um sich dreifache Arbeit zu ersparen. Um zu erfahren, wie diese Menüelemente arbeiten, also wie sie initialisiert und die Werte ausgelesen werden, brauchen Sie nur ein Textfeld, das die gewählte Menü-Option darstellt, und eine Schaltfläche, die das Script beherbergt, das den Wert aus dem Menüelement liest und in das Textfeld schreibt.

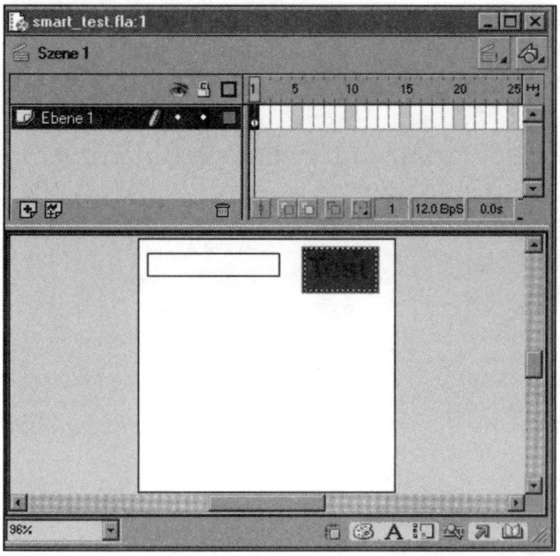

Abb. 5.7: Der SmartClip-Testfilm

- Erstellen Sie einen neuen Film mit den Ausmaßen 200 x 200 Pixel.
- Erzeugen Sie im oberen Bereich der Bühne ein Textfeld. Stellen Sie in der *Textoptionen*-Palette als Texttyp *Dynamischer Text* ein und wählen Sie die Option *Rand.* Tragen Sie im Feld *Variable* den Namen *info* ein.
- Legen Sie nun eine einfache Schaltfläche an.
- Platzieren Sie diese auf der Bühne im oberen Teil neben dem Textfeld.
- Lassen Sie sich die *Bild-Aktionen* anzeigen und geben Sie folgenden ActionScript-Code ein:

```
on (release) {
   info =  "TEST";
}
```

- Speichern Sie den Film unter dem Namen *smart_test* ab und testen Sie ihn.

Dropdown-Menü

Ein Dropdown-Menü ist in der Regel ein Textfeld, das durch Anklicken aufklappt und eine Anzahl Optionen zur Verfügung stellt. Wird eine Option ausgewählt, klappt die Liste wieder ein und die gewählte Option wird im Textfeld dargestellt.

Die Sequenzparameter festlegen

Als Erstes importieren Sie ein Dropdown-Menü aus der allgemeinen Bibliothek, platzieren es auf der Bühne und stellen dessen Sequenzparameter ein.

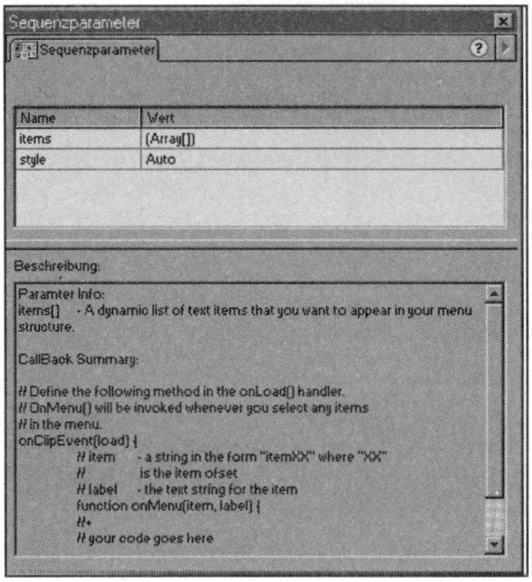

Abb. 5.8: Die *Sequenzparameter* des Dropdown-Menüs

- Öffnen Sie den Film *smart_test.fla* und speichern Sie diesen unter dem Namen *dropdown.fla*.
- Öffnen Sie die allgemeine Bibliothek der *Smart-Clips*. Ziehen Sie das Symbol *Menu* aus der Bibliothek der Smart-Filmsequenzen auf die Bühne.
- Durch den letzten Schritt sind nun alle Objekte, die vom Menü benötigt werden, mit in die Filmbibliothek kopiert worden. Erstellen Sie einen Ordner, der die Menüobjekte aufnimmt, und verschieben Sie die Menüelemente dorthin.
- Wählen Sie das Menü auf der Bühne aus und vergeben Sie den Instanznamen *dropdown*.
- Lassen Sie sich die Palette der Sequenzparameter anzeigen.

- Für diese Sequenz sind zwei Parameter definiert. *Style* bestimmt das Aussehen des Menüs; Sie können es automatisch auswählen lassen oder ein Design vorgeben.
- Im zweiten Parameter können Sie durch Doppelklicken des Wertes ein Formular öffnen, das zur Eingabe der im Menü dargestellten Optionen dient. Geben Sie hier beispielsweise drei Städtename ein.
- Speichern Sie den Film.

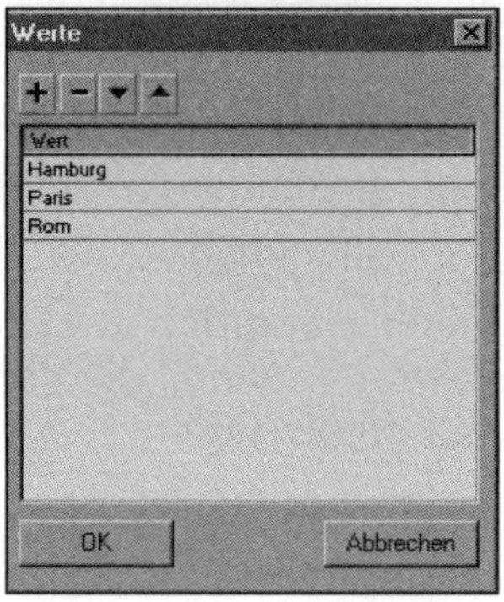

Abb. 5.9: Die Definition der Listenelemente

- In der Entwicklungsumgebung sind die vergebenen Parameter nicht zu sehen; erst wenn der Film abgespielt wird, wird das Menü durch ActionScript erzeugt und kann nun dargestellt werden. Testen Sie also den Film – das Menü sollte aufklappen und die von Ihnen definierten Optionen enthalten. Allerdings können diese noch nicht ausgelesen werden.

Die Sequenzparameter auslesen

Nun folgt die Auswertung der im Dropdown-Menü gewählten Option. Die Auswertung eines *SmartClips* ist nicht allgemein geregelt. Im Dialog zur Festlegung der Sequenzparameter gibt es das Feld *Beschreibung*, in dem der Programmierer eine Bedienungsanleitung hinterlegen sollte. Hier wird dann bekannt gegeben, welche Variable oder Funktion die Parameter des *SmartClips* zurückgibt.

Sollte der Programmierer dies nicht getan haben, müssen Sie die Sequenz selbst untersuchen. Eine Methode hierzu ist, einen Film zu erstellen, in den Sie nur den betreffenden *SmartClip* einbetten, und diesen dann zu starten. Wenn der Film im Flash Player läuft, lassen Sie sich die Variablen mit dem Befehl *Fehlersuche/Variablen auflisten* im Ausgabefenster anzeigen. Schauen Sie sich die Variablen, die der *SmartClip* definiert, an. Mit ein wenig detektivischem Spürsinn sollten Sie die richtige Variable herausfinden. Sind Sie nicht sicher, ob Sie die richtige Variable gefunden haben, verändern Sie einfach den Zustand des *SmartClips* im Flash Player und lassen sich erneut die Variablen anzeigen. Vergleichen Sie beide Ergebnisse des Ausgabefensters; die gesuchte Variable wird sich durch die Veränderung verraten.

Manchmal werden auch Funktionen definiert, mit deren Hilfe Sie die Parameter auslesen können. Achten Sie in diesem Zusammenhang auf Funktionsnamen wie *getValue()*, *getStatus()* oder Ähnliche. Manche *SmartClips* stellen sogar Funktionen zur Verfügung, mit deren Hilfe Sie während der Laufzeit des Films die Parameter des *SmartClips* ändern können.

Beginnen Sie mit der Implementation des Scripts, das das Dropdown-Menü auswertet. Das Script soll den aktuell gewählten Wert des Menüs auslesen und im *Info*-Feld darstellen.

Da die Beschreibung in der Sequenzparameter-Definition des Dropdown-Menüs nicht allzu informativ ist, müssen Sie erst einmal die Variable herausfinden, die den aktuell gewählten Parameter enthält.

- Testen Sie den Film im Flash Player mit dem Befehl *Steuerung/Film testen.*
- Lassen Sie sich die Variablen anzeigen.

Ein Blick auf das Ausgabefenster zeigt, dass die Variable *_level0.dropdown.currentValue* die gewünschte Information enthält.

Beginnen Sie nun mit der Implementation des Scripts, das das Dropdown-Menü auswertet. Das Script soll den aktuell gewählten Wert des Menüs auslesen und im *Info*-Feld darstellen.

- Wählen Sie die Schaltfläche auf der Bühne aus und lassen Sie sich die *Objekt-Aktionen* anzeigen.
- Geben Sie folgendes ActionScript in das Scriptfenster ein:

```
on (release) {
   info =  _level0.dropdown.currentValue;
}
```

- Speichern Sie den Film und testen Sie ihn.

Der Film sollte Ihnen nun, je nachdem, welche Stadt Sie im Menü ausgewählt haben, diese bei Klick auf die Schaltfläche im Feld anzeigen.

Radiobutton-Menü

Nun folgt ein weiteres sehr beliebtes Element grafischer Bedienoberflächen, das Radiobutton-Menü. Ein Radiobutton-Menü ist ein Liste von Optionen, wobei jeder Punkt der Liste über eine kleine vorangestellte

Schaltfläche verfügt, die anzeigt, welcher Listenpunkt ausgewählt ist. In der Liste ist immer nur ein Punkt aktiv.

Flash 5.0 stellt Radiobutton-SmartClips zur Verfügung, mit deren Hilfe Sie Radiobutton-Gruppen erstellen können.

Die Sequenzparameter festlegen

Erstellen Sie eine Radiobutton-Gruppe mit zwei Optionen.

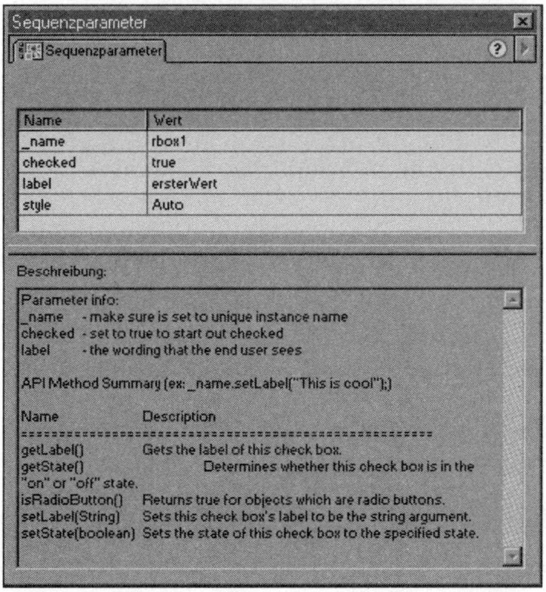

Abb. 5.10: Die Sequenzparameter des Radiobuttons

- Öffnen Sie den Film *smart_test.fla* und speichern Sie ihn unter dem Namen *radiobutton.fla* ab.
- Öffnen Sie die allgemeine Bibliothek der Smart-Clips. Ziehen Sie das Symbol *Radiobutton* aus der Bibliothek der Smart-Filmsequenzen in die Filmbibliothek.
- Erstellen Sie eine Filmsequenz mit dem Namen *radiogroup1*.
- Ziehen Sie zwei Radiobuttons in die *radiogroup1*.
- Lassen Sie sich die Sequenzparameter des Radiobuttons anzeigen.
- Vergeben Sie als Namen dieser Sequenz *rbox1* und setzen Sie den Wert von *checked* auf *true;* als *Label* vergeben Sie *Hamburg*.

- Wechseln Sie auf den zweiten Radiobutton und stellen Sie die Sequenzparameter auf die folgenden Werte: *_name=rbox2, checked=false, Label=Paris.*
- Platzieren Sie die Sequenz auf der Bühne unterhalb von *Info*-Feld und Schaltfläche.
- Speichern Sie den Film und testen Sie ihn.
- Sie sollten nun in diesem Film zwischen den Optionen der Radiobuttons wechseln können.

Wenn Sie übrigens mehrere unabhängige Gruppen von Radiobuttons auf der Bühne anordnen wollen und die Radiobuttons der Gruppen direkt auf der Bühne anordnen, werden die Gruppen nicht voneinander unabhängig sein. Die einzelnen Gruppen müssen in verschiedene Filmsequenzen eingebettet sein, die die Radiobuttons voneinander trennen.

Die Sequenzparameter auslesen

Ein Blick in die Beschreibung der Sequenzparameter-Definition zeigt, dass dieser SmartClip Funktionen zur Benutzung des Clips zur Verfügung stellt.

```
Parameter info:

_name       - make sure is set to unique instance name

checked - set to true to start out checked

label      - the wording that the end user sees

API Method Summary (ex: _name.setLabel("This is cool");)

Name            Description

======================================================

getLabel()  Gets the label of this check box.

getState()  Determines whether this check box is in the "on" or "off" state.

isRadioButton() Returns true for objects which are radio buttons.

setLabel(String)  Sets this check box's label to be the string argument.

setState(boolean) Sets the state of this check box to the specified state.
```

Für das folgende Vorhaben sind die Funktionen *getState()* und *getLabel()* die richtigen Kandidaten, mit deren Hilfe Sie den Status der Radiobuttons erfragen können.

Das zu erstellende Script für die Radiobutton-Auswertung soll erkennen welche Option zur Zeit aktiv ist und diese im Textfeld ausgeben.

- Wählen Sie den Schalter auf der Bühne und lassen sich die Objekt-Aktionen anzeigen.
- Geben Sie folgendes ActionScript in des Scriptfenster ein:

```
on (release) {
   if( radiogroup1.rbox1.getState() == true) {
         info = radiogroup1.rbox1.getLabel();
   } else if( radiogroup1.rbox2.getState() == true) {
         info = radiogroup1.rbox2.getLabel()
   }
}
```

- Speichern Sie den Film und testen Sie ihn.

Das Script ermittelt mit Hilfe der *getState()*-Funktion des Radiobuttons, welcher Radiobutton gerade aktiv ist, und liest mit der *getLabel()*-Funktion des Radiobuttons die aktuell gewählte Option aus.

Der Film sollte Ihnen nun Ihr gewähltes Ziel im Textfeld anzeigen.

Checkbox-Menü

Das letzte Menüelement der Reihe ist die Checkbox. Die Checkbox tritt einzeln oder in Gruppen in Erscheinung. Eine Checkbox hat ähnliche Eigenschaften wie der Radiobutton mit dem Unterschied, dass auch mehrere Optionen gewählt werden können, wenn mehrere Checkboxen zu Gruppen angeordnet werden.

Flash 5.0 stellt Checkbox-SmartClips zur Verfügung, mit deren Hilfe Sie Checkboxen erstellen können.

Die Sequenzparameter festlegen
Erstellen Sie eine Checkbox-Gruppe mit zwei Optionen.

- Öffnen Sie den Film *smart_test.fla* und speichern Sie diesen unter dem Namen *checkbox.fla* ab.
- Öffnen Sie die allgemeine Bibliothek der Smart-Clips. Ziehen Sie das Symbol *Check Box* aus der Bibliothek der Smart-Filmsequenzen in die Filmbibliothek.
- Erstellen Sie zwei *Checkbox*-Instanzen auf der Bühne.
- Lassen Sie sich die Sequenzparameter der ersten Checkbox anzeigen und stellen Sie diese auf die folgenden Werte ein: *_name=cbox1, checked=false, label=Schiff, style=auto.*

- Lassen Sie sich die Sequenzparameter der zweiten Checkbox anzeigen und stellen Sie diese auf die folgenden Werte ein: *_name=cbox2, checked=false, label=Flugzeug, style=auto.*
- Speichern Sie den Film und testen Sie ihn.

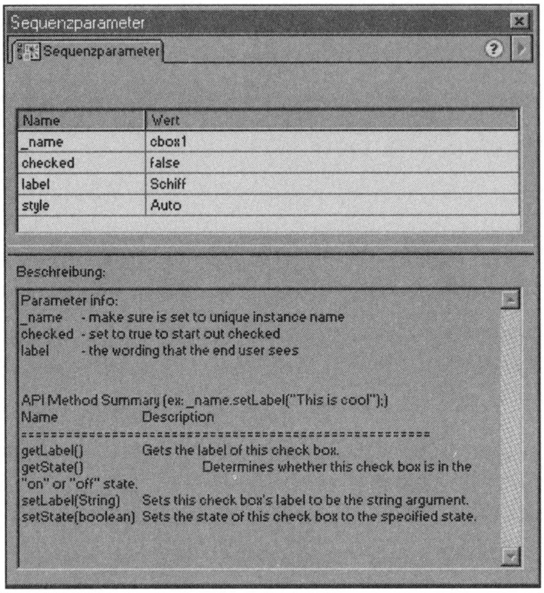

Abb. 5.11: Die Sequenzparameter der Checkbox

Sie müssten nun im laufenden Film die verschiedenen Optionen auswählen können.

Die Sequenzparameter auslesen

Ein Blick in die Beschreibung der Sequenzparameter-Definition zeigt, dass dieser SmartClip Funktionen zur Benutzung des Clips zur Verfügung stellt.

```
Parameter info:

_name - make sure is set to unique instance name

checked - set to true to start out checked

label - the wording that the end user sees

API Method Summary (ex: _name.setLabel("This is cool");)

Name            Description

======================================================
```

```
getLabel() Gets the label of this check box.

getState() Determines whether this check box is in the "on" or "off" state.

setLabel(String) Sets this check box's label to be the string argument.

setState(boolean) Sets the state of this check box to the specified state.
```

Auch hier heißen die für den Moment passenden Funktionen *getLabel()* und *getState();* mit ihnen werden Sie die benötigten Werte auslesen.

Das nun folgende Script wird die aktiven Checkboxen ausfiltern und deren Werte im Textfeld darstellen.

- Wählen Sie die Schaltfläche auf der Bühne aus und lassen Sie sich die *Objekt-Aktionen* anzeigen.
- Geben Sie folgendes ActionScript in das Scriptfenster ein:

```
on (release) {
  if( cbox1.getState() == true && cbox2.getState() == true) {
        info = cbox1.getLabel() +", "+ cbox2.getLabel();
  } else if( cbox1.getState() == true) {
        info = cbox1.getLabel();
  } else if( cbox2.getState() == true) {
        info = cbox2.getLabel()
  } else {
        info = "nichts gewählt";
  }
}
```

- Speichern Sie den Film und testen Sie ihn.

Das Script ermittelt mit Hilfe der *getState()*-Funktion der Checkbox, welche Checkbox gerade aktiv ist, und liest mit der *getLabel()*-Funktion des Checkbox die aktuell gewählte Option aus. Wenn beide Checkboxen aktiviert sind, werden beide Werte angezeigt.

Der Film sollte Ihnen nun Ihr gewähltes Transportmittel im Textfeld anzeigen.

Im folgenden Kapitel wird erklärt, wie die einzelnen Elemente zu einem Formular zusammengesetzt und die Inhalte über das Internet verschickt werden.

Einbinden eigener Menüstrukturen

Die SmartClips sind eine komfortable Lösung für Projekte, die auf Funktionalität und schnelle Implementierung angewiesen sind und deren gestalterischer Aufwand mehr auf die Funktionalität zugeschnitten ist.

Wenn Sie allerdings auf eine individuelle Gestaltung aller am Design beteiligten Elemente wert legen, sind Sie auf Ihre eigenen Fähigkeiten angewiesen. Diese Fähigkeit in Bezug auf die Erstellung von Menüelementen zu erweitern, ist das Thema dieses Abschnitts.

Im Folgenden werden Sie ein hierarchisches Menü erstellen. Diese Art von Menü-Typ finden Sie in fast allen Anwendungen. Nehmen Sie zum Beispiel das *Fenster*-Menü von Flash. Es stellt auf der ersten Ebene diverse Optionen zur Verfügung, unter anderem auch den Punkt *Bedienfelder;* dieser verzweigt in ein Untermenü, das wiederum diverse Optionen enthält.

Im Prinzip werden Sie im Folgenden ein ähnliches Menü aufbauen. Das neue Menü soll in der Hauptebene drei Menüpunkte aufweisen; der mittlere und der letzte Menüpunkt sollen in ein Untermenü verzweigen.

Herstellen eines Menüs

Beginnen Sie mit dem Vorbereiten der Zeitleiste und dem Anlegen der benötigten Grundelemente.

- ❑ Erstellen Sie einen neuen Film mit den Ausmaßen 250 x 200 Pixel.
- ❑ Erstellen Sie in der Filmbibliothek eine Sequenz mit dem Namen *rechteck* und in dieser Sequenz ein Rechteck ohne Rand in beliebiger Farbe mit den Maßen 100 x 20 Pixel.
- ❑ Erzeugen Sie ein Schaltflächen-Symbol in der Filmbibliothek mit dem Namen *but_menue*. Legen Sie eine zweite Ebene an. Nennen Sie die erste Ebene *flaeche* und die zweite *rand*. Ziehen Sie die Sequenz *rechteck* in das erste Bild der Ebene *flaeche*, färben Sie diese mit Hilfe der *Effekte*-Palette weiß. Erstellen Sie die weiteren Zustände in den Farben Blau und Rot und legen Sie auf der Ebene *rand* nun eine Umrandung des Rechtecks fest

Nachdem Sie die grundlegenden Vorarbeiten erledigt haben, beginnen Sie mit dem Anlegen des Menüs:

- ❑ Erstellen Sie in der Filmbibliothek eine Filmsequenz mit dem Namen *Menue*.
- ❑ Erzeugen Sie vier neue Ebenen und nennen Sie diese *marks, actions, text, buttons* und *menue_off*.

- Lassen Sie sich die Bildeigenschaften des ersten Bildes der Ebene *marks* anzeigen und vergeben Sie die Bezeichnung *all_closed.* Erstellen Sie ein Schlüsselbild im 10., 20., 30. Bild und bezeichnen Sie diese mit *main_open, sub1* und *sub2.*
- Wechseln Sie auf die Ebene *actions* und erstellen Sie in den Bildern 10, 20 und 30 Schlüsselbilder. Legen Sie in die *Bild-Aktionen* jedes dieser Schlüsselbilder eine *stop*-Aktion.
- Wechseln Sie auf die Ebene *buttons.* Ziehen Sie das Symbol *but_menue* auf die Bühne und platzieren Sie es mit der linken oberen Ecke auf dem Zentrum.
- Wechseln Sie auf die Ebene *text* und erstellen Sie einen Text mit dem Inhalt *Hauptmenu.*
- Erstellen Sie nun in Bild 10 auf den Ebenen *text* und *buttons* ein neues Schlüsselbild.
- Wechseln Sie auf die Ebene *buttons* und platzieren Sie drei weitere Schaltflächen in einer Reihe unterhalb der ersten Schaltfläche. Beschriften Sie die Schaltflächen mit *Haupt-Option1, Haupt-Option2* und *Haupt-Option3.*
- Erstellen Sie nun in Bild 20 auf den Ebenen *text* und *buttons* ein neues Schlüsselbild.
- Wechseln Sie auf die Ebene *buttons* und platzieren Sie bündig neben der Schaltfläche *Haupt-Option 2* eine weitere Schaltfläche und direkt darunter zwei weitere Schaltflächen. Beschriften Sie diese Schaltflächen auf der Ebene *text* mit dem Text *sub1-Option1, sub1-Option2* und *sub1-Option3.*
- Erstellen Sie nun in Bild 30 auf den Ebenen *text* und *buttons* ein neues Schlüsselbild.
- Wählen Sie alle Sub-Menüs mit Text und verschieben Sie diese dann um einen Menüpunkt nach unten. Ändern Sie in der Beschriftung die Nummerierung von *sub1...* auf *sub2...*
- Erstellen Sie auf der Ebene *menu_off* im 10. Bild ein neues Schlüsselbild. Platzieren Sie hier eine Instanz des Symbols *rechteck,* skalieren Sie dieses so, dass es die Bühne bedeckt und stellen Sie in der *Effekt*-Palette einen *Alpha*-Wert von 0 % ein.
- Wechseln Sie in die Hauptzeitleiste und platzieren Sie die Sequenz *Menue* links oben auf der Bühne.

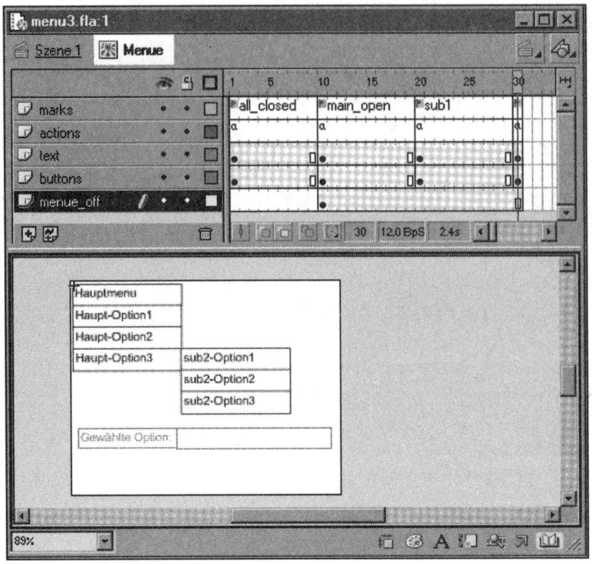

Abb. 5.12: Das fertige Menü

Nun sind die Elemente des Menüs platziert. Als Nächstes werden Sie die Script-Aktionen auf die Schaltflächen verteilen.

- Wählen Sie das Rechteck auf der Ebene *menue_off* und lassen Sie sich die Objekt-Aktionen anzeigen. Geben Sie das folgende ActionScript ein:

```
on (rollOver) {
    gotoAndStop (1);
}
```

- Die Ebene *menu_off* wird – sobald die Maus die Menüfläche verlässt – für das Schließen aller Menüs sorgen.

- Gehen Sie nun auf das erste Bild in der Ebene *buttons*, wählen Sie die Schaltfläche aus und tragen Sie in den *Objekt-Aktionen* folgendes ActionScript ein:

```
on (rollOver) {
    gotoAndStop ("main_open");
}
```

- Speichern und testen Sie den Film.

Wenn Sie den Film abspielen, wird sich das Menü öffnen und wieder schließen, bis die Maus den Menü-Bereich verlässt. Allerdings gibt es im Vergleich zum Standardverhalten anderer Menüs einen kleinen Unterschied, der nicht unbedingt jedem auffallen wird. Dies hängt von den Gewohnheiten des jeweiligen Benutzers ab. Klicken Sie doch einmal auf die Hauptmenüschaltfläche und ziehen Sie die Maus bei gedrückter Maustaste hinunter auf die anderen Menüpunkte – Sie sehen, dass die Schaltflächen nicht reagieren.

Der subtile Unterschied *Als Menüelement behandeln*

Um dieses Verhalten zu korrigieren, bietet Flash die Option *Als Menüelement behandeln* in den Instanzeigenschaften für Schaltflächen an. Wenn diese Option für die Schaltflächen zu aktivieren, die die Menüstruktur bilden, simuliert Flash das erwartete Verhalten.

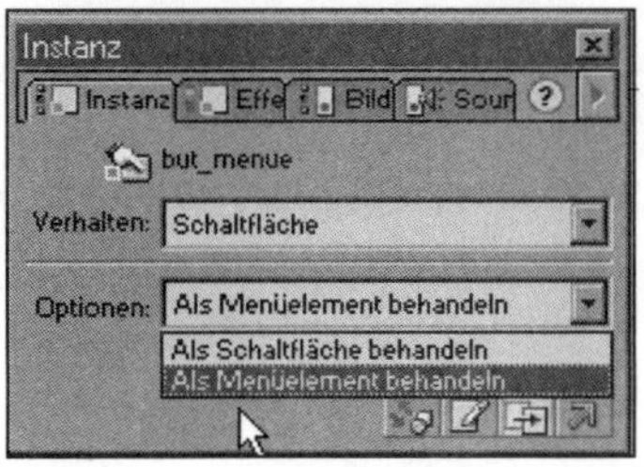

Abb. 5.13: Die Option *Als Menüelement behandeln*

- Wählen Sie die Hauptmenü-Schaltfläche, lassen Sie sich die Instanzeigenschaften anzeigen und stellen Sie *Als Menüelement behandeln* ein.
- Wählen Sie das 10. Bild in der Ebene *buttons*, lassen Sie sich die Instanzeigenschaften anzeigen und stellen Sie *Als Menüelement behandeln* ein.
- Speichern und testen Sie den Film erneut.

Nun reagiert das Menü wie gewohnt: Sie können mit gedrückter Maustaste über das Menü fahren und die Schaltflächen reagieren trotzdem wie gewohnt. Mit diesem Wissen können Sie nun daran gehen, die restlichen Menüs mit ActionScript zu versorgen.

- Wählen Sie das 20. Bild der Ebene *buttons* aus und stellen Sie für diese die Option *Als Menüelement behandeln* ein.
- Wechseln Sie in das 30. Bild und stellen Sie auch hier die Option *Als Menüelement behandeln* ein.
- Wählen Sie auf dem 10. Bild der Ebene *buttons* die Schaltfläche *Haupt-Option 1* aus und lassen Sie sich deren *Objekt-Aktionen* anzeigen. Dieser ActionScript-Code wird das Hauptmenü wieder schließen, wenn der Benutzer diesen Punkt anwählt.

```
on (realease) {
    gotoAndStop ("all_closed");
}
```

- Wählen Sie die Schaltfläche *Haupt-Option 2* auf dem Bild 10 und lassen Sie sich deren *Objekt-Aktionen* anzeigen. Bei Auswahl dieser Menüpunktes soll das erste Untermenü angezeigt werden. Fügen Sie also folgenden ActionScript-Code ein:

```
on (release, dragOver) {
    gotoAndStop ("sub1");
}
```

- Wählen Sie die Schaltfläche *Haupt-Option 3* auf dem Bild 10 und lassen Sie sich wiederum deren *Objekt-Aktionen* anzeigen. Bei Auswahl diese Menüpunktes soll das zweite Untermenü angezeigt werden. Fügen Sie also folgenden ActionScript-Code ein:

- Wechseln Sie nun auf das 20. Bild in der Ebene *buttons*. Wählen Sie die Schaltfläche *Haupt-Option 1* und lassen Sie sich deren *Objekt-Aktionen* anzeigen. Die Schaltfläche auf dieser Ebene soll, wenn die Maus darüber rollt, das Untermenü wieder schließen, und wenn die Schaltfläche ausgewählt wird, sollen sich alle Menüs wieder schließen.

```
on (dragOver) {
    gotoAndStop ("main_open");
}
on (release) {
    gotoAndStop ("all_closed");
}
```

- Wählen Sie nun die Schaltfläche *Haupt-Option 2* und lassen Sie sich die *Objekt-Aktionen* anzeigen. Die Schaltfläche auf dieser Ebene soll, wenn die Maus darüber rollt, das erste Untermenü öffnen.

```
on (dragOver) {
    gotoAndStop ("sub1");
}
```

- Wählen Sie nun die Schaltfläche *Haupt-Option 3* und lassen Sie sich die *Objekt-Aktionen* anzeigen. Die Schaltfläche auf dieser Ebene soll, wenn die Maus darüber rollt, das zweite Untermenü öffnen.

```
on (dragOver) {
    gotoAndStop ("sub2");
}
```

Wechseln Sie in das 30. Bild der Ebene *buttons* und wählen Sie die Schaltfläche *Haupt-Option 1* aus; lassen Sich deren *Objekt-Aktionen* anzeigen und tragen Sie den folgenden ActionScript-Code ein:

```
on (dragOver) {
    gotoAndStop ("main_open");
}
on (release) {
    gotoAndStop ("all_closed");
}
```

Wählen Sie nun die Schaltfläche *Haupt-Option 2* aus, lassen Sie sich die *Objekt-Aktionen* anzeigen und tragen Sie folgenden ActionScript-Code ein:

```
on (dragOver) {
    gotoAndStop ("sub1");
}
```

Wählen Sie nun die Schaltfläche *Haupt-Option 3* aus, lassen Sie sich die *Objekt-Aktionen* anzeigen und tragen Sie folgenden ActionScript-Code ein:

```
on (dragOver) {
    gotoAndStop ("sub2");
}
```

Nun Sind alle Aktionen verteilt, die für die Funktionalität des Menüs, also Auf- und Zuklappen der verschieden Menüverzweigungen, zuständig sind.

Verwenden der Menüs

Nun fehlt nur noch die Ausführung der in den Optionen angebotenen Befehle. Als Beispiel, wie die Funktionalität umzusetzen ist, werden Sie im nächsten Abschnitt eine Anzeige der gewählten Optionen erstellen.

Da die Anzeige die gewählten Optionen darstellen soll, wird sie aus einem Textfeld und einer Beschriftung bestehen.

Wechseln Sie in die Hauptzeitleiste.

Erstellen Sie auf dieser Ebene ein Textfeld. Stellen Sie in der *Text*-Palette unter *Text-Optionen* den Texttyp *Dynamischer Text* ein, aktivieren Sie die Option *Rand* und vergeben Sie als Variablenname *info*. Setzen Sie vor das Textfeld einen informierenden Text, etwa *Gewählte Option.*

Nachdem nun alle Elemente verteilt sind, werden Sie wieder die benötigten Scripte an den Schaltflächen anbringen.

- Wechseln Sie auf das 10. Bild der Ebene *buttons* und wählen Sie die Schaltfläche *Haupt-Option 1* aus. Erweitern Sie die *Objekt-Aktionen,* damit der ActionScript-Code wie folgt aussieht:

```
on (release) {
    gotoAndStop ("all_closed");
    _root.info = "Haupt-Option 1";
}
```

- Wechseln Sie auf das 20. Bild der Ebene *buttons* und wählen Sie die Schaltfläche *Haupt-Option 1* aus. Erweitern Sie die *Objekt-Aktionen,* damit der ActionScript-Code wie folgt aussieht:

```
on (dragOver) {
    gotoAndStop ("main_open");
}
on (release) {
    gotoAndStop ("all_closed");
    _root.info = "Haupt-Option 1";
}
```

Wählen Sie die Schaltfläche *sub1-Option 1* aus und erweitern Sie deren ActionScript-Code, damit er so ausschaut:

```
on (release) {
    _root.info = "sub1-Option 1";
    gotoAndStop ("all_closed");
}
```

- Erweitern Sie die weiteren zwei Untermenüs entsprechend den ersten. Sie können hierfür das ActionScript aus der Schaltfläche *sub1-Option1* kopieren und in das Scriptfenster der anderen Schaltflächen einfügen; vergessen Sie nicht, die Nummerierung anzupassen.

- Wechseln Sie nun in das 30. Bild der Ebene *buttons.* Bringen Sie auf diesem dieselben ActionScripte wie schon in Bild 20 in den Instanzen der Schaltflächen an und passen Sie die Nummerierung der Beschriftung entsprechend an.

- Speichern und testen Sie den Film.

Nun sind alle ActionScript-Aktionen verteilt und das Menü ist funktionsfähig, sofern Ihnen keine Fehler unterlaufen sind.

Thema 6

Übersicht

Formulare, die HTML-Seiten eingebettet sind ein beliebtes Kommunikationsmittel im Internet. Mit Hilfe der Formulare werden im Internet häufig personenbezogene Daten gesammelt, Umfragen durchgeführt, Kontakte hergestellt und Bestellungen entgegengenommen.

Die Gestaltung eines solchen HTML-Formulars wird mit HTML-Mitteln aber schnell zur Sysiphus-Arbeit. Die verschiedenen Browser, ja sogar ein und derselbe Browser auf verschiedenen Betriebssystemen, verwenden unterschiedliche Zeichensätze mit unterschiedlichen Schriftgrößen. Dieses Verhalten der Browser lässt die Positionierung der Formularelemente zu einem reinen Glücksspiel ausarten. Die Erstellung einer überprüfenden Interaktivität mit JavaScript ist zwar auch möglich, die Implementation ist allerdings wieder browserabhängig.

Mit Flash können Sie interaktive Formulare erstellen, die unter allen Webbrowsern und Betriebssystemen gleich aussehen. Diese Formulare können eine weitgehende Interaktivität aufweisen, um zum Beispiel die Eingaben des Benutzers zu überprüfen.

Eine Passwort-Abfrage erstellen

Stellen Sie sich vor, einige Webseiten nur einem ausgewählten Publikum zur Verfügung zu stellen. Sie können also den ausgewählten Personen ein Passwort zukommen lassen, das diese eingeben, wenn sie die Web-Seiten anschauen wollen. Eine Variante von diesem Verfahren lässt den Benutzer zusätzlich seinen Namen eingeben; dies hat den Vorteil, dass Sie den Zugang über einen langen Zeitraum besser kontrollieren können. Wenn Sie zum Beispiel einem Benutzer die Berechtigung wieder entziehen wollen, brauchen Sie diesen nur aus der Liste zu streichen, anstatt das Passwort zu ändern und allen Benutzern wieder ein neues Passwort zuzusenden. Dieses würde ohnehin auf nicht viel Gegenliebe bei den berechtigten Benutzern stoßen.

Beginnen Sie nun mit der Erstellung eines Formulars zur Passwort-Abfrage, das auf sich gestellt die Funktion erfüllt, nämlich die Überprüfung der Zugangsberechtigung an Hand von Benutzername und Passwort. Jeder Benutzer besitzt ein persönliches Passwort. Ist die Eingabe korrekt, wird dem Benutzer dieses durch eine Begrüßung angezeigt; danach wird er auf die gewünschte Web-Seite weitergeleitet. Ist die Eingabe nicht korrekt, wird dem Benutzer dies mitgeteilt und er zu eine erneuten Eingabe aufgefordert.

Die vorbereitenden Maßnahmen sind in diesem Fall nicht sehr umfangreich. Sie benötigen lediglich zwei Textfelder und eine Schaltfläche.

- Erstellen Sie einen Film mit den Ausmaßen 150 x 100 Pixel.
- Erstellen Sie zwei neue Ebenen. Benennen Sie die vorhandenen Ebenen mit *marks, actions, button* und *elements.*
- Wechseln Sie auf das erste Bild der Ebene *marks* und vergeben Sie die Bildbezeichnung *start.*
- Erstellen Sie auf dem 10. Bild der Ebene *marks* ein neues Schlüsselbild und vergeben Sie die Bildbezeichnung *falsch.*
- Erstellen Sie auf dem 20. Bild der Ebene *marks* ein neues Schlüsselbild und vergeben Sie die Bildbezeichnung *richtig.*
- Wechseln Sie auf das erste Bild er Ebene *actions,* lassen Sie sich die *Bild-Aktionen* anzeigen und tragen Sie eine *stop*-Aktion ins Scriptfenster ein.
- Kopieren Sie dieses Bild und fügen Sie es auf den Bildern 20 und 30 wieder ein.

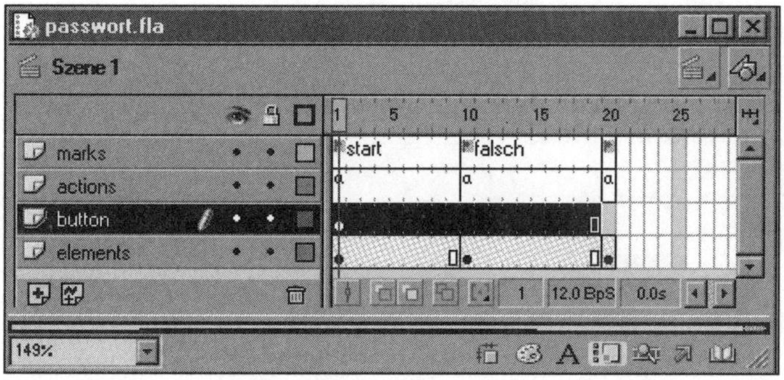

Abb. 6.1: Die Zeitleiste der Passwortabfrage

Nachdem nun die Zeitleiste soweit eingerichtet ist, erstellen und platzieren Sie nun die benötigten Elemente auf der Bühne.

- Erstellen Sie eine Schaltfläche, die die *OK*-Schaltfläche darstellen soll, oder ziehen Sie eine Schaltfläche aus der *Allgemeinen Bibliothek* in die Filmbibliothek.
- Wechseln Sie auf das erste Bild der Ebene *button,* platzieren Sie die Schaltfläche im unteren Teil der Bühne. Erweitern Sie die Darstellung dieses Bildes bis auf das 20. Bild.
- Wechseln Sie auf die *elements* und erstellen Sie im oberen Teil der Bühne ein Textfeld vom Texttyp *Texteingabe.* Schalten Sie die Option *Rand* ein und vergeben Sie als Variablennamen *username.*

- Duplizieren Sie das eben erstellte Textfeld, ändern Sie den Variablennamen auf *passwort* und vergeben Sie als Linientyp *Kennwort.* Bei diesem Texttyp werden statt der eingegebenen Zeichen nur Sternchen im Textfenster angezeigt, aber die korrekten Zeichen in die Variable eingesetzt.
- Vergeben Sie nun noch jeweils eine Beschriftung für jedes Textfeld: *Name* und *Passwort* sind wohl die passenden Beschriftungen.
- Erstellen Sie im Bild 10 der Ebene *elements* ein neues Schlüsselbild und auf der Bühne einen Text mit dem Inhalt *Ihr Name oder Passwort ist nicht korrekt !.*
- Erstellen Sie in Bild 20 der Ebene *elements* ein neues Schlüsselbild und platzieren Sie darin einen Begrüßungstext.
- Speichern Sie den Film ab.

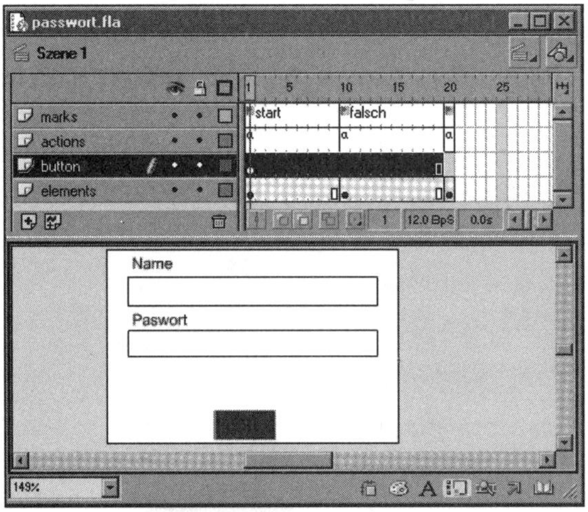

Abb. 6.2: Die fertige Passwortabfrage

Nun, da alle Elemente platziert sind, können Sie sich der Programmierung zuwenden. Zu Beginn werden Sie ein Objekt erstellen, das die Benutzernamen-Passwort-Kombination speichert, die Sie für den späteren Vergleich benötigen.

- Wechseln Sie in das erste Bild der Ebene *actions* und lassen Sie sich die *Objekt-Aktionen* anzeigen. Erweitern Sie den folgenden Script-Code im Fenster, damit dieser wie folgt aussieht:

```
passwords = {andreas:'topsecret',marc:'geheim',tommi:'passwort'}

stop ();
```

Die erste Zeile erzeugt ein Objekt, das hier die Funktion des Arrays übernimmt.

Wählen Sie nun die *OK*-Schaltfläche und lassen Sie sich deren *Objekt-Aktionen* anzeigen. Tragen Sie dort folgendes ActionScript ein:

```
on (release) {
    var found = false;

    for ( user in passwords) {
            if( user == username) {
                    if(passwords[user] == passwort) {
                            found = true;
                            break;
                    }
            }
    }

    if( found == true) {
            gotoAndStop ("richtig");
    } else {
            gotoAndStop ("falsch");
    }
}
```

Dieses etwas längere Script bedarf einer Erklärung:

Die erste Zeile im Block

```
var found = false;
```

definiert eine lokale Variable, die das Ergebnis der Suche in der Passwort-Liste speichert. Diese Liste haben Sie ja im ersten Bild erzeugt. Die nächste Zeile weist Flash an, die Liste *passwords* Eintrag für Eintrag zu durchlaufen.

```
for ( user in passwords) {
```

Für jeden Durchgang wird das aktuelle Objekt in der Variable *user* gespeichert. In der nächsten Zeile wird der aktuelle Benutzername *username* mit den Listennamen *user* verglichen.

```
if( user == username) {
```

Wenn der Vergleich fehlschlägt, wird der nächste Listeneintrag bearbeitet. Ist der Vergleich erfolgreich verlaufen, erfolgt er zwischen dem vom Benutzer eingegebenen Passwort und dem Listen-Passwort.

```
if(passwords[user] == passwort) {
```

Wenn dieser Vergleich fehlschlägt, wird der nächste Eintrag der Liste bearbeitet. Ist der Vergleich erfolgreich, wird die Variable *found* auf *true* gesetzt und mit der *break*-Aktion die aktuelle *for*-Schleife beendet.

```
found = true;
```

Egal, wie das Ergebnis auch immer ausgefallen ist, folgt nach Beendigung der *for*-Schleife die Auswertung der Variablen *found*.

```
if( found == true) {
```

Ist der Vergleich erfolgreich, wird mit der *gotoAndStop*-Aktion zum Bild *richtig* gesprungen.

```
gotoAndStop ("richtig");
```

Ist der Vergleich misslungen, wird mit der *gotoAndStop*-Aktion zum Bild *falsch* gesprungen.

```
gotoAndStop ("falsch");
```

Sie sollten den Film jetzt speichern und testen. Wenn Ihnen keine Fehler unterlaufen sind, wird der Film jetzt wie gewünscht funktionieren.

Wenn Ihr Test erfolgreich verlaufen ist, sollten Sie zum Finale kommen. Es fehlen noch zwei wichtige Dinge: Erstens soll der Film nach erfolgreicher Anmeldung zu der geheimen Webseite weiterleiten, wobei wir auch schon beim zweiten sind, der Webseite. Um den Film zu testen, sollten Sie sich eine kleine HTML-Testseite erstellen oder auf eine vorhandene Seite zurückgreifen.

Wählen Sie das letzte Bild der Ebene *actions* und lassen sich die *Bild-Aktionen* anzeigen. Erweitern Sie den vorhandenen Scriptcode, sodass dieser folgendermaßen aussieht:

```
stop ();

getURL ("geheim.html");
```

Die *getURL*-Aktion realisiert die Weiterleitung auf die geheime *HTML*-Seite.

Ein E-Mail-Formular erstellen

Eine Funktionalität, die häufig Verwendung findet, ist das Versenden von HTML-Formularinhalten über E-Mail. Hierbei wird die Funktionalität des Webbrowsers ausgenutzt. Das HTML-Formular kann die Feldinhalte des Formulars an das E-Mail-Programm übergeben. Das E-Mail-Programm wird gestartet und der Benutzer kann die E-Mail bearbeiten, versenden oder aber vernichten.

Dieses lässt sich natürlich auch mit Flash machen. Erstellen Sie einfach ein Formular, das drei Felder enthält: die E-Mail-Adresse, an die gesendet wird, ein Feld für den Betreff und eines für den E-Mail-Text. Schließlich brauchen Sie noch eine Schaltfläche, über die die E-Mail abgesendet wird.

Erstellen Sie als Erstes die Formular-Elemente auf der Bühne:

- Erstellen Sie einen neuen Film mit den Ausmaßen 250 x 200 Pixel.
- Erzeugen Sie eine neue Filmsequenz mit Namen *mc_mail_form.*
- Platzieren Sie in dieser Sequenz drei Textfelder: zwei einzeilige und ein mehrzeiliges Textfeld vom Typ *Texteingabe.* Ordnen Sie die Felder untereinander an: die beiden Einzeiler nach oben, darunter das mehrzeilige Textfeld.
- Platzieren Sie eine Beschriftung über jedes Textfeld. Von oben nach unten verwenden Sie die folgenden Beschriftungen: *Senden an, Betreff, Nachricht.*
- Vergeben Sie für das erste Textfeld den Variablennamen *E-Mail,* für das zweite Textfeld *subject* und für das dritte Textfeld schließlich *text.*
- Wechseln Sie in die Hauptzeitleiste.
- Platzieren Sie die Sequenz *mc_mail_form* auf der Bühne im oberen Teil. Benennen Sie die Sequenz mit *mail_form* in den *Instanz*-Eigenschaften.
- Erzeugen Sie eine Schaltfläche oder importieren Sie eine aus der allgemeinen Bibliothek.
- Erzeugen Sie eine Sequenz mit Namen *mc_absenden* und platzieren Sie die Schaltfläche in dieser Sequenz.
- Wechseln Sie auf die Hauptzeitleiste.
- Platzieren Sie die Sequenz *mc_absenden* auf der Bühne unterhalb der E-Mail-Form. Benennen Sie die Form mit *absenden* in den *Instanz*-Eigenschaften.
- Speichern Sie den Film ab.

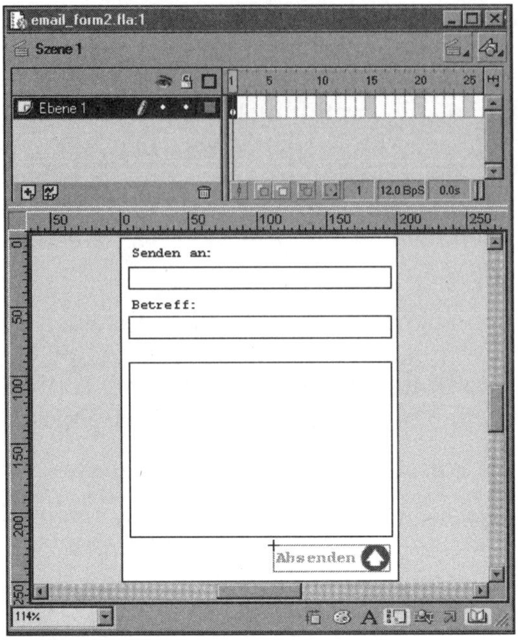

Abb. 6.3: Das E-Mail-Formular

Nachdem Sie nun alle wichtigen Elemente auf der Bühne platziert haben, beginnen Sie, den ActionScript-Code an den Elementen anzubringen:

- Wählen Sie die Schaltfläche auf der Bühne aus, öffnen Sie sie durch einen Doppelklick zur Bearbeitung, wählen Sie die eingebettete Schaltfläche aus und lassen Sie sich deren *Objekt-Aktionen* anzeigen.
- Tragen Sie folgenden ActionScript-Code in das Scriptfenster ein:

```
on (release) {

   address  = "mailto:"+   _parent.mail_form.E-Mail;
   subject = "?subject="+ _parent.mail_form.subject;
   body    = "&body="+    _parent.mail_form.text;

   // trace( address + subject + body) // Zum Test des Strings
   getURL ( address + subject + body );
}
```

In den ersten drei Zeilen des Blocks werden die Variablen vorbereitet, aus denen der URL gebildet wird. Die Variable *address* nimmt den Adressenteil der URL auf.

```
address  = "mailto:"+   _parent.mail_form.E-Mail;
```

Die Variable *subject* nimmt die Betreffzeile auf.

```
subject = "?subject="+ _parent.mail_form.subject;
```

Die Variable *body* nimmt schließlich den Text der E-Mail auf.

```
body    = "&body="+    _parent.mail_form.text;
```

Die *trace*-Aktion dient nur zum Testen des URL-Strings und ist momentan auskommentiert.

```
// trace( address + subject + body) // Zum Test des Strings
```

Die letzte Zeile ist verantwortlich für das Senden der Variablen an den Browser, der dann die Daten an das E-Mail-Programm übergibt.

```
getURL ( address + subject + body );
```

Speichern und testen Sie den Film.

Nun sollte es mit der Übermittlung der Daten an das E-Mail-Programm klappen. Allerdings kann es bei der Benutzung von Umlauten, Satz- und Sonderzeichen im Text und Betreff zu Problemen kommen. Ein URL unterliegt genauen Bestimmungen, welche Zeichen verwendet dürfen. Des Weiteren haben viele Zeichen eine besondere Bedeutung. Der Kreis der benutzbaren Zeichen ist auf 7-Bit-ASCII eingeschränkt; es sind also keine Umlaute erlaubt. Des Weiteren dürfen keine Leerzeichen in dem URL auftreten. Um nun alle diese Zeichen trotzdem versenden zu können, müssen sie codiert werden.

Ändern Sie nun den Film, damit die Variablen vor dem Versenden kodiert werden:

Wählen Sie die eingebettete Schaltfläche in der Filmsequenz aus und lassen Sie sich die *Objekt-Aktionen* anzeigen.

Ändern Sie den ActionScript-Code wie folgt:

```
on (release) {
   address  = "mailto:"+ _parent.mail_form.E-Mail;
   subject = "?subject="+ escape( _parent.mail_form.subject);
   body    = "&body="+ escape( _parent.mail_form.text);

   // trace( address + subject + body) // Zum Test des Strings
   getURL ( address + subject + body );
}
```

Die *escape*-Funktion kodiert Zeichenketten, sodass diese im URL nutzbar werden.

```
subject = "?subject="+ escape( _parent.mail_form.subject);
body    = "&body="+ escape( _parent.mail_form.text);
```

Im Folgenden sehen Sie den String einmal unkodiert und einmal kodiert. Nicht erlaubte Zeichen werden in den hexadezimalen Wert ihres ASCII-Codes umgewandelt, dem hexadezimalen Wert wird ein % vorangestellt:

```
mailto:adresse?subject=ü&body=Umlaute: üöä
mailto:adresse?subject=%FC&body=Umlaute%3A%20%FC%F6%E4
```

- Speichern und testen Sie den Film.

Wenn Sie den Film nun testen, sollten Sie keine Probleme mit fehlenden Zeichen mehr haben.

Ein Bestellformular erstellen

Dieses Bestellformular wird die Daten, die der Benutzer eingegeben hat, an ein Server-Script schicken, das die Daten auf dem Server zur weiteren Verwendung speichert und eine Rückmeldung von der Aktion gibt.

Das Formular soll eine Buchung für drei Reiseziele bieten. Der Benutzer soll entscheiden können, wann er anreisen möchte und wie lange er zu bleiben gedenkt. Des Weiteren soll er entscheiden können, wie er anreisen möchte. Darüber hinaus hat er die Option, zu entscheiden, ob sein Feriendomizil über einen Pool verfügen soll. Nachdem er seine Wahl getroffen hat, kann er seine persönlichen Daten eingeben und die Bestellung absenden.

Beginnen Sie zuerst einmal mit den Vorbereitungen wie Film erstellen und benötige Symbole importieren.

- Erstellen Sie einen neuen Film mit den Ausmaßen 350 x 400 Pixel.
- Importieren Sie aus der allgemeinen Bibliothek *Smart-Filmsequenzen* alle SmartClips.
- Erstellen Sie einen neuen Ordner in der Filmbibliothek mit dem Namen *_menu_assets* und verschieben Sie alle Symbole bis auf *Menu, RadioButton* und *CheckBox* in diesen Ordner.
- Erstellen Sie in der Filmbibliothek drei Filmsequenzen mit den Namen *mc_send_but, mc_person_data* und *mc_journey_data.*

Die Vorbereitungen fielen kurz aus, und somit geht es gleich weiter. Die drei Filmsequenzen, die Sie erstellt haben, müssen Sie nun mit Leben füllen. Beginnen Sie mit der Sequenz *mc_journey_data;* diese stellt das Formular zur Erfassung der Reisedaten dar. Platzieren Sie zunächst die Menüelemente und deren Beschriftung auf der Bühne:

- Wählen Sie die Sequenz *mc_journey_data* zur Bearbeitung mit einem Doppelklick auf dessen Symbol in der Filmbibliothek.
- Platzieren Sie drei Instanzen der Radiobuttons untereinander auf der Arbeitsfläche. Der oberste Schalter sollte mit der linken oberen Ecke auf dem Mittelpunkt liegen.
- Ziehen Sie nun die Sequenz *mc_journey_data* auf die Bühne und klicken Sie doppelt darauf, um sie zu bearbeiten.
- Nach diesem Schritt sehen Sie bei der Bearbeitung der Sequenz auch die Bühnenränder. Platzieren Sie nun drei Menü-SmartClips untereinander auf der Bühne, und zwar rechts neben den Radiobuttons.
- Platzieren Sie jetzt eine Instanz des SmartClips *CheckBox* unterhalb der Radiobuttons auf der Bühne.
- Beschriften Sie nun die Menüelemente. Die drei Radiobuttons erhalten die gemeinsame Überschrift *Reiseziel.* Die Menüs erhalten von oben nach unten die Beschriftung *Abreisetag, Verweildauer* und *Anreisen mit.*

Nachdem nun die Elemente platziert und beschriftet sind, werden die SmartClips mit Parametern versehen.

- Wählen Sie den ersten Radiobutton von oben aus und lassen Sie sich die Sequenzparameter anzeigen. Tragen Sie die folgenden Parameter ein: *_name=ziel1, checked=true, label=Nizza, style=auto.*
- Wählen Sie den zweiten Radiobutton von oben aus und lassen Sie sich die Sequenzparameter anzeigen. Tragen Sie die folgenden Parameter ein: *_name=ziel2, checked=false, label=Rom, style=auto.*
- Wählen Sie den dritten Radiobutton von oben aus und lassen Sie sich die Sequenzparameter anzeigen. Tragen Sie die folgenden Parameter ein: *_name=ziel3, checked=false, label=Paris, style=auto.*
- Wählen Sie das erste Menü von oben aus und lassen Sie sich die Sequenzparameter anzeigen. Doppelklicken Sie auf den Wert der Variable *items.* Tragen Sie in dem Parameter-Formular eine größere Anzahl von Daten in der Form *10. Mai* ein.
- Wählen Sie das zweite Menü von oben aus und lassen Sie sich die Sequenzparameter anzeigen. Doppelklicken Sie auf den Wert der Variable *items.* Tragen Sie in dem Parameter-Formular eine Anzahl von Zeiträumen ein: *5 Tage, 10 Tage* usw.

- Wählen Sie das dritte Menü von oben aus und lassen Sie sich die Sequenzparameter anzeigen. Doppelklicken Sie auf den Wert der Variable *items*. Tragen Sie in dem Parameter-Formular drei Möglichkeiten ein: *Flugzeug*, *Bahn* und *Auto*.
- Wählen Sie die CheckBox aus und lassen Sie sich die Sequenzparameter anzeigen. Tragen Sie die folgenden Parameter ein: *_name=pool*, *checked=false, label=mit Pool, style=auto.*
- Wechseln Sie in die Hauptzeitleiste, wählen Sie die Sequenz *mc_journey_data* auf der Bühne und vergeben Sie den Instanznamen *data*.

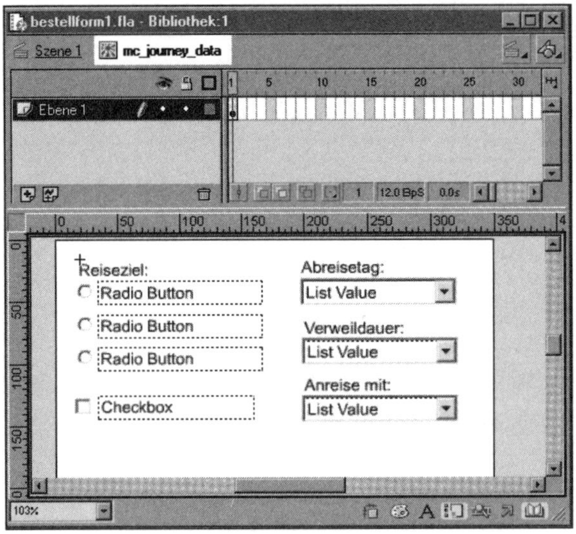

Abb. 6.4: Die Sequenz *mc_journey_data*

Nun ist die Sequenz *mc_journey_data* fertig gestellt und Sie können sich der Sequenz *mc_person_data* widmen. Hier sollen, wie schon erwähnt, die persönlichen Daten des Benutzers gesammelt werden.

- Wählen Sie die Sequenz *mc_person_data* zur Bearbeitung aus.
- Platzieren Sie auf der Arbeitsfläche ein Textfeld vom Texttyp *Texteingabe*, schalten Sie die Option *Rand* ein und vergeben Sie den Variablennamen *vorname*.
- Wechseln Sie auf die Hauptzeitleiste und platzieren Sie die Sequenz *mc_person_data* auf der Bühne unterhalb der Sequenz *mc_journey_data*.
- Doppelklicken Sie auf die Sequenz *mc_person_data*, um diese auf der Bühne zu bearbeiten.

- Duplizieren Sie das Textfeld und ändern Sie den Variablennamen auf *name*. Platzieren Sie das Feld neben das Feld des Vornamens.
- Duplizieren Sie das Textfeld und ändern Sie den Variablennamen auf *strasse*. Verlängern Sie das Feld und platzieren Sie es unterhalb des Vornamens.
- Duplizieren Sie das Textfeld und ändern Sie den Variablennamen auf *plz*. Verkleinern Sie das Feld auf 5 Zeichen Länge und platzieren Sie es unterhalb des Feldes der Straße.
- Duplizieren Sie das Textfeld und ändern Sie den Variablennamen auf *ort*. Platzieren Sie es neben dem Feld der Postleitzahl.
- Beschriften Sie nun die Felder entsprechend.
- Wechseln Sie auf die Hauptzeitleiste, wählen Sie die Sequenz *mc_person_data* und vergeben Sie einen den Instanznamen *person_data*.

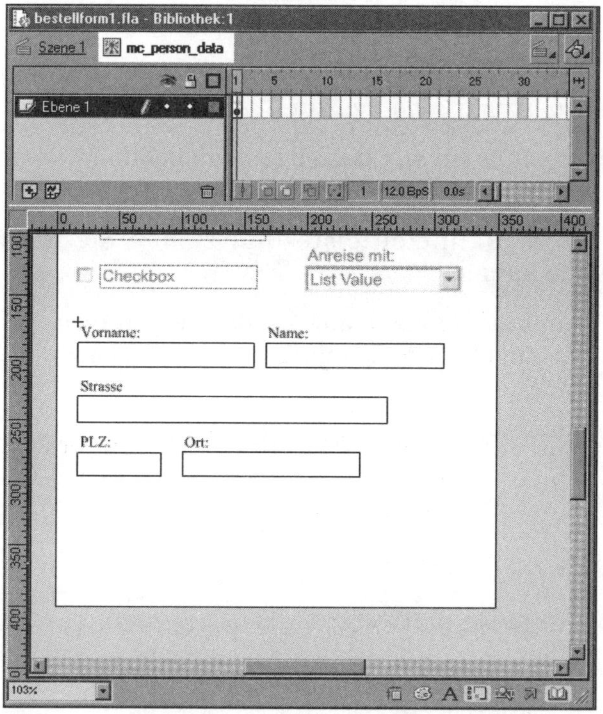

Abb. 6.5: Die Sequenz *mc_person_data*

Als Letztes benötigen Sie eine Schaltfläche, über die der Benutzer die Bestellung abschicken kann. Diese Schaltfläche wird das Serverprogramm über einen URL aufrufen und damit die Variablen und somit den Formularinhalt übergeben.

Diese Schaltfläche wird in eine Filmsequenz eingebettet. Dies geschieht aus folgendem Grund:

```
getUrl( URL, [Bowserfenster, Übermittlungsmethode]);
```

Der *getUrl*-Aktion kann als Parameter nur die Art der Übermittlung der Variablen übergeben werden. Ist der Parameter *Übermittlungsmethode* nicht gesetzt, werden keine Variablen übermittelt. Ist der Parameter *Übermittlungsmethode* gesetzt, werden alle Variablen der Sequenz gesendet. Wenn nun die Schaltfläche, die die Variablen übermittelt, auf der Hauptzeitleiste liegt und mit *getUrl* die Variablen auf den Server schickt, werden aller Wahrscheinlichkeit nach nicht nur Daten übermittelt, die Sie senden wollen, sondern alle Variablen, die in der Zeitleiste zur Verfügung stehen. Wenn allerdings die Schaltfläche in einer Filmsequenz eingebettet ist, haben Sie die Wahl, welche Variablen Sie hier erstellen und somit mit der *getUrl*-Aktion übermitteln.

Wählen Sie die Sequenz *mc_send_but* zur Bearbeitung aus.

Ziehen Sie eine Schaltfläche aus der allgemeinen Bibliothek in die Sequenz.

Wechseln Sie in die Hauptzeitleiste und ziehen Sie die Sequenz *mc_send_but* auf die Bühne.

Doppelklicken Sie auf die Sequenz auf der Bühne, um diese zu bearbeiten. Wählen Sie die eingebettete Schaltfläche aus und lassen Sie sich die *Objekt-Aktionen* anzeigen.

Tragen Sie den folgenden ActionScript-Code in das Scriptfenster ein:

```
on (release) {
   var reiseziel = "";
   var pool    = ""
   var abreisetag = escape(_root.data.abreise.currentValue);
   var verweildauer = escape(_root.data.dauer.currentValue);
   var anreise = escape(_root.data.anreise.currentValue);


   var vorname = escape(_root.person_data.vorname);
```

```
    var name    = escape(_root.person_data.name);
    var strasse = escape(_root.person_data.strasse);
    var plz     = escape(_root.person_data.plz);
    var ort     = escape(_root.person_data.ort);

    if( _root.data.ziel1.getState() == true) {
          reiseziel = escape(_root.data.ziel1.getLabel());
    } else if( _root.data.ziel2.getState() == true) {
          reiseziel = escape(_root.data.ziel2.getLabel());
    } else if( _root.data.ziel3.getState() == true) {
          reiseziel = escape(_root.data.ziel3.getLabel());
    }

    if( _root.data.pool.getState() == true) {
          pool = "mit";
    } else {
          pool = "ohne";
    }

    getUrl("CGI/bestell.pl","_self", "post");
}
```

In den ersten fünf Zeilen des Blocks werden die Variablen definiert, die die Reiseparameter enthalten. Die Variablen *abreisetag*, *verweildauer* und *anreise* können direkt aus dem Formular übernommen werden, allerdings werden sie vor der Übernahme noch mit der *escape*-Funktion kodiert. Die Variablen *reiseziel* und *pool* bedürfen noch einer Auswertung, die später folgt, bevor diese gesetzt werden können.

```
var reiseziel = "";
var pool      = ""
var abreisetag = escape(_root.data.abreise.currentValue);
var verweildauer = escape(_root.data.dauer.currentValue);
var anreise = escape(_root.data.anreise.currentValue);
```

Die folgenden fünf Variablen spiegeln die Personendaten wider; diese werden ebenfalls direkt aus dem Formular kopiert und kodiert. Dieses sind alle Variablen, die in dieser Sequenz definiert und somit später übermittelt werden:

```
var vorname = escape(_root.person_data.vorname);
var name    = escape(_root.person_data.name);
var strasse = escape(_root.person_data.strasse);
var plz     = escape(_root.person_data.plz);
var ort     = escape(_root.person_data.ort);
```

Nun folgt die Auswertung der Radiobuttons, um das Reiseziel zu bestimmen. Mithilfe der *GetState*-Funktion werden die verschiedenen Optionen des Reiseziels getestet. Ist die gewählte Option ermittelt, wird der Name des Reiseziels mit der Escape-Funktion kodiert und in die Variable *Reiseziel* übernommen.

```
if( _root.data.ziel1.getState() == true) {
    reiseziel = escape(_root.data.ziel1.getLabel());
} else if( _root.data.ziel2.getState() == true) {
    reiseziel = escape(_root.data.ziel2.getLabel());
} else if( _root.data.ziel3.getState() == true) {
    reiseziel = escape(_root.data.ziel3.getLabel());
}
```

Diese *if*-Aktion ermittelt den Wunsch nach einem Pool.

```
if( _root.data.pool.getState() == true) {
    pool = "mit";
} else {
    pool = "ohne";
}
```

Die abschließende *getUrl*-Aktion schließlich versendet die Parameter mit der Übermittlungsmethode *post*. Bei der *post*-Methode werden die Variablen in einen eigenen Header übermittelt und nicht wie bei der *get*-Methode an den URL mit angehängt.

```
getUrl("CGI/bestell.pl","_self", "post");
```

Speichern und testen Sie den Film.

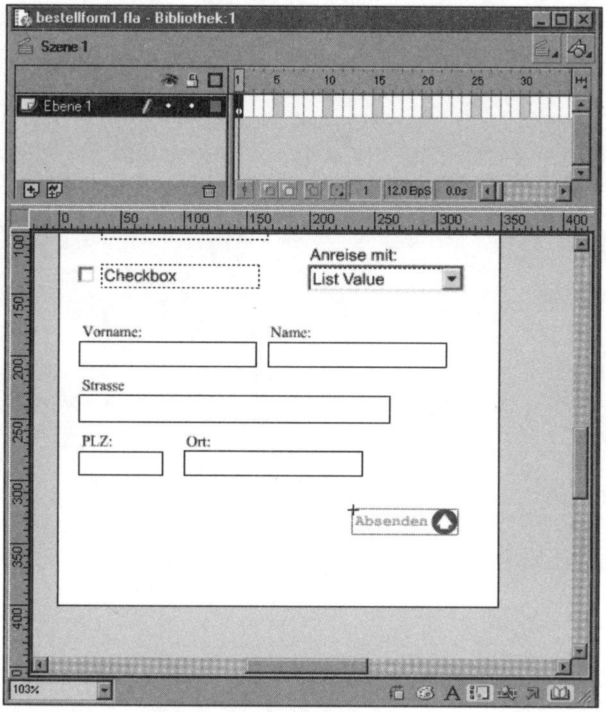

Abb. 6.6: Der fertige Film

Der Film sollte nun funktionieren, wenn Ihnen kein Fehler unterlaufen ist. Als fertig sollten Sie ihn aber nicht betrachten. Dem Formular fehlt noch eine Überprüfung auf Plausibilität der Eingaben. Die persönlichen Daten sollten schon vollständig eingetragen werden und das Postleitzahlenfeld sollte zumindest fünf Zahlen enthalten. Schön wäre es auch, wenn bei Druck der ⇆-Taste der Cursor in das nächste Feld springen würde. Alle diese Funktionen lassen sich mit ActionScript erstellen und an die speziellen Bedürfnisse eines jeden Projekts anpassen.

Thema 7

Planung des Balkendiagramms

Stellen Sie sich vor, Sie betreiben im Internet einen Shop für biodynamisches Frischobst und wollen als Werbeaktion eine Wahl zur Frucht des Monats veranstalten. Sie entwerfen also eine Webseite, in der die Kunden ihre Wahl treffen können. Ein Serverprogramm sammelt die Daten. So weit, so gut. Um nun das Kundeninteresse über eine Zeitlang zu wecken, wollen Sie den Stand der Wahl ständig aktuell auf der Webseite darstellen. Sie könnten jetzt auf Programme zurückgreifen, die auf dem Server laufen und aus den Daten, die gesammelt wurden, ein Diagramm in Form einer Bitmap-Grafik erstellen. Hier haben Sie aber in der Regel wenig Einfluss auf die Gestaltung des Diagramms.

Mit Flash ist eine Lösung möglich, die für die Auswertung der Daten ohne Serverprogramm auskommt. Wenn Sie nun die Wahl per E-Mail durchführen, können Sie Daten ein oder mehrmals täglich updaten, haben so ein quasi aktuelles Diagramm und kommen ohne Serverprogramme aus.

Anforderung an den Diagramm-Film

In diesem Kapitel werden Sie einen Film erstellen, der ein Balkendiagramm enthält. Dieses Balkendiagramm kann von außen über eine Datei mit den darzustellenden Daten versorgt werden. Hier eine Liste der Anforderungen an den Diagramm-Film:

- Vorladen der Daten
- Darstellung von acht Werten in einem Balkendiagramm
- Darstellung der acht Werte in numerischer Form
- Erstellung einer Legende des Diagramms

Da die Datei, die die Daten für das Diagramm enthält, über das Internet geladen wird und somit die Ladezeit nicht vorhersehbar ist, muss dafür gesorgt werden, dass so lange mit der Darstellung des Diagramms gewartet wird, bis die Daten vollständig geladen worden sind.

Die Diagrammdaten-Datei

Die Daten für das Balkendiagramm werden aus einer Datei geliefert, welche mit der *loadVariables*-Aktion geladen wird. Um die Daten aus der Datei lesen zu können, muss der Dateiinhalt ein bestimmtes Format einhalten. Dieses ist das Standard-MIME-Format *application/x-www-urlformencoded.*

```
ersteVariable=inhalt der ersten Varibalen&zweiteVariable=mehrInhalt
```

Einem Variablennamen folgt immer ein Gleichheitszeichen, dem wiederum der Wert der zuvor benannten Variable folgt. Das nächste Variablen-Werte-Paar wird durch ein *kaufmännisches Und* abgetrennt.

Dieses Format macht deutlich, dass der Variableninhalt kodiert werden muss. Ansonsten würde das Format durcheinander kommen, wenn eine Variable ein Gleichheitszeichen enthielte. Außerdem sind alle Sonderzeichen wie Umlaute und Ähnliches eigentlich nicht erlaubt, genauso wie das Leerzeichen. Flash nimmt es allerdings nicht so genau mit der Kodierung der Variableninhalte während des Einlesens, allerdings zu Ihrem Vorteil: Sie brauchen nicht unbedingt zu kodieren. So bleiben die Dateien noch einigermaßen lesbar.

Die MIME-konforme Kodierung übernimmt übrigens die *escape*-Funktion in ActionScript.

Der Befehl

```
escape("Hello{[World]}")
```

ergibt das folgende Ergebnis:

```
Hello%7B%5BWorld%5D%7D"
```

Anders herum ergibt

```
unescape("Hello%7B%5BWorld%5D%7D");
```

das folgende Ergebnis:

```
Hello{[World]}
```

Das Format, das für das Balkendiagramm zuständig ist, hat nun folgendes Format:

Variable1=Fruchtname:Prozentsatz&Variable2=Fruchtname:Prozentsatz

Jede Variable enthält genau genommen zwei Werte: den Fruchtnamen und den zugehörigen Prozentsatz, die durch einen Doppelpunkt getrennt werden. Die Trennung von Fruchtname und Prozentsatz wird später mit ActionScript kein Problem sein.

Vorbereitung auf die Programmierung

Zunächst legen Sie einen neuen Film an und erzeugen die notwendigen Elemente in der Filmbibliothek.

- Erzeugen Sie in der Zeitleiste auf den Bildern 5 und 10 ein neues Schlüsselbild.
- Erstellen Sie drei Filmsequenzen mit den Namen *mc_chart*, *mc_bar* und *mc_rect*.
- Wählen Sie die Sequenz *mc_bar* zur Bearbeitung aus und erzeugen Sie ein Rechteck mit den Ausmaßen 30 x 100 Pixel. Platzieren Sie das Rechteck mit der linken unteren Ecke auf dem Mittelpunkt.
- Wählen Sie die Sequenz *mc_rect* zur Bearbeitung, erzeugen Sie ein Rechteck mit den Ausmaßen 81 x 17 Pixel und platzieren Sie es mittig auf der Arbeitsfläche.

Erstellen Sie nun die Grafik des Balkendiagramms in der Sequenz *mc_chart*.

- Wählen Sie die Sequenz *mc_chart* zur Bearbeitung und erstellen Sie eine senkrechte 140 Pixel lange Linie, die mit ihrem oberen Punkt auf dem Mittelpunkt liegt.
- Erstellen Sie nun eine waagerechte 240 Pixel lange Linie, die mit ihrem linken Ende auf dem unteren Punkt der senkrechten Linie liegt.
- Platzieren Sie nun eine Instanz der Sequenz *mc_bar* mit der unteren Kante auf der horizontalen Koordinate des Koordinatenkreuzes, bündig zur vertikalen Koordinate. Nennen Sie diese Instanz *b1*.
- Duplizieren Sie die Instanz, platzieren Sie diese bündig auf gleicher Höhe zur ersten Instanz und ändern Sie den Instanznamen auf *b2*.
- Wiederholen Sie den letzten Schritt für die fehlenden sechs Balken und ändern Sie den Instanznamen entsprechend.
- Erzeugen Sie nun unterhalb der Instanz *b1* ein Textfeld vom Texttyp *Dynamischer Text* und vergeben Sie den Variablennamen *tb1*.
- Duplizieren Sie die Instanz *tb1* und ändern Sie den Variablennamen in *tb2*. Platzieren Sie die Instanz unterhalb der Instanz *b2*.
- Wiederholen Sie den letzten Schritt für die fehlenden sechs Balken und ändern Sie den Variablennamen entsprechen.

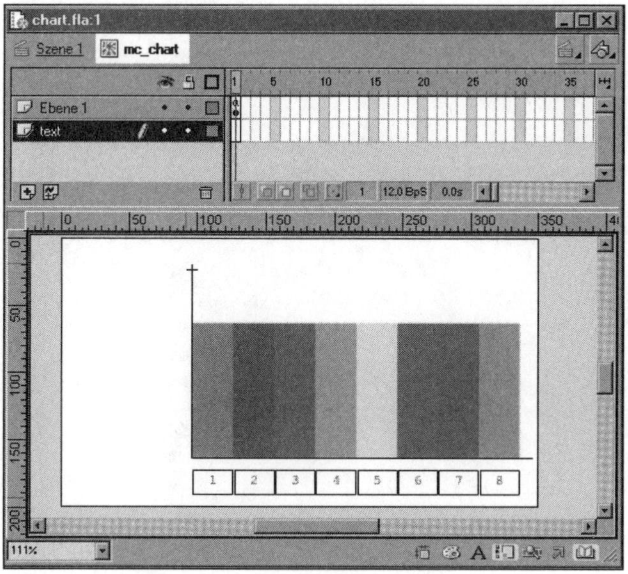

Abb. 7.1: Das Balkendiagramm

Nachdem Sie nun das Balkendiagramm erstellt haben, werden Sie die Legende einfügen.

- Platzieren Sie links neben der vertikalen Koordinate eine Instanz der Sequenz *mc_rect.*
- Erzeugen Sie auf dieser Instanz ein Textfeld vom Texttyp *Dynamischer Text,* platzieren Sie dieses auf dem Rechteck und vergeben Sie den Variablennamen *el1.*
- Wiederholen Sie die letzten beiden Schritte, sodass die Felder untereinander aufgereiht werden. Vergessen Sie nicht, den Variablenname des Textfeldes entsprechend anzupassen.
- Wählen Sie nun die Instanzen *b1* und die erste Instanz der Sequenz *mc_rect* der Legende. Lassen Sie sich die Effekte anzeigen und stellen Sie nun eine beliebige Farbe für beide Rechtecke ein.
- Wiederholen Sie den letzten Schritt für die nächsten sieben Felder und wählen Sie jeweils eine andere Farbe.
- Speichern Sie den Film ab.

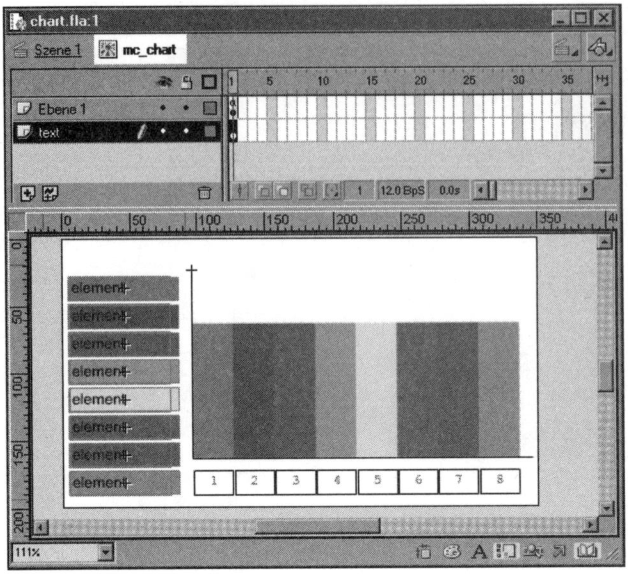

Abb. 7.2: Das Balkendiagramm mit Legende

Nun, da das Diagramm samt Legende fertig gestellt ist, geht es im nächsten Abschnitt um die Implementierung der Funktion.

Vorladen der Diagrammdaten

Der erste Schritt der Programmierung wird das Laden der Daten sein, auf denen die Darstellung des Balkendiagramms basiert. Da das Laden über das Internet geschieht, ist es unmöglich, verlässliche Aussagen darüber zu machen, wann die Daten vollständig geladen sein werden.

Es ist also notwendig, so lange mit der Anzeige des Balkendiagramms zu warten, bis die Daten vollständig geladen wurden. Auf dem ersten Bild der Hauptzeitleiste wird das Laden der Daten durch die *loadVariables*-Aktion gestartet. Im fünften Bild wird so lange die Position der Zeitleiste zurückgesetzt, bis alle Daten eingetroffen sind.

- Lassen Sie sich die *Bild-Aktionen* des ersten Bildes der Hauptzeitleiste anzeigen.
- Tragen Sie den folgenden Script-Code in das Scriptfenster ein:

```
bd1 ="";
bd2 ="";
bd3 ="";
```

```
bd4 ="";

bd5 ="";

bd6 ="";

bd7 ="";

bd8 ="";

loadVariablesNum ("daten.txt", 0);
```

Als Erstes werden die acht Variablen definiert, die die Daten aus der Datei aufnehmen. Dann wird mit der *loadVariables*-Aktion das Laden der Daten gestartet.

- Wechseln Sie nun auf das fünfte Schlüsselbild und lassen Sie sich die *Bild-Aktionen* anzeigen.
- Tragen Sie den folgenden Script-Code in das Scriptfenster ein:

```
if( bd8 == "") {

    gotoAndPlay( 4);

} else {

    bd8 = bd8.substr(0, bd8.length - 3)

    gotoAndStop(10)

}
```

Die *if*-Aktion prüft, ob die letzte Variable, die übertragen wird, noch leer ist.

```
if( bd8 == "") {
```

Wenn die Variable noch leer ist, wird wieder in Bild 4 gesprungen.

```
    gotoAndPlay( 4);
```

Wenn die Variable gefüllt ist, wird erst einmal der Zeilenumbruch und das Dateiendezeichen entfernt.

```
    bd8 = bd8.substr(0, bd8.length - 3)
```

Dann wird in das Bild der Diagrammdarstellung gesprungen.

```
    gotoAndStop(10)
```

Erstellen Sie auf dem ersten Bild einen Text mit dem Inhalt *lade Daten ...*

Kopieren Sie den Text und fügen Sie diesen im fünften Bild ein.

Wechseln Sie in das zehnte Bild, lassen Sie sich die *Bild-Aktionen* anzeigen und tragen Sie eine *stop*-Aktion in das Scriptfenster ein.

Ein ActionScript-Objekt fürs Diagramm

Die Steuerung, die das Zeichnen der Balken übernimmt, ist in den *Bild-Aktionen* des ersten Bildes der Zeitleiste der Sequenz *mc_chart* untergebracht. Um die Daten, die aus der Datei geliefert werden, zu verarbeiten, benötigen Sie zunächst eine Struktur, die die Kombination aus Fruchtnamen und Prozentzahl speichert. Da es acht verschiedene Wertepaare gibt, müssen diese wiederum verwaltet werden.

Ein Chart-Objekt erstellen

Um diese Strukturen abzubilden, werden Sie mit ActionScript zwei ActionScript-Objekte erstellen, die für die Verwaltung und Berechnung der Daten verantwortlich sind.

- Wählen Sie die Sequenz *mc_chart* zur Bearbeitung aus.
- Wechseln Sie in das erste Bild in der Zeitleiste.
- Lassen Sie sich die *Bild-Aktionen* anzeigen und tragen Sie folgendes ActionScript in das Scriptfenster ein:

```
function cl_chartelement( element, val) {
   this.element = element;
   this.val     = val;
}
function cl_chart( ) {
   this.chartlist = new Array();
}
cl_chart.prototype.init = function( ) {
   var index;
   for( index = 1; index <= 8; index++) {
         splits = this.teile( eval( "_root.bd" + String( index)), ":");
         this.chartlist[ index-1] = new cl_chartelement( splits[0],
splits[1]);
   }
}
cl_chart.prototype.draw = function( maxbar) {
   for( index=0; index<=maxbar; index++) {
         this.drawBar( index);
```

```
    }
}
cl_chart.prototype.drawBar = function( index) {
    var target = "_level0.chart.b" + (index +1);
    var element = this.chartlist[index].element;
    var val = this.chartlist[index].val;
    eval( "tb" + String(index+1)) = val;
    eval( "el" + String(index+1)) = element;
    setProperty ( eval(target) ' _yscale ' int( val));
}
cl_chart.prototype.teile = function( str, deli) {
    var i = str.indexOf( deli);
    var ar = new Array();

    ar[0] = str.substr(0, i);
    ar[1] = str.substr(i+1, bd.length);

    return( ar);
}

chart = new cl_chart();
chart.init();
chart.draw(7);
```

Am besten, Sie nähern sich der Funktionalität dieses Scripts in zwei Schritten. Als ersten Schritt verschaffen Sie sich einen Überblick über die Objekt- und Methodendefinitionen.

Die Objekt- und Methodendefinition im Überblick

Die erste Zeile definiert das Objekt, das die Daten eines Balkens aufnimmt; als Argumente kennt dieses Objekt zwei Parameter: den Namen der Frucht und die zugehörige Prozentzahl.

```
function cl_chartelement( element, val) {
```

Die zweite Objektdefinition bestimmt das eigentliche *Chart*-Objekt, das für die Verwaltung der Liste mit den Wertepaaren der Früchte übernimmt.

```
function cl_chart( ) {
```

Die nun folgenden Definitionen sind Methoden für das *Chart*-Objekt. Die Methoden dienen der Initialisierung des Objekts und der Berechnung der Balken im Diagramm. Die erste Methode ist die *init*-Methode, die das Array füllt, das die Objekte der Wertepaare enthält.

```
cl_chart.prototype.init = function( ) {
```

Die Methode *draw* ist für das Erstellen des gesamten Diagramms verantwortlich und ruft zum Erstellen eines Balkens die Methode *drawBar* auf.

```
cl_chart.prototype.draw = function( maxbar) {
```

Die Methode *drawBar* ist für das Erstellen jeweils eines Balkens verantwortlich.

```
cl_chart.prototype.drawBar = function( index) {
```

Die Methode *teile* ist für die Aufbereitung der Wertepaare zuständig.

```
cl_chart.prototype.teile = function( str, deli) {
```

Die Objekt- und Methodendefinition im Detail

Nun, da Sie einen Überblick über die Objektdefinition gewonnen haben, können Sie ans Eingemachte gehen und den Script-Code im Detail kennen lernen.

Die Objektdefinitionen

Die erste Objektdefinition erstellt ein Objekt mit zwei Argumenten: *element* und *val*. Die Variable *element* stellt den Fruchtnamen dar und *val* ist der zugehörige Prozentsatz. Diese Argumente werden in den beiden Objekt-Variablen *this.element* und *this.val* gespeichert. Das Schlüsselwort *this* ist eine Referenz auf das erstellte Objekt. Intern wird in diesem Fall darüber die Verbindung der beiden Variablen zueinander realisiert. Die *this*-Referenz stellt gewissermaßen die spätere Instanz dar.

```
function cl_chartelement( element, val) {
   this.element = element;
   this.val     = val;
}
```

Die nächste Objektdefinition erzeugt das *Chart*-Objekt, das für die Verwaltung und Berechnung der Daten verantwortlich ist. Innerhalb der Objektdefinition wird ein Array festgelegt, das später die Objekte der *Chart*-Elemente enthält.

```
function cl_chart( ) {

   this.chartlist = new Array();

}
```

Das Prefix *cl* wurde gewählt, um bei diesem Bezeichner deutlich zu machen, dass es um eine Objektdefinition geht. Die Definition eines Objekts wird auch Klasse (engl. Class) genannt, daher das *cl*.

Die Methodendefinitionen

Als erste Methode wird die *ini*-Methode für das Objekt *cl_chart* definitiert. Diese Methode ist für das Füllen des von *cl_chart* verwalteten Arrays *chartlist* verantwortlich.

```
cl_chart.prototype.init = function( ) {

   for( index = 1; index <= 8; index++) {

         splits = this.teile( eval( "_root.bd" + String( index)), ":");

         this.chartlist[ index-1] = new cl_chartelement( splits[0],
splits[1]);

   }

}
```

Die *for*-Aktion bildet eine Schleife, in der die acht Werte

```
   for( index = 1; index <= 8; index++) {
```

mit Hilfe der *teile*-Methode aufbereitet werden. Die beiden Werte, also Fruchtname und Prozentsatz, werden in das Array *splits* übertragen.

```
         splits = this.teile( eval( "_root.bd" + String( index)), ":");
```

In der nächsten Zeile wird dann eine Instanz des *cl_chartelement*-Objekts erzeugt, dem das Wertepaar übergeben wird. Die Instanz mit den Werten wird nun in das Array *chartlist* übertragen.

```
this.chartlist[ index-1] = new cl_chartelement( splits[0], splits[1]);
```

Die schon angesprochene Methode *teile* ist für die Aufarbeitung der Rohdaten aus der Datei verantwortlich. Eine Variable aus der Datei enthält ja, wie schon erwähnt, das Paar aus Fruchtname und Prozentsatz. Hier werden beide voneinander getrennt und eigenen Variablen zugewiesen. Die Methode *teile* verfügt über zwei Argumente: *str* enthält die zu teilende Zeichenfolge und *deli* enthält das Zeichen, das die Werte voneinander trennt, auch Delimiter genannt.

```
cl_chart.prototype.teile = function( str, deli) {

   var i = str.indexOf( deli);

   var ar = new Array();
```

```
    ar[0] = str.substr(0, i);
    ar[1] = str.substr(i+1, bd.length);
    return( ar);
}
```

Zunächst werden in den beiden ersten Zeilen des Blocks zwei lokale Variablen definiert. Um die Position des Delimiters in der Variablen *str* zu bestimmen, wird die *indexOf*-Methode des String-Objekts verwendet; die gefundene Position wird in *i* gespeichert.

```
var i = str.indexOf( deli);
```

Das Array *ar* nimmt später die beiden Werte auf. Sie könnte auch zwei einzelne Variablen erzeugen, um die beiden Werte aufzunehmen. Nur könnten Sie dann nur einen Wert wieder aus der Methode zurückgeben. Die *return*-Aktion kann nämlich nur eine Variable einer Methode/Funktion zur selben Zeit zurückgeben. Wenn Sie also mehr als einen Wert aus einer Methode zurückgeben wollen, so müssen Sie die Werte in eine Array übertragen und dieses Array mit der *return*-Aktion aus der Methode zurückgeben.

```
var ar = new Array();
```

Als Nächstes folgt das Ermitteln der beiden Werte. Als Erstes wird der Fruchtname aus der Zeichenfolge mit der *subStr*-Methode des String-Objekts zurückgegeben. Es werden alle Zeichen, die zwischen der Position *0* und der Position des Delimiters *i* befinden, in den ersten Wert des Arrays übertragen. In der zweiten Zeile wird der Prozent aus der Variablen *str* extrahiert; hierbei werden alle Zeichen zwischen der Position des Delimiters *i* und der Gesamtzeichenlänge der Zeichenfolge *str* übertragen.

```
ar[0] = str.substr(0, i);
ar[1] = str.substr(i+1, bd.length);
```

Mit der *Return*-Aktion wird dann das Array mit dem Wertepaar Fruchtname und Prozentsatz aus der Methode zurückgegeben.

```
return( ar);
```

Nun folgt die Methode *drawBar*, die für das Zeichnen eines Balkens des Diagramms verantwortlich ist. Die Methode *drawBar* kennt ein Argument: den Index des zu zeichnenden Balkens in dem Array des Objekts *cl_chart*.

```
cl_chart.prototype.drawBar = function( index) {
    var target = "_level0.chart.b" + (index +1);
    var element = this.chartlist[index].element;
    var val = this.chartlist[index].val;
```

```
    eval( "tb" + String(index+1)) = val;
    eval( "el" + String(index+1)) = element;
    setProperty ( eval(target) ' _yscale ' int( val));
}
```

Als erste lokale Variable wird *target* angelegt. Dies ist der Objektpfad zu dem aktuellen Balken. Die Variable *index* wird hier um eins hochgezählt, weil die Balken von 1–8 durchnummeriert sind; der Index eines Arrays beginnt aber immer mit Null.

```
    var target = "_level0.chart.b" + (index +1);
```

Die nächste beiden lokalen Variablen enthalten den Fruchtnamen, *element*, und den Prozentsatz, *val*. Die beiden Werte werden mit Hilfe des Indexes aus dem Array *chartlist* gelesen.

```
    var element = this.chartlist[index].element;
    var val = this.chartlist[index].val;
```

Nun werden die Textfelder, die die Werte im Diagramm darstellen sollen, mit Inhalt gefüllt.

```
    eval( "tb" + String(index+1)) = val;
    eval( "el" + String(index+1)) = element;
```

Nachdem die Werte in die Felder eingetragen wurden, wird jetzt der Balken für dieses Element skaliert, um den Prozentsatz grafisch darzustellen.

Als Letztes folgt die *draw*-Methode des *cl_chart*-Objekts. Über diese Methode wird die *drawBar*-Methode so häufig aufgerufen, dass alle Balken in dem Diagramm gezeichnet werden. Die *draw*-Methode kennt das Argument *maxbar*, das die Anzahl der Balken im Diagramm bestimmt. Es wird hier von Null aus gezählt.

```
cl_chart.prototype.draw = function( maxbar) {
    for( index=0; index<=maxbar; index++) {
          this.drawBar( index);
    }
}
```

Nach den ganzen Definitionen wird nun eine Instanz des *cl_chart*-Objekts erstellt: die Instanz *chart:*

```
chart = new cl_chart();
```

Die Instanz wird durch die Objekt-Methode *init()* initialisiert:

```
chart.init();
```

Und abschließend wird das Diagramm mit der *draw*-Methode erstellt:

```
chart.draw(7);
```

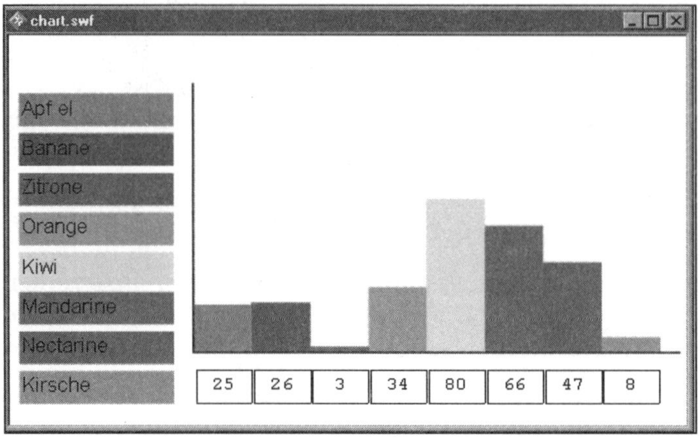

Abb. 7.3: Das fertige Balkendiagramm in Aktion

Weitere Aussichten

Für die Funktion des Diagramms wäre man auch ohne Objektdefinition zum Ziel gekommen, nur wäre die Möglichkeit der Erweiterung der Funktionalität dann recht unübersichtlich. Zum Beispiel wäre es wünschenswert, wenn die Anzahl der Balken nicht vorgegeben, sondern über die Datendatei in Grenzen frei wählbar wäre.

Für die Übermittlung der Diagrammdaten kann man sehr gut mit der *loadVariables*-Aktion leben, allerdings stellt Flash 5.0 mit dem *XML*-Objekt und dessen Methode eine wesentlich effektivere Methode zur Datenübertragung und Kontrolle bereit.

Wenn Sie noch mehr Möglichkeiten für die Erstellung von grafischen Objekten auf Grund von Datenbankdaten suchen, sei Ihnen der *Macromedia-Flash-Generator* empfohlen. Dieses ist eine Servererweiterung, die auf Grund von dynamischen Daten Flash-Filme erstellt.

Thema 8

1. Grafik importieren und optimieren
2. Arbeiten mit ActionScript
3. Animationen erstellen
4. Sound einbinden
5. Menüs gestalten
6. Formulare erstellen
7. Diagramme erstellen
8. Perfekt drucken
9. Ein universeller Start-Film
10. Publizieren des Projekts

Übersicht

Flash-Filme bieten die Möglichkeit, ihre Inhalte auszudrucken zu lassen. Der Benutzer kann sich alle oder ausgewählte Bilder eines Flash-Films auf einem Drucker ausgeben lassen. Sie können so Kundeninformationen, Bestellformulare, Katalogseiten usw. aus Flash-Filmen drucken. Hierbei spielt es keine Rolle, wie der Flash-Film abgespielt wird; die Druckfunktionen stehen Ihnen im Webbrowser wie im Projektor zur Verfügung.

Wenn mehrere Bilder eines Films ausgedruckt werden sollen, wird jedes Bild auf einer eigenen Seite ausgegeben; dies geschieht unabhängig von den Filmausmaßen.

Flash stellt zwei Methoden für den Ausdruck von Bildern zur Verfügung: Die meist genutzte Methode dürfte die Vektor-Methode sein, als zweite Methode stellt Flash eine bitmapbasierte Druckmethode zur Verfügung.

- *Vektor-Methode*: Hierbei werden Vektor-Objekte (Konturen, Schrift usw.) in der höchst möglichen Qualität ausgegeben, wobei es keine Rolle spielt, ob die Objekte skaliert oder verzerrt wurden. Bei dieser Methode werden allerdings Farbeffekte und auch Transparenz nicht berücksichtigt.
- *Bitmap-Methode*: Hierbei werden alle Farbeffekte und Transparenz, die Sie definiert haben, wiedergegeben. Allerdings geht hier meist Qualität in puncto Auflösung verloren.

Die Druckfunktionen können Sie dem Benutzer auf drei verschiedenen Wegen zur Verfügung stellen.

- Die erste Möglichkeit des Druckens stand schon in allen Versionen von Flash zur Verfügung. Der browsereigene Druckbefehl gestattet den Ausdruck von Flash-Filminhalten. Allerdings können Sie kaum Einfluss auf diese Art des Ausdruckens nehmen.
- Der Befehl *Drucken* aus den Flash Player-Menü gestattet den Ausdruck der Inhalte der Hauptzeitleiste. Sie können bestimmen, ob überhaupt und, wenn ja, welche Bilder ausgedruckt werden können. Hierbei werden keine Farb- oder Transparenz-Effekte unterstützt.
- Der ActionsScript-Befehl *print* gestattet die wohl am weitesten gehende Druckkontrolle. Sie können Bilder zum Ausdruck und für diese einen Druckbereich festlegen. Sie können die Druckmethode wählen und so entweder einer hohen Ausgabeauflösung oder aber Farb- und Transparenz-Effekten den Vorzug geben.

Bei allen Druckaktionen werden PostScript-Drucker sowie nicht PostScript-fähige Drucker in höchster Qualität angesprochen.

Die erweiterten Druckfunktionen, wie das Bestimmen von Seiten zum Ausdruck, werden erst ab der Flash Player-Version 4.0.25 (Windows) oder 4.0.20 (Macintosh) unterstützt.

Voraussetzungen für das Drucken

Für die erfolgreiche Ausgabe auf einem Drucker müssen einige grundsätzliche Bedingungen erfüllen und einige globale Einstellungen beachtet werden:

- Alle Bildelemente, die zum Ausdruck vorgesehen sind, müssen natürlich bereits geladen sein. Sie können dies mit der Eigenschaft *_framesloaded* oder der Aktion *If Frame Is Loaded* feststellen.
- Passen Sie das Layout Ihrer Elemente wie Formen, Symbole, Bitmaps, Textblöcke und Textfelder den Erfordernissen Ihres Layouts an.
- Die HTML-Voreinstellungen für Veröffentlichungen beeinflussen die Größe, Ausrichtung und Skalierung der im Druck-Layout vorkommenden Elemente.
- Eine zum Drucken vorgesehene Filmsequenz muss einen Instanznamen besitzen und sich auf der Bühne oder im Arbeitsbereich befinden.
- Die Eigenschaften einer Filmsequenz haben keinen Einfluss auf das Drucklayout. Eine Filmsequenz wird selbst dann gedruckt, wenn die Eigenschaft *_visible* auf *false* gesetzt wurde. Dieses ist sinnvoll, um Elemente zu drucken, die im Browser nicht angezeigt werden sollen.
- Auch Veränderungen der Einstellungen wie Tweening und Transformation haben keinen Einfluss auf das Drucklayout.
- Bilder, die gedruckt werden sollen, müssen als solche gekennzeichnet sein.
- Druckbereiche müssen, wenn benötigt, von Ihnen in separaten Bildern definiert werden.

Bilder zum Drucken festlegen

Um das standardmäßige Drucken aller Bilder eines Films zu unterdrücken, können Sie die Anzahl der Bilder für den Ausdruck festlegen. Um Bilder für das Drucken festzulegen, vergeben Sie das Schlüsselwort *#p* als Bezeichnung für diese Bilder; alle anderen Bilder werden nicht gedruckt. Jedes Bild eines Films wird auf einer eigenen Seite ausgegeben.

Bilder in der Hauptzeitleiste festlegen

Die Schritte zum Festlegen eines Bilds zum Drucken:

1 Wählen Sie die Zeitleiste, die die Bilder enthält, die Sie zum Drucken markieren wollen.

2 Legen Sie dort der Übersicht halber eine neue Ebene an, die die Druckmarkierungen aufnimmt. Nennen Sie die Ebene *printmarks.*

3 Wählen Sie ein Bild aus, das Sie zum Drucken markieren wollen.

4 Legen Sie in der Ebene der Druckmarkierungen ein leeres Schlüsselbild an.

5 Geben Sie im Feld *Bezeichnung* der Bildeigenschaften das Schlüsselwort *#p* ein, um dieses Bild zum Drucken zu markieren.

6 Wiederholen Sie die Schritte 3–5 für alle weiteren Bilder, die Sie zum Drucken markieren wollen.

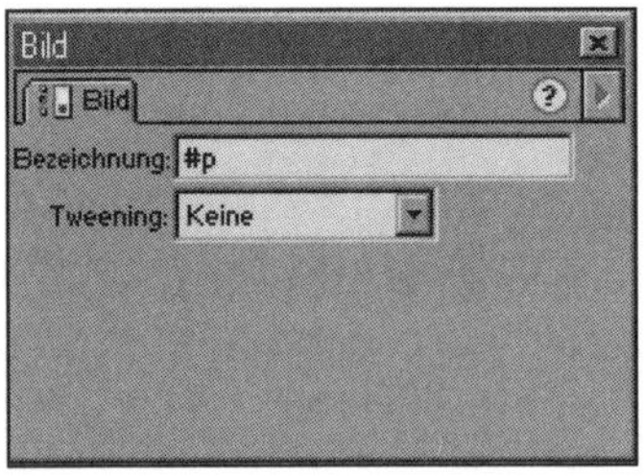

Abb. 8.1: Die *Bild*-Palette mit eingetragener Druckmarkierung *#p*

Bilder in anderen Zeitleisten festlegen

Sie können Bilder beliebiger Zeitleisten für den Ausdruck markieren. Wenn Sie Bilder anderer Zeitleisten zum Drucken markieren wollen, müssen Sie allerdings auch das Bild in der Hauptzeitleiste zum Drucken markieren, das die Filmsequenz mit den zu druckenden Bildern enthält.

Die Schritte zum Festlegen eines Bildes innerhalb einer Filmsequenz zum Drucken:

1 Wählen Sie die Zeitleiste, die die Filmsequenz mit den Bildern enthält, die Sie zum Drucken markieren wollen.

2 Legen Sie dort der Übersicht halber eine neue Ebene an, die die Druckmarkierungen aufnimmt. Nennen Sie die Ebene *printmarks.*

3 Wählen Sie das Bild aus, das die Filmsequenz mit den zu druckenden Bildern enthält.

4 Legen Sie in der Ebene der Druckmarkierungen ein leeres Schlüsselbild an.

5 Geben Sie im Feld *Bezeichnung* der Bildeigenschaften das Schlüsselwort *#p* ein, um dieses Bild zum Drucken zu markieren.

6 Wählen Sie nun die Zeitleiste aus, die die Bilder enthält, die Sie zum Drukken markieren wollen.

7 Legen Sie dort der Übersicht halber eine neue Ebene an, die die Druckmarkierungen aufnimmt. Nennen Sie die Ebene *printmarks*.

8 Wählen Sie ein Bild aus, das Sie zum Drucken markieren wollen.

9 Legen Sie in der Ebene der Druckmarkierungen ein leeres Schlüsselbild an.

10 Geben Sie im Feld *Bezeichnung* der Bildeigenschaften das Schlüsselwort *#p* ein, um dieses Bild zum Drucken zu markieren.

11 Wiederholen Sie die Schritte 8–10 für alle weiteren Bilder, die Sie zum Drucken markieren wollen.

Das Drucken

Einen Druckbereich festlegen

Der Druckbereich wird per Voreinstellung durch die Einstellung der Bühnengröße bestimmt. Das hat zur Folge, dass Objekte, die über die Bühne hinausragen oder sich außerhalb der Bühne befinden, nicht gedruckt oder abgeschnitten werden. Dynamisch hinzugeladene Filme verwenden ihre eigene Bühnengröße.

Da sich die Auflösungen von Bildschirm und Drucker stark unterscheiden und Filme sich in Regel in Ausmaßen von Hunderten von Pixeln bewegen, wird die Bühne/der Druckbereich für den Ausdruck so skaliert, dass die Bühne/der Druckbereich den Druckbereich des Druckers ausfüllt.

Um dieses Verhalten zu ändern, können Sie eigene Druckbereiche festlegen. Einen Druckbereich legen Sie in einem separaten Bild des Films fest; dieses Bild wird mit dem Schlüsselwort *#b* als Druckbereichsbild markiert. Der Druckbereich wird innerhalb dieses Bildes durch eine Form, in der Regel ein Rechteck, bestimmt.

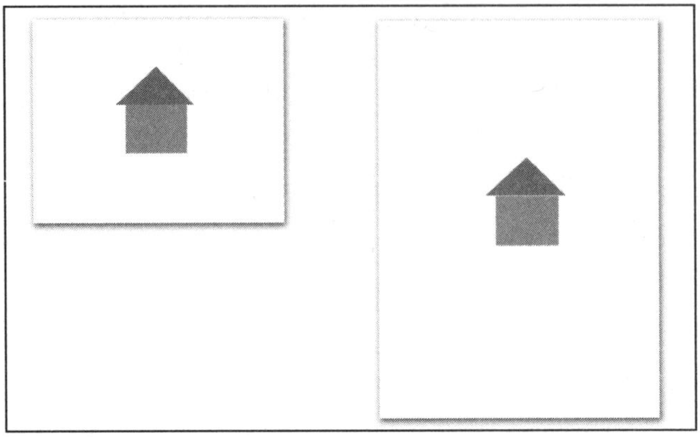

Abb. 8.2: Positionierung ohne Druckbereich

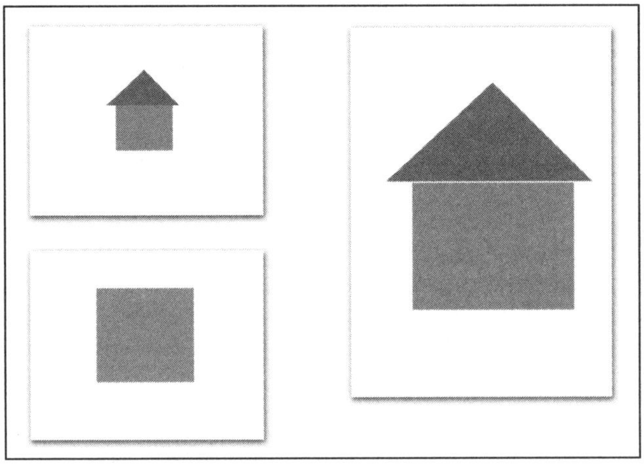

Abb. 8.3: Positionierung mit Druckbereich

Flash stellt drei Alternativen für die Festlegung eines Druckbereichs zur Verfügung:

- Das Festlegen eines Druckbereichs mittels eines Bildes für alle Bilder dieses Films. Diese Möglichkeit nutzen der *print-* und der Druckbefehl aus dem Flash Player-Menü. Die Option *Film/bmovie* innerhalb des *print-*Befehls bestimmt dieses Verhalten; es ist das standardmäßige Verhalten des Druckbefehls des Flash Player-Menüs.
- Wenn mehrere Bilder gedruckt werden sollen, können alle Bilder so skaliert werden, dass ihr Inhalt möglichst den Druckbereich der Seite ausfüllen; dabei bleiben die Proportionen der Objekte erhalten. Die Option *Bild/bframe* innerhalb des *print-*Befehls bestimmt dieses Verhalten.

- Wenn mehrere Bilder gedruckt werden sollen, werden hierbei die zusammengesetzten Begrenzungsrahmen aller im Film als druckbar markierten Bilder als Druckbereich festgelegt. Die Option *Max/bmax* innerhalb des *print*-Befehl bestimmt dieses Verhalten.

Wenn Sie die Optionen *Bild* oder *Max.* benutzen, werden alle im Film definierten Druckbereiche überschrieben.

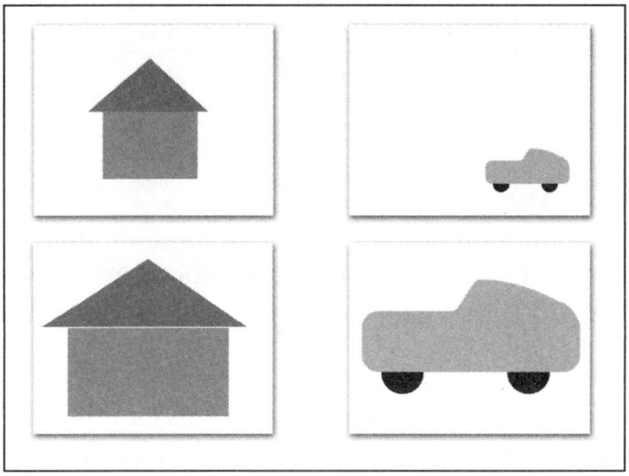

Abb. 8.4: Skalierung und Positionierung mit der Option *Max*

Sie können pro Zeitleiste jeweils einmal mit dem Schlüsselwort *#b* einen Druckbereich festlegen.

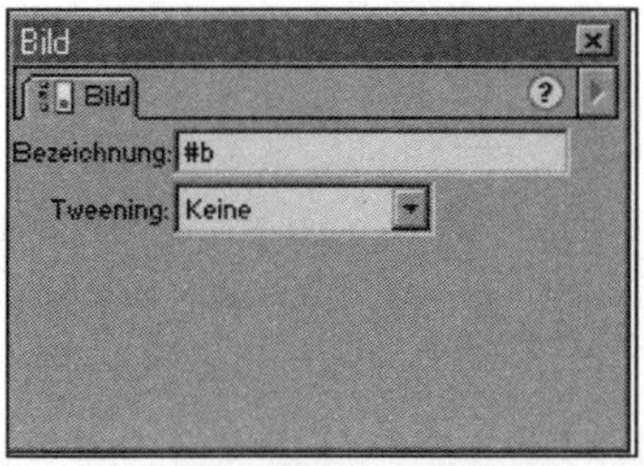

Abb. 8.5: Die *Bild*-Palette mit eingetragener Druckbereichsmarkierung *#b*

Festlegen eines Druckbereichs:

- Wählen Sie ein Bild in der Zeitleiste aus, das nicht mit *#p* als druckbar markiert ist. Der Übersicht halber legen Sie das Druckbereichsbild hinter dem mit *#p* markierten Bild an. Alternativ können Sie aber auch ein beliebiges, vorhandenes Bild der Zeitleiste auswählen, das schon die gewünschte Form enthält; diese Einsparung wird allerdings durch weniger Übersicht und schlechtere Überarbeitungsmöglichkeiten erkauft.

- Wenn sich noch keine Form in dem mit *#b* markierten Bild befindet, erstellen Sie diese nach Ihren Bedürfnissen.
- Geben Sie in der Palette *Bild* unter *Bezeichnung* das Schlüsselwort *#b* für das Bild ein, das Sie als Druckbereichsbild festlegen wollen.
- Um die Form, die den Druckbereich bestimmen soll, den Elementen, die gedruckt werden sollen, so anzupassen, dass die Form alle Elemente umschließt, schalten Sie die Zwiebelschalen-Ansicht ein. Nun können Sie die Form bearbeiten, während Sie die Seitenelemente im Auge behalten können.

Die Hintergrundfarbe

Hintergrundfarbe für den Ausgabe auf einen Drucker wird diejenige, die in den Eigenschaften des Films als Hintergrundfarbe festgelegt ist. Alle Filme, auch jene, die während des Abspielens geladen werden, benutzen diese Hintergrundfarbe. Dieses Verhalten lässt sich während des Abspielens nicht ändern.

Da es häufig vorkommt, dass Sie Schwarz oder eine andere Farbe als Hintergrundfarbe für Ihren Film benutzen, ist es notwendig, die Hintergrundfarbe für die Ausgabe auf einem Drucker zu ändern. Eine andere Hintergrundfarbe als Weiß eignet sich zum Ausdruck nicht, weil es zum einen die Geschwindigkeit des Ausdrucks herabsetzt und zum anderen die Druckkosten, besonderes bei ganzseitiger Ausgabe auf einen Drucker, enorm in die Höhe treiben würde.

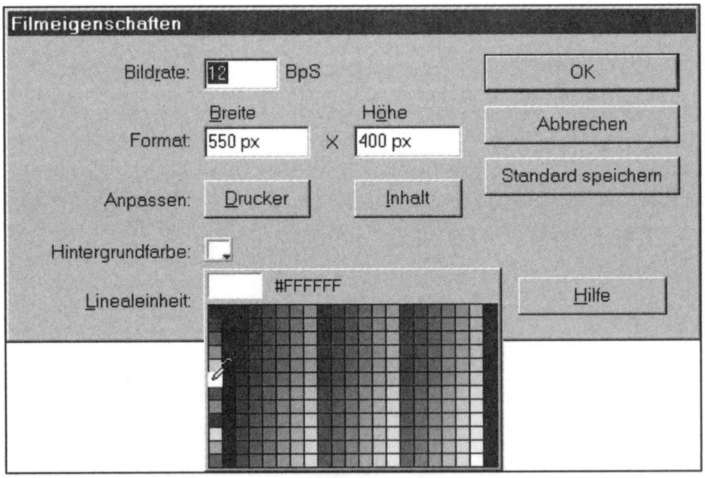

Abb. 8.6: Festlegen der Hintergrundfarbe in den *Filmeigenschaften*

Achten Sie darauf, dass die Hintergrundfarbe wirklich rein Weiß ist; schon ein leichter, am Bildschirm nicht sichtbarer Farbstich setzt die Geschwindigkeit des Ausdrucks, besonders bei ganzseitigem Ausdruck, stark herab.

Ändern der Hintergrundfarbe

Wenn Sie also die Hintergrundfarbe für die Ausgabe auf einem Drucker ändern wollen, müssen Sie dies für jedes Bild im Film separat einrichten. Die Hintergrundfarbe lässt sich nicht im Bild der Druckbereichsdefinition hinterlegen.

Hinterlegen Sie auf der untersten Ebene des Films, der ausgedruckt werden soll, alle zum Ausdruck markierten Bilder mit einer Form, die die Bühne ausfüllt. Achten Sie darauf, dass Sie ein reines Weiß als Farbe für dieses Objekt wählen.

Den Druckvorgang starten

Um den Druckvorgang für die Bilder im Film zu starten, existieren zwei Möglichkeiten:

- Einmal kann der Benutzer den Druckvorgang über das Menü des Flash Players starten.
- Als zweite Möglichkeit können Sie dem Benutzer das Drucken über Schaltflächen zur Verfügung stellen, denen Sie als ActionScript den *print*-Befehl zuweisen.

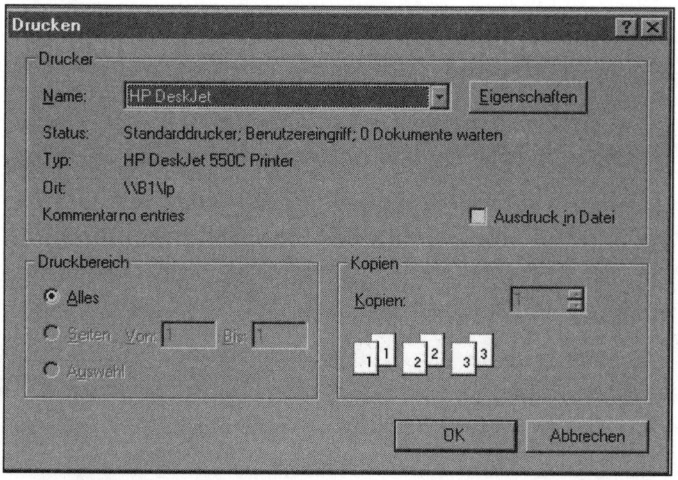

Abb. 8.7: Der *Drucken*-Dialog für die Auswahl der zu druckenden Seiten

Start aus dem Flash Player-Menü

Sofern Sie die Anzeige des Flash Player-Menüs nicht verhindert haben, kann der Benutzer Bilder eines Films drucken. Die Funktionalität ist hierbei allerdings auf die Bilder der Hauptzeitleiste beschränkt. Wenn Sie Bilder zum Drucken markiert haben, werden auch nur diese gedruckt.

Sie können das Drucken aus dem Flash Player-Menü verhindern, indem Sie ein beliebiges Bild im Film mit *!#p* bezeichnen. Dieses verhindert das Drucken von Bildern aus diesem Film; die Funktionalität des *print*-Befehls wird dadurch nicht eingeschränkt.

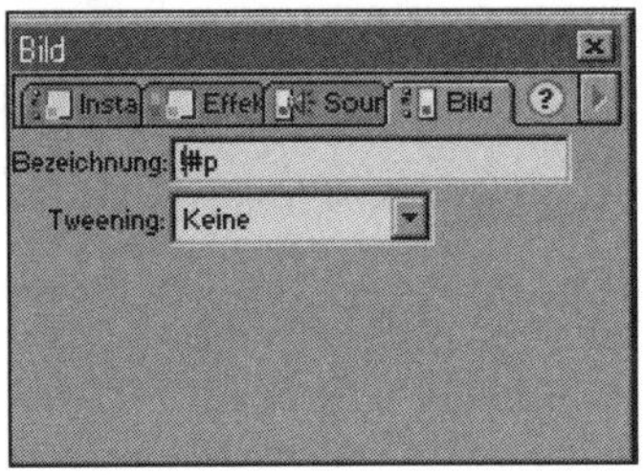

Abb. 8.8: Drucken aus dem Flash Player-Menü verhindern

Der *print*-Befehl

Mit Hilfe des *print*-Befehls können Sie Schaltflächen erstellen, die den Druckvorgang starten können, oder aber Bilder erzeugen, die den Ausdruck starten, wenn das Bild erreicht wird.

Der *print*-Befehl existiert in vier Varianten:

- *print* druckt alle oder die zum Drucken markierten Bilder des Films, der als Ziel angegeben wurde. Hierbei wird der *Vektor*-Modus zur Ausgabe auf den Drucker verwendet.

```
print(Zielinstanz, Bereichsmodus)
```

- *printNum* hat dieselbe Funktionalität wie *print,* nur dass hier der Zielfilm nicht über seinen Instanznamen angesprochen wird, sondern über die Ebene, in die der Film während des Abspielens geladen wurde.

```
printNum(Ziellevel, Bereichsmodus)
```

- *printAsBitmap* druckt alle oder die zum Drucken markierten Bilder des Films, der als Ziel angegeben wurde. Hierbei wird der *Bitmap*-Modus zur Ausgabe auf den Drucker verwendet.

```
printAsBitmap( Zielinstanz, Bereichsmodus)
```

- *printAsBitmapNum* hat dieselbe Funktionalität wie *printAsBitmap*, nur dass hier der Zielfilm nicht über seinen Instanznamen angesprochen wird, sondern über die Ebene, in die der Film während des Abspielens geladen wurde.

```
printAsBitmapNum( Ziellevel, Bereichsmodus)
```

Die Parameter der *print*-Befehle:

- *Ziel-Instanz*: Geben Sie hier den Namen eines Films an, der sich in diesem Bild im Arbeitsbereich aufhält.
- *Ziel-Level*: Geben Sie hier das Level eines geladenen Films an, der sich in diesem Bild im Arbeitsbereich aufhält.
- *Bereichsmodus*: Für den *Bereichsmodus* erkennt Flash drei verschiedene Werte, die bestimmen, wie die zu druckenden Inhalte im Druckbereich des Druckers platziert und skaliert werden.
- *bmovie/Film*: Der Druckbereich wird entweder durch die Filmausmaße oder durch eine Form in einem mit *#b* markierten Bild festgelegt.
- *bframe/Bild*: Die Inhalte aller Bilder werden so skaliert, dass sie den Druckbereich des Druckers nach Möglichkeit voll ausfüllen.
- *bmax/Max.*: Hierbei werden die zusammengesetzten Begrenzungsrahmen aller im Film mit *#p* markierten Bilder als Druckbereich festgelegt.

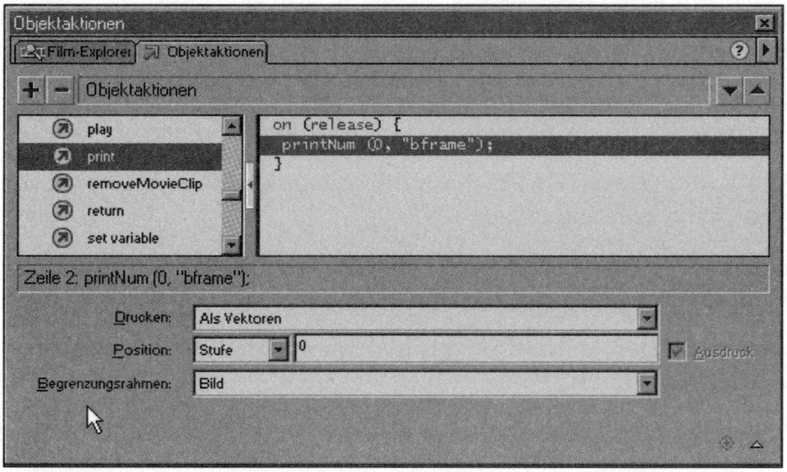

Abb. 8.9: Die *Objektaktionen*-Palette mit *print*-Befehl

Das folgende Beispiel druckt den Film *printit* mit dem Bereichsmodus *bmovie* im Vektormodus:

```
print( "printit", "bmovie")
```

Dieser Befehl druckt einen Film, der auf die 5. Stufe geladen wurde, mit dem Bereichsmodus *bframe* im Vektormodus:

```
printNum( 5, "bframe")
```

Der folgende Befehl druckt den Film *printit* mit dem Bereichsmodus *bmovie* im Bitmap-Modus:

```
printAsBitmap( "printit", "bmovie")
```

Drucken der Hauptzeitleiste

Um sich an die Eigenheiten des Drucksystems von Flash zu gewöhnen, sollten Sie erst einmal mit einem ganz einfachen Film mit vier Bildern beginnen. Bei diesem Film wird der Druckvorgang durch eine Schaltfläche ausgelöst, die mittels der *print*-Funktion den Druckvorgang konfiguriert und startet. Hieran können Sie sehen, welche Auswirkungen die verschiedenen Optionen auf die Positionierung und die Skalierung der Elemente im Druckbereich haben. Später wird ein Bild als Definition des Druckbereichs hinzugefügt.

Ohne Druckbereich

Um die Arbeit etwas zu strukturieren, erstellen Sie einen Film mit drei Ebenen. Alternativ können Sie den Film *counter_ohne_druckbereich-.fla* im Verzeichnis *kap08* der Buch-CD für Ihre Experimente benutzen.

- Die erste Ebene nimmt die Markierungen *#p* auf, die die Bilder markiert, die zum Drucken vorgesehen sind. Nennen Sie diese Ebene *printMarks.*
- Die zweite Ebene ist für die zu druckenden Elemente vorgesehen. Nennen Sie diese Ebene *elements.*
- Die dritte Ebene enthält die Schaltfläche, die den Druckvorgang auslöst. Nennen Sie die Ebene *printBut.*
- Der Inhalt der Animation soll einfach aus dem Schriftzug *BILD1, BILD2, BILD3, BILD4* bestehen.
- Legen Sie also in der Ebene *elements* vier leere Schlüsselbilder an.
- Erstellen Sie vier Filmsequenzen, die den Schriftzug darstellen sollen.
- Verteilen Sie die Filmsequenzen mit dem Schriftzug sinngemäß über die Bilder des Films.
- Um später während des Testens der Druckoptionen gute Bedingungen zu erstellen, skalieren und platzieren Sie die Schriftzüge in allen Bildern unterschiedlich.

- Da nur zwei der vier Bilder, das erste und das zweite Bild, des Films gedruckt werden sollen, müssen Sie nun diese Bilder bestimmen.
- Erstellen Sie in der Ebene *printmarks* in den Bildern 2 und 4 ein leeres Schlüsselbild.
- Geben Sie in das Feld *Bezeichnung* in der Palette *Bild* jeweils das Schlüsselwort *#p* ein.
- Nun brauchen Sie zum Auslösen des Druckvorgangs noch eine Schaltfläche, die den *print*-Befehl aufnimmt.
- Erstellen Sie eine Schaltfläche mit der Aufschrift *drucken.*
- Platzieren Sie die Schaltfläche in der Ebene *printBut.*
- Lassen Sie sich die Objektaktionen anzeigen. Wechseln Sie in den Normal-Modus.
- Wählen Sie in den *Aktionen* die Funktion *print* und lassen Sie sich die Parameter anzeigen. Per Voreinstellung wird der Vektor-Modus zum Drucken benutzt.
- Als Verweis auf den zu druckenden Film wird hier die Ebene angegeben, in die der Film geladen wurde. In diesem Fall ist es der Hauptfilm und somit können Sie die Einstellungen übernehmen.
- Als Begrenzungsrahmen wird per Voreinstellung der Wert *Film* (im ActionScript-Code heißt der Wert *bmovie*) eingesetzt. Belassen Sie es auch hier bei diesem Wert.

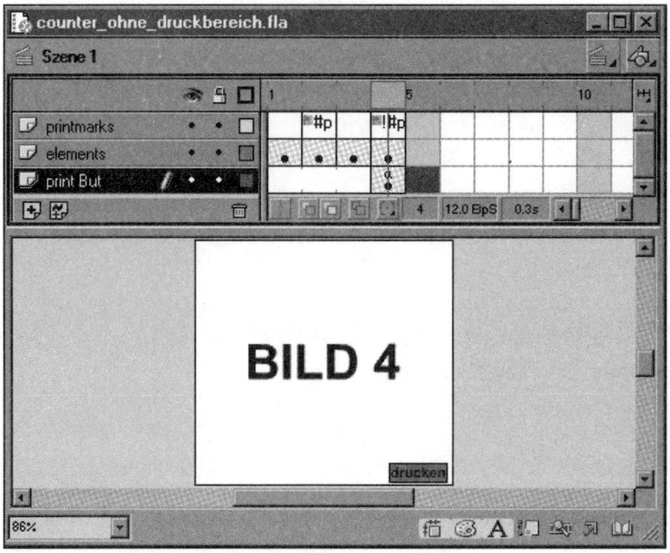

Abb. 8.10: Der fertig gestellte Film

Nun ist Ihr druckbarer Film fertig zum Testen. Tun Sie dieses mit dem Befehl *Film testen.* Ändern Sie die Option *Begrenzungsrahmen* auf *Bild* und testen Sie den Film erneut. Wiederholen Sie den Vorgang noch einmal mit dem Wert *Max.* für den Begrenzungsrahmen. Vergleichen Sie die Ergebnisse.

Abb. 8.11: Die Druckergebnisse mit *Film* als Parameter des Begrenzungsrahmens

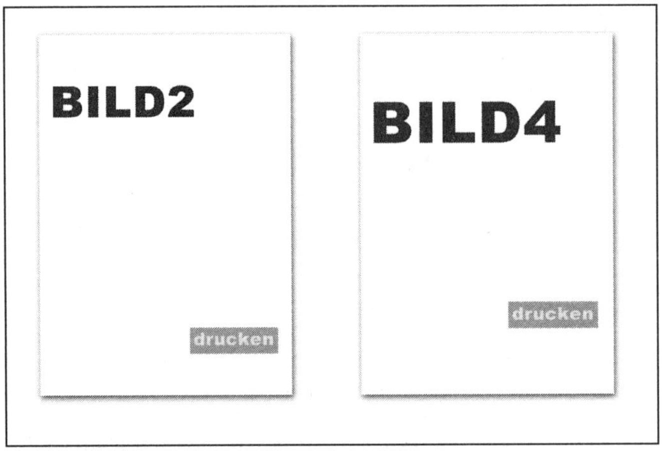

Abb. 8.12: Die Druckergebnisse mit *Bild* als Parameter des Begrenzungsrahmens

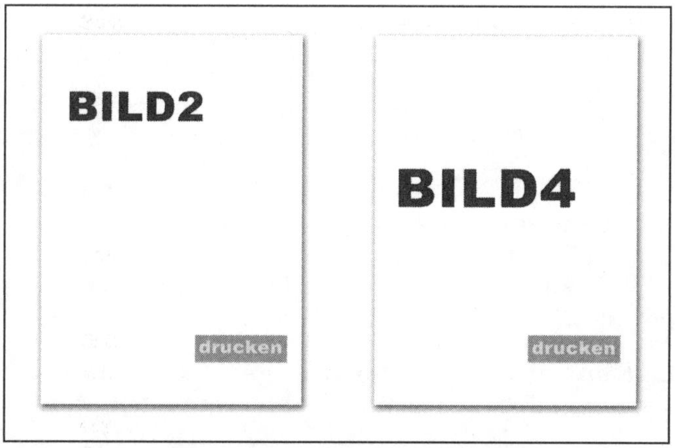

Abb. 8.13: Die Druckergebnisse mit *Max.* als Parameter des Begrenzungsrahmens

Trotz Begrenzungsrahmen wird die Schaltfläche immer noch mit ausgedruckt. Wenn Sie also nur die Schriftzüge ausdrucken wollen, müssen Sie die Schaltfläche in ein eigenes Bild legen.

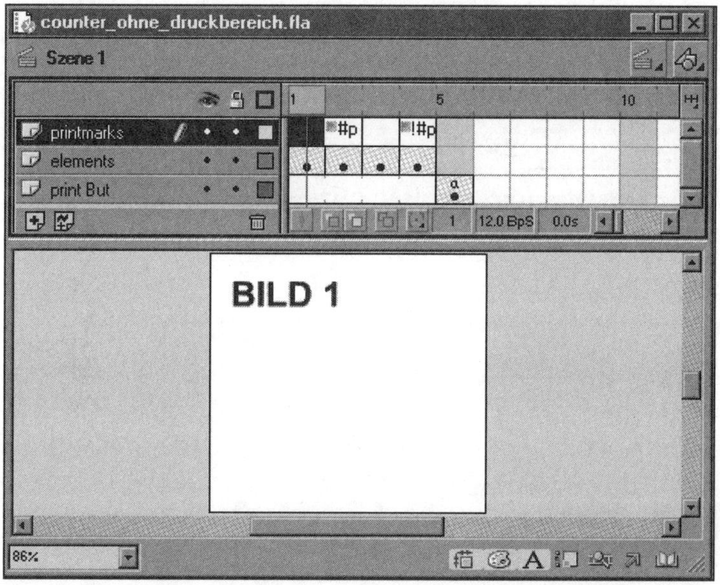

Abb. 8.14: Der Film mit verschobener Schaltfläche

- Verschieben Sie die Schaltfläche in der Zeitleiste so, dass diese nur im fünften Bild zu sehen ist und somit nicht im Ausdruck erscheint.
- Um den Film testen zu können, sollte er auf dem letzten Bild mit der Schaltfläche stehen bleiben. Fügen Sie dem Bild mit der Schaltfläche also noch eine *stop*-Aktion hinzu.
- Markieren Sie die ersten vier Bilder zum Drucken.
- Ändern Sie in den Parametern der *print*-Funktion den Wert von *Begrenzungsrahmen* auf *Bild.*
- Wenn Sie den Film nun testen, können Sie gut erkennen, wie die Elemente möglichst gleichmäßig über den Druckbereich verteilt werden.

Abb. 8.15: Die Druckergebnisse mit *Film* als Parameter des Begrenzungsrahmens

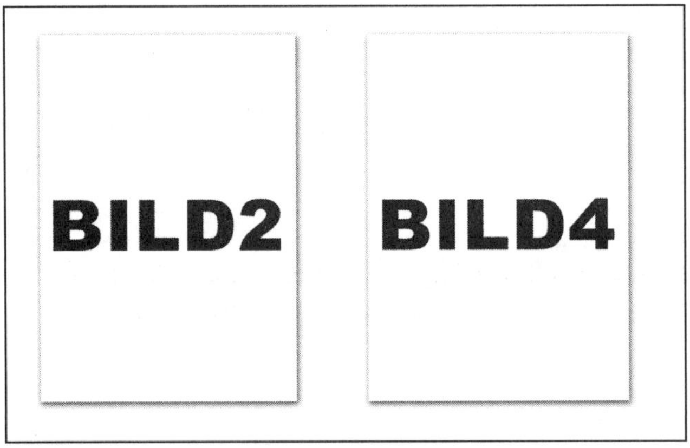

Abb. 8.16: Die Druckergebnisse mit *Bild* als Parameter des Begrenzungsrahmens

Abb. 8.17: Die Druckergebnisse mit *Max.* als Parameter des Begrenzungsrahmens

Mit Druckbereich

Nun werden Sie ein Bild erstellen, das eine Form enthält, die den Druckbereich für diesen Film festlegt. Alternativ können Sie den Film *counter_mit_druckbereich-.fla* im Verzeichnis *kap08* der Buch-CD für Ihre Experimente benutzen.

- Legen Sie in der Ebene *elements* im Bild 5 ein leeres Schlüsselbild an.
- Schalten Sie die Zwiebelschalen-Ansicht ein, um die zu druckenden Elemente zu sehen.
- Erzeugen Sie mit Hilfe des *Rechteck*-Werkzeugs einen Begrenzungsrahmen. Gruppieren Sie die Linien.
- Positionieren Sie den Rahmen so, dass nur die Schriftzüge, aber nicht die Schaltfläche eingeschlossen wird.
- Erzeugen Sie nun ein leeres Schlüsselbild in der Ebene *printmarks*. Geben Sie in der Palette *Bild* unter *Bezeichnung* das Schlüsselwort *#b* ein, um dieses Bild als Druckbereich zu markieren.
- Lassen Sie sich die Aktionen der Schaltfläche anzeigen und wählen Sie den *print*-Befehl, um sich deren Optionen anzeigen zu lassen.
- Geben Sie als Wert für den Parameter *Begrenzungsrahmen Film* ein, damit der von Ihnen definierte Druckbereich auch Anwendung findet.
- Testen Sie nun den Film.

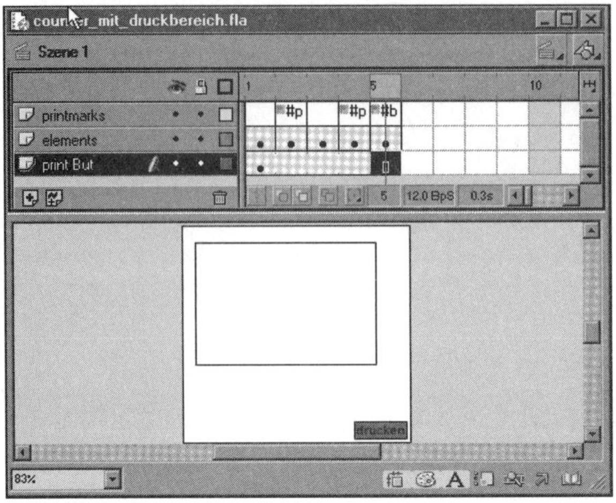

Abb. 8.18: Der fertige Film mit Druckbereich

Drucken anderer Zeitleisten

Die vorangegangenen Beispiele sind sicher keine Beispiele aus der Praxis. Um flexibel die Anforderungen, die Sie an Ihre späteren Anwendungen stellen, zu erfüllen, ist es eher sinnvoll, das Drucklayout in einer eigenen Filmsequenz unterzubringen.

Druckbar sind Filmsequenzen, die sich im Arbeitsbereich des zu druckenden Bildes aufhalten und einen Instanznamen besitzen. Sie können das Drucklayout außerhalb der Bühne anordnen und dieses so vor dem Benutzer verstecken. Außerdem lassen sich so mehrere Drucklayouts in einem Film getrennt ausdrucken; es werden ja immer alle druckbaren Bilder eines Films gedruckt. Allerdings müssen alle Drucklayouts bei dieser Technik in den Hauptfilm eingebettet werden, was die Datenmenge bei vielen Drucklayouts in die Höhe treiben kann. Dies ist besonders dann unglücklich, wenn der Betrachter des Films nichts oder eine Seite drucken wird.

Alternativ können Sie den Film *counter_eingebetteter_druckfilm.fla* im Verzeichnis *kap08* der Buch-CD für Ihre Experimente benutzen.

- Erstellen Sie einen neuen Film von beliebigen Ausmaßen – in diesem Fall soll er das Bannerformat haben, also wählen Sie eine Höhe von 60 und eine Breite von 468 Pixeln.

- Legen Sie hier nun eine Ebene an, die den zu druckenden Film aufnimmt; nennen Sie diese Ebene *printout*.

- Nun benötigen Sie noch eine Ebene, die die Schaltfläche aufnimmt, die den Druckvorgang auslöst. Nennen Sie diese Ebene *printBut.*
- Erstellen Sie nun eine Ebene, die die Script-Aktionen aufnimmt. Nennen Sie diese Ebene *actions.*
- Als Letztes brauchen Sie noch zwei Ebenen, die die zu animierenden Elemente aufnimmt. Nennen Sie die eine Ebene *kleines Banner* und die andere Ebene *großer Ausdruck.*
- Erstellen Sie zwei Filmsequenzen welche den Animationstext aufnehmen. Der erste Text lautet *kleines Banner,* der zweite Text *großer Ausdruck.*
- Ordnen Sie diese Filmsequenzen so im Hauptfilm an, dass die Textschnitzel eine kleine Animation ergeben.
- Kopieren Sie die Schaltfläche, die den Ausdruck auslöst, von einem vorhergehenden Film oder erstellen Sie eine neue Schaltfläche und ordnen diese auf der Ebene *printBut* an.
- Erstellen Sie im letzten Bild des Hauptfilms auf der Ebene *actions* ein leeres Schlüsselbild. Ordnen Sie diesem Bild die Aktion *stop* zu.
- Erzeugen Sie nun die zu druckende Filmsequenz. Nennen Sie die Filmsequenz *printMovie.*
- Kopieren Sie aus einem der vorgehenden Filme die Schriftzüge *BILD1–BILD4* in den aktuellen Film.
- Verteilen Sie nun die Schriftzüge über die ersten vier Bilder des Films. Benutzen Sie hierzu die Ebene *elements.*
- Erstellen Sie nun im fünften Bild der Ebene *elements* ein leeres Schlüsselbild.
- Erstellen Sie in diesem Bild eine Form, die später den Druckbereich dieses Films darstellen soll.
- Schalten Sie die Zwiebelschalen-Ansicht der Zeitleiste ein, um den Rahmen so anzuordnen, dass die auszudruckenden Elemente von diesem eingeschlossen werden.
- Damit Sie besser die Anordnung der Elemente im Druckbereich bestimmen können, erstellen Sie eine rechteckige Form mit den Ausmaßen 210 Pixel Breite und 297 Pixel Höhe. Diese Form entspricht den Proportionen eines DIN-A4-Blattes. Skalieren Sie diese Form nun so, dass sie ihre Proportionen nicht verliert und die zu druckenden Elemente vollständig einschließt.
- Erstellen Sie eine Ebene mit der Bezeichnung *printmarks.*

- Vergeben Sie für die ersten vier Bilder in der Zeitleiste im Dialog *Bild* im Feld *Bezeichung* das Schlüsselwort *#p*, um diese Bilder zum Drucken zu markieren.
- Im fünften Bild der Ebene *printmarks* erstellen Sie ein leeres Schlüsselbild und vergeben hier das Schlüsselwort *#b*, um dieses als Druckbereich zu bestimmen.
- Wechseln Sie nun wieder zur Hauptzeitleiste.
- Ordnen Sie den zu druckenden Film in der Ebene *printout* im fünften Bild so auf der Arbeitsfläche an, dass er nicht während des Abspielens des Hauptfilms zu erkennen ist.
- Nun müssen Sie nur noch die Aktion zum Auslösen des Druckvorgangs einbauen. Lassen Sie sich hierzu die Aktionen der Schaltfläche anzeigen. Wählen Sie den *print*-Befehl durch Doppelklick aus.
- Im Feld *Position* der Palette der *Objekt-Aktionen* wählen Sie *ziel* und tragen im nachfolgenden Feld den Namen des zu druckenden Films ein – in diesem Fall ist das *printMovie.*
- Im Feld *Begrenzungsrahmen* wählen Sie *Film* damit der von Ihnen erstellte Druckbereich ausgenutzt wird. Die anderen Parameter belassen Sie auf den voreingestellten Werten.
- Testen Sie nun das Ergebnis mit dem Befehl *Steuerung/Film testen.*

Abb. 8.19: Der fertige Film mit eingebettetem Film für den Druck

Drucken von geladenen Filmen

Um die Datenmenge des Hauptfilms in Grenzen zu halten, ist es sinnvoll, die Drucklayouts in externe Filme auszulagern. Außerdem hat dieses Verfahren den Vorteil, dass dieser Film seine eigene Bühnengröße besitzt. Wenn Sie für die Drucklayout-Filme die Filmausmaße in den Filmeigenschaften dem Drucker anpassen, erhalten Sie einen Film, der in den Proportionen dem Druckbereich eines Druckers entspricht. Es ist so leichter, mit Schriften zu arbeiten, da Flash die zu druckenden Elemente vor der Ausgabe ansonsten so skaliert, dass eine 12 Punkt Schrift auf dem Ausdruck nicht mehr unbedingt eine 12 Punkt Schrift ist.

Damit ein Film gedruckt werden kann, muss der gesamte Film geladen sein, außerdem muss sich der Film im Arbeitsbereich der Bühne aufhalten.

Für das nächste Beispiel benötigen Sie also zwei Filme: einen Hauptfilm mit der Banner-Animation und einen Film, der die zu druckende Seite darstellt. Beide Filme besitzen eigene Bühnenausmaße. Beide Filme benutzen allerdings dieselbe Hintergrundfarbe, nämlich diejenige, die im Hauptfilm definiert wurde.

Der Hauptfilm

Als Erstes werden Sie den Hauptfilm erstellen, der die Animation beherbergt und das Drucklayout lädt. Dieser Hauptfilm soll ein Banner vorstellen, wie Sie es im vorhergehenden Abschnitt erstellt haben, und dieselbe Funktionalität wie dieses bieten.

Alternativ können Sie den Film *counter_geladener_druckfilm.fla* im Verzeichnis *kap08* der Buch-CD für Ihre Experimente benutzen.

- Erstellen Sie einen neuen Film von beliebigen Ausmaßen, in diesem Fall soll es Bannerformat haben, also wählen Sie eine Höhe von 60 und eine Breite von 468 Pixeln.
- Legen Sie hier nun eine Ebene, die den zu druckenden Film aufnimmt, an und nennen Sie diese Ebene *printout.*
- Nun benötigen Sie noch eine Ebene, die die Schaltfläche aufnimmt, die den Druckvorgang auslöst. Nennen Sie diese Ebene *printBut.*
- Erstellen Sie nun eine Ebene, die die Script-Aktionen aufnimmt. Nennen Sie diese Ebene *actions.*
- Als Letztes brauchen Sie noch zwei Ebenen, die die zu animierenden Elemente aufnimmt. Nennen Sie die eine Ebene *kleines Banner* und die andere *großer Ausdruck.*

- Erstellen Sie zwei Filmsequenzen, die den Animationstext aufnehmen. Der erste Text lautet *kleines Banner*, der zweite *großer Ausdruck*.
- Ordnen Sie diese Filmsequenzen so im Hauptfilm an, dass die Textschnitzel eine kleine Animation ergeben.
- Kopieren Sie die Schaltfläche, die den Ausdruck auslöst, von einem vorhergehenden Film oder erstellen Sie eine neue Schaltfläche und ordnen diese auf der Ebene *printBut* an.
- Erstellen Sie im ersten Bild der Ebene *actions* ein leeres Schlüsselbild, weisen Sie diesem Bild die Aktion *loadMovie* zu.
- Geben Sie im Feld *URL* den Dateinamen *print_layout.swf* ein.
- Wählen Sie im Feld *Position Ziel* aus und tragen Sie im Feld dahinter den Namen der zu druckenden Filmsequenz ein, in diesem Fall lautet er *printit*.
- Erstellen Sie im letzten Bild des Hauptfilms auf der Ebene *actions* ein leeres Schlüsselbild. Ordnen Sie diesem Bild die Aktion *stop* zu.
- Erstellen Sie ein Dummy-Objekt, das während des Abspielens durch das Drucklayout ersetzt wird. Es spielt hierbei keine Rolle, wie dieses Element aussieht. Wichtig ist allein seine Position und Skalierung im Hauptfilm.
- Platzieren Sie den Print-Dummy unterhalb der Bühne, sodass er vom Benutzer nicht gesehen werden kann.

Abb. 8.20: Der fertige Hauptfilm mit Dummys für die druckbaren Filme

- Nun müssen Sie nur noch die Aktion zum Auslösen des Druckvorganges einbauen. Lassen Sie sich hierzu die Aktionen der Schaltfläche anzeigen. Wählen Sie den *print*-Befehl durch Doppelklick aus.
- Im Feld *Position* der Palette der *Objekt-Aktionen* wählen Sie *ziel* und tragen im nachfolgenden Feld den Namen des zu druckenden Films ein, in diesem Fall ist das *printit.*
- Im Feld *Begrenzungsrahmen* wählen Sie *Film* damit der von Ihnen erstellte Druckbereich ausgenutzt wird. Die anderen Parameter belassen Sie auf den voreingestellten Werten.
- Sie können den Film zwar testen, allerdings kann der Print-Dummy noch nicht vom Script ersetzt werden und somit funktioniert der Ausdruck zur Zeit noch nicht.

Der Drucklayout-Film

Nun können Sie beginnen, den Drucklayout-Film zu erstellen. Den Inhalt des Films sollten wir nun so wählen, dass Sie mehr über die Ausgabeeigenschaften wie die Positionierung, Skalierung und Maßgenauigkeit erfahren. Mit anderen Worten: Ist ein 1 x 1 cm großes Quadrat im Film auf dem Papier später wieder ein 1 x 1 cm großes Quadrat? In Flash muss die Antwort „in etwa“ lauten.

Um das Verhalten zu testen, erstellen Sie ein Lineal in Flash und lassen es sich ausdrucken. Außerdem soll das Drucklayout einen Rand enthalten, um den Druckbereich des Ausdrucks besser beurteilen zu können. Um die allgemeine Wiedergabequalität zu testen, sollte der Film auch etwas Text aufweisen.

- Erstellen Sie einen Film mit drei Ebenen.
- Die erste Ebene nimmt die Druckmarkierungen auf. Nennen Sie diese *printmarks.*
- Die zweite Ebene nimmt die Elemente des Drucklayouts auf. Nennen Sie diese *elements.*
- Die dritte Ebene enthält den Hintergrund für das Drucklayout. Nennen Sie diese Ebene *background.*
- Erstellen Sie im ersten Bild der Ebene *printmarks* ein leeres Schlüsselbild und weisen Sie diesem im Feld *Bezeichnung* der *Bild*-Palette das Schlüsselwort *#p* zu, um dieses Bild für das Drucken zu markieren.

- Erstellen Sie nun im zweiten Bild der Ebene *printmarks* ein leeres Schlüsselbild und weisen Sie diesem im Feld *Bezeichnung* der *Bild*-Palette das Schlüsselwort *#b* zu, um dieses Bild als Druckbereich für diesen Film zu markieren. Eigentlich brauchen Sie keinen Druckbereich zu definieren; da aber in unserem Beispiel einige Elemente über den Bühnenbereich hinausragen, ist hier ein Druckbereich zur korrekten Positionierung und Skalierung notwendig.
- Erstellen Sie im zweiten Bild der Ebene *elements* ein leeres Schlüsselbild, das den Druckbereich definieren soll.
- Erstellen Sie nun in dem Bild des Druckbereichs ein nicht gefülltes Rechteck mit schwarzem Rand, das den Bühnenausmaßen entspricht. Nennen Sie dieses Symbol *Druckbereich*. Platzieren Sie die Form deckend zur Bühne.
- Erstellen Sie nun im ersten Bild der Ebene *background* eine rein weiße Form, die die Bühne komplett abdeckt.

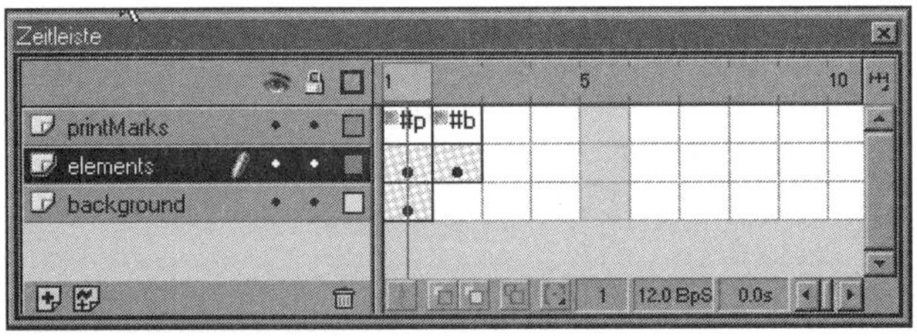

Abb. 8.21: Die *Zeitleiste* des Drucklayout-Films

Nun benötigen Sie noch Elemente, die gedruckt werden sollen. Zum einen brauchen Sie, um die Maßgenauigkeit zu testen, das eingangs erwähnte Lineal und ein wenig Text, um die Druckausgabe zu testen.

- Schalten Sie die Lineale für die Bühnenansicht ein und stellen Sie die Linealeinheit in den Filmeigenschaften auf cm ein.
- Erstellen Sie nun eine Filmsequenz, die das Lineal darstellen soll.
- Erzeugen Sie mit Hilfe des Linienwerkzeugs eine waagerechte, 30 cm lange Linie.
- Erzeugen Sie eine etwa 0,5 cm hohe senkrechte Linie. Machen Sie dann Kopien dieser Linie und verteilen Sie diese mit einem Zentimeter Abstand auf der waagerechten Linie, sodass sich eine 1-cm-Teilung ergibt.
- Benennen Sie die Linealabschnitte entsprechend (1, 2, 3, 4 usw.).

Um den tatsächlichen Druckbereich später beurteilen zu können, platzieren Sie in den Ecken des Drucklayouts graue Quadrate so, dass diese die Ecken überlappen. Erstellen Sie also ein Symbol, das ein graues Quadrat mit etwa 2 cm Kantenlänge darstellt.

Einen Text zum Testen der Druckausgabe können Sie einfach durch Kopieren eines mehr oder weniger langen Satzes erstellen. Wenden Sie hierfür eine Serifen-Schriftart wie *Times Roman* in verschiedenen Größen an.

Beginnen Sie nun mit dem Platzieren der zu druckenden Elemente.

- Wählen Sie das erste Bild der Ebene *elements* aus. Hier wird das Drucklayout von Ihnen angelegt.
- Platzieren Sie nun die vier grauen Quadrate in den Ecken der Bühne, sodass diese mit ihrem Mittelpunkt auf der Ecke der Bühne liegen. Nun überlappt das Quadrat die Bühnenecke großzügig.
- Erstellen Sie nun einen sichtbaren Rand für die Bühne. Benutzen Sie hierfür das Symbol *Druckbereich.*
- Platzieren Sie eine Instanz des Films lineal waagerecht und eine weitere Instanz lineal senkrecht auf der Bühne.
- Platzieren Sie das senkrechte Lineal im linken Randbereich der Bühne; der Nullpunkt des Lineals sollte den oberen Bühnenrand schneiden.
- Platzieren Sie das waagerechte Lineal im oberen Randbereich der Bühne; der Nullpunkt des Lineals sollte den linken Bühnenrand schneiden.
- Nun können Sie die Texte so auf der Bühne verteilen, dass diese gut lesbar erscheinen.
- Speichern Sie den Film und exportieren Sie ihn im SWF-Format, um das Drucklayout dem Banner-Film zur Verfügung zu stellen.
- Wenn Sie den Film jetzt testen, wird er immer zwischen den beiden Bildern wechseln. Das macht allerdings gar nichts, da der Film während der Laufzeit des Hauptfilms nicht zu sehen ist.
- Um den Druck zu testen, starten Sie den Banner-Film und von dort den Druckvorgang.

Wenn Sie nun den Ausdruck des Films in Händen halten, werden Sie sehen, dass der tatsächliche Druck etwas größer als gedacht ist. Auf meinem HP 550 wird die Höhe des vorgegebenen Druckbereichs korrekt wiedergegeben. In der Breite wird allerdings eine „Zugabe" von etwa 0,5 cm auf beiden Seiten gemacht. Der horizontale wie der vertikale Wert weisen beim Nachmessen der Lineale eine Abweichung um 0,5 cm auf.

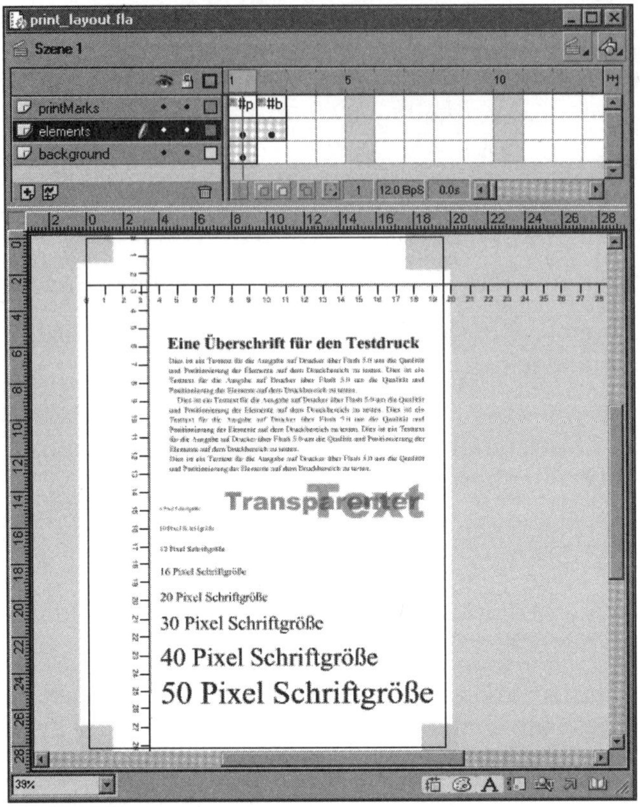

Abb. 8.22: Der Drucklayout-Film mit druckbaren Elementen

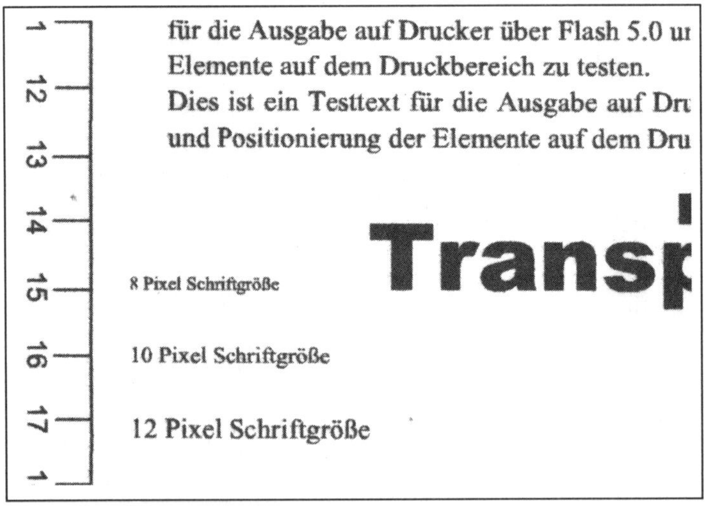

Abb. 8.23: Die Druckergebnisse des Drucklayout-Films im *Vektor*-Modus

Der Bitmap-Modus

Testen Sie den Ausdruck des Drucklayouts doch auch einmal mit dem Bitmap- statt dem Vektor-Modus. So können Sie die Qualitätsunterschiede der beiden Druckmodi miteinander vergleichen.

- Öffnen Sie den Film *counter_geladener_druckfilm.fla.*
- Wählen Sie die Druck-Schaltfläche und lassen Sie sich die Objektaktionen anzeigen.
- Wählen Sie den *print*-Befehl.
- Ändern Sie im Feld *Drucken* den Wert von *Als Vektoren* auf *Als Bitmap.*
- Testen Sie den Film mit Hilfe des Befehls *Steuerung/Film testen.*

Die Qualität des Drucks ist deutlich gepixelt; die Schrift ist unter 10 Pixel Schriftgröße nicht mehr klar lesbar. Dieser Modus eignet nur sehr bedingt für den Druck von textbasierten Formularen.

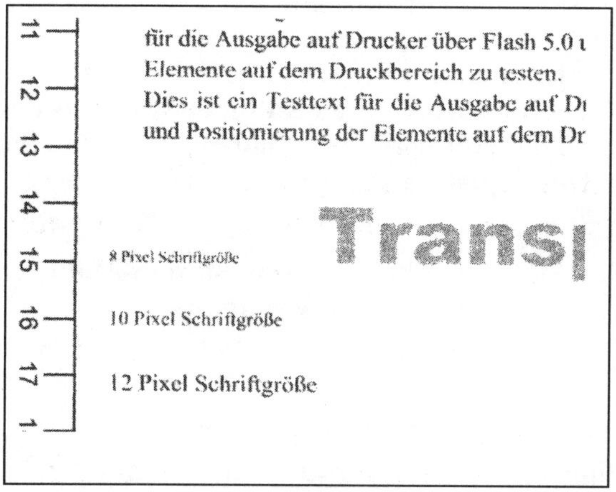

Abb. 8.24: Die Druckergebnisse der Testseite im Bitmap-Modus

Drucken von Bitmaps

Nun werden wir uns dem Drucken von Bitmaps widmen. Der Ausdruck von Bitmaps ist in Katalogseiten oder Prospekten wichtig. Um die Qualität von Bitmaps während des Ausdrucks beurteilen zu lernen, werden Sie im Folgenden einen Film erstellen, der Bitmaps in verschiedenen Techniken zur Ausgabe auf einem Drucker vorbereitet.

Wenn Sie innerhalb eine Films Abbildungen wiedergeben, werden diese in der Regel die Größe von 300 x 300 Pixel selten überschreiten. Diese Bitmaps eignen sich für die Wiedergabe am Bildschirm, sind aber für die Ausgabe auf einem Drucker wenig geeignet. Sie können die Abbildung auf dem Drucklayout natürlich Skalieren und so ein recht großes Bild erzeugen. Das klappt allerdings nur mit Vektor-Bildern verlustfrei; bei Bitmap-Bildern treten früher oder später die Pixel der Abbildung unangenehm hervor.

Wenn Sie also Abbildungen, die im Film präsentiert werden, auch ausdrucken möchten sollten Sie mit zwei Versionen einer Abbildung arbeiten: einer kleinen Version, die zur Ausgabe auf den Bildschirm benutzt wird, und einer großen, die zur Ausgabe auf dem Drucker dient. Die maximalen Ausmaße einer Bitmap, die für den Druck aus Flash vorgesehen wird, sollte so bei einer Breite von 560 und einer Höhe von 800 Pixeln liegen, ausgehend von einer vertikalen Seitenausrichtung. Bei diesen Ausmaßen werden gute Druckqualität und schnelle Übertragung der Datei erreicht.

Im Folgenden erstellen Sie einen Film, der zwei Bitmap-Abbildungen ausdrucken kann. Die eine Abbildung ist dieselbe, die auch im Hauptfilm Verwendung findet und ist etwa 200 x 200 Pixel groß; die zweite Abbildung stellt denselben Inhalt dar, ist aber mit etwa 500 x 500 Pixeln deutlich größer.

- Erstellen Sie einen Film von der Größe 240 x 190 Pixel mit drei Ebenen.
- Die erste Ebene nimmt die Script-Aktionen auf. Nennen Sie diese Ebene *actions*.
- Die zweite Ebene enthält die beiden Schaltflächen, mit denen die beiden Abbildungen gedruckt werden können. Nennen Sie diese Ebene *printbut*.
- Die dritte Ebene enthält zwei Dummy-Filme, die später zur Laufzeit des Films durch die Drucklayouts ersetzt werden. Nennen Sie diese Ebene *printout*.
- Wählen Sie das erste Bild der Ebene *actions* aus. Lassen Sie sich die Bildaktionen anzeigen.

- Wählen Sie die *loadMovie*-Funktion. Geben Sie im Feld *URL* den Namen *bild_gross.swf* ein.
- Wählen Sie im Feld *Position* den Wert *Ziel* aus und geben Sie im nachfolgenden Feld den Namen *bitmap_gross* ein.
- Variablen sollen nicht versendet werden.
- Kopieren Sie den eben erstellten Befehl und fügen Sie diesen wieder ein. Ändern Sie den Namen *bild_gross* in *bild_klein* und den Namen *bitmap_gross* in *bitmap_klein.*
- Erstellen Sie in der Ebene *actions* im zweiten Bild ein leeres Schlüsselbild. Fügen Sie eine *stop*-Aktion zu diesem Bild hinzu.
- Kopieren Sie aus einem vorhergehenden Film die Schaltfläche für den Druckvorgang.
- Erstellen Sie in der Ebene *printbut* im zweiten Bild ein leeres Schlüsselbild. Platzieren Sie hier zwei Instanzen der Schaltfläche.
- Beschriften Sie die erste Schaltfläche mit *kleine Version* und die zweite mit *große Version.*
- Platzieren Sie die kleine Abbildung neben den Schaltflächen.
- Erstellen Sie eine Filmsequenz, die ein beliebig großes Rechteck enthält. Nennen Sie die Sequenz *mv_print_dummy.*
- Erstellen Sie nun in der Ebene *printout* im ersten Bild ein leeres Schlüsselbild. Platzieren Sie zwei Instanzen der Sequenz *mv_print_dummy* so in den Arbeitsbereich, dass diese außerhalb der Bühne liegen und nicht vom Benutzer gesehen werden können.
- Benennen Sie den einen Dummy in der *Instanz*-Palette mit *bitmap_klein* und den anderen mit *bitmap_gross.*
- Nun werden die Schaltflächen mit dem *print*-Befehl versehen. Lassen Sie sich die Objektaktionen der Schaltfläche für die kleine Version anzeigen und wählen Sie den *print*-Befehl mit einem Doppelklick aus.
- Im Feld *Drucken* stellen Sie den Wert *Als Vektoren* ein.
- Im Feld *Position* stellen Sie den Wert *Ziel* ein. Im folgenden Feld geben Sie den Namen *bitmap_klein* ein.
- Stellen Sie im Feld *Begrenzungsrahmen* den Wert *Film* ein.
- Kopieren Sie alle Zeilen aus dem Scriptfenster.

- Wählen Sie die Schaltfläche für die große Version aus und fügen Sie die kopierten Zeilen in deren Scriptfenster ein.
- Speichern Sie Ihr Ergebnis ab.

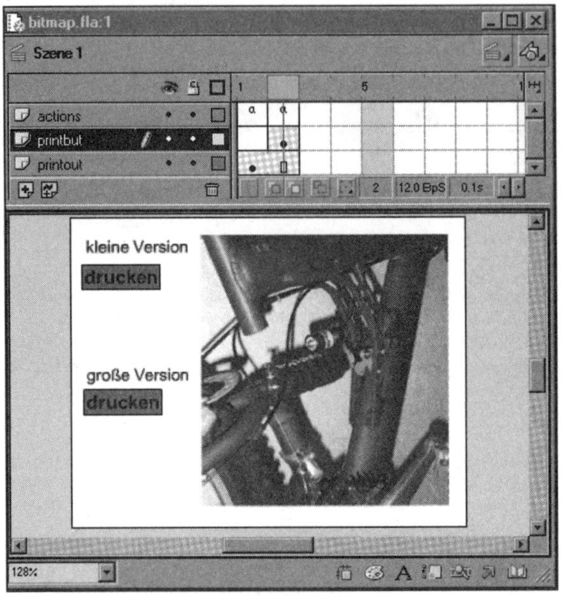

Abb. 8.25: Der fertige Hauptfilm mit den Druck-Dummies

Um das Ganze erfolgreich testen zu können, müssen erst noch die beiden Filme mit den zu druckenden Bildern erstellt werden. Diese werden bis auf die Bitmaps identisch sein.

- Erstellen Sie einen Film mit drei Ebenen mit 560 Pixel Breite und 800 Pixel Höhe; alternativ können Sie auch Drucker-angepasste Werte nehmen.
- Erstellen Sie eine Ebene, die die Druck-Markierungen aufnehmen wird. Nennen Sie diese Ebene *printmarks.*
- Erstellen Sie eine Ebene, die die zu druckenden Elemente aufnehmen wird. Nennen Sie diese Ebene *elements.*
- Erstellen Sie eine Ebene, die den Hintergrund für das Drucklayout aufnehmen wird. Nennen Sie diese Ebene *background.*
- Erstellen Sie im ersten Bild der Ebene *printmarks* ein leeres Schlüsselbild. Vergeben Sie das Schlüsselwort *#p* im Feld *Bezeichnung* der *Bild*-Palette, um dieses Bild für den Druck zu markieren.
- Erstellen Sie im zweiten Bild der Ebene *printmarks* ein leeres Schlüsselbild. Vergeben Sie das Schlüsselwort *#b* im Feld *Bezeichnung* der *Bild*-Palette, um dieses Bild als Druckbereich für den Film zu markieren.

- Importieren Sie die Abbildung *bike_500breit.png*.
- Erstellen Sie im ersten Bild der Ebene *elements* ein leeres Schlüsselbild. Platzieren Sie eine Instanz der Abbildung *bike_500breit.png* innerhalb der Bühne.
- Lassen Sie sich die Eigenschaften der Abbildung innerhalb der Filmbibliothek anzeigen. Deaktivieren Sie die Option *Glätten*, stellen Sie die Komprimierung auf *JPEG* ein, deaktivieren Sie die Option *Standardqualität des Dokuments verwenden* und tragen Sie im Feld *Qualität* den Wert 100 ein.
- Erstellen Sie in der Ebene *elements* eine leeres Schlüsselbild. Kopieren Sie die Filmsequenz, die den Druckbereich darstellt, aus einem der vorhergehenden Filme und platzieren Sie diesen so, dass er die Bühne ausfüllt, um den Druckbereich festzulegen.
- Kopieren Sie die Filmsequenz, die den Hintergrund darstellt, aus einem der vorhergehenden Filme und platzieren Sie diesen so, dass er die Bühne ausfüllt, um den Hintergrund unabhängig von der Hintergrundfarbe weiß zu färben.
- Speichern Sie den Film unter dem Namen *bild_gross.fla* ab.
- Exportieren Sie den Film als SWF-Datei mit dem Namen *bild_gross.swf*.

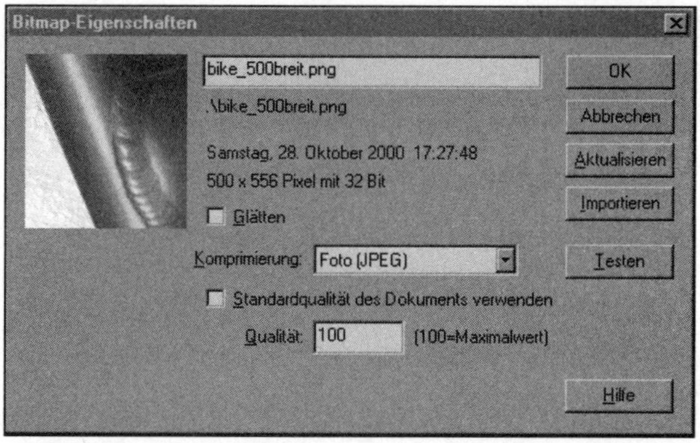

Abb. 8.26: Die Einstellungen der Bitmap-Datei

Nun haben Sie den ersten Film für den Druck erstellt. Um den zweiten Film zu erstellen, brauchen Sie nur den ersten zu kopieren und einige Werte zu ändern.

- Kopieren Sie den ersten Film und geben Sie dem neuen Film den Namen *bild_klein.fla*.
- Importieren Sie die Abbildung *bike_200breit.png*.

- Lassen Sie sich die Eigenschaften der Abbildung innerhalb der Filmbibliothek anzeigen. Deaktivieren Sie die Option *Glätten*, stellen Sie die Komprimierung auf *JPEG* ein, deaktivieren Sie die Option *Standardqualität des Dokuments verwenden* und tragen Sie im Feld *Qualität* den Wert 100 ein.
- Löschen Sie die große Abbildung von der Bühne und aus der Filmbibliothek.
- Platzieren Sie die kleine Abbildung auf der Bühne und skalieren Sie diese so, dass sie in etwa dieselben Maße besitzt wie die große Abbildung.
- Speichern Sie den Film und exportieren Sie ihn als SWF-Datei.

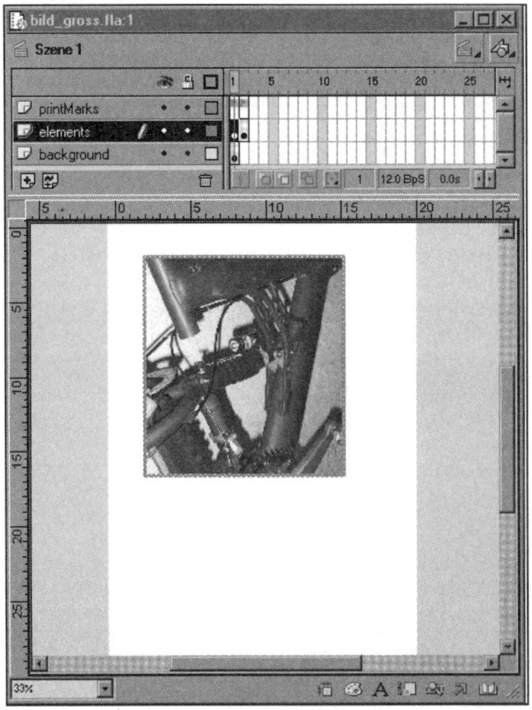

Abb. 8.27: Der fertige Drucklayout-Film

Nun ist der Hauptfilm bereit, getestet zu werden. Starten Sie ihn und drucken Sie beide Abbildungen aus. Sie können nun auf den Ausdrucken erkennen, wie die Qualität der skalierten im Gegensatz zur großen Grafik nachlässt. Wenn Sie also Abbildungen aus Flash-Filmen drucken wollen, benutzen Sie immer eine extra Datei, die für den Ausdruck optimiert ist.

Abb. 8.28: Ausdruck der kleinen Abbildung

Abb. 8.29: Ausdruck der großen Abbildung

Thema 9

1. Grafik importieren und optimieren
2. Arbeiten mit ActionScript
3. Animationen erstellen
4. Sound einbinden
5. Menüs gestalten
6. Formulare erstellen
7. Diagramme erstellen
8. Perfekt drucken
9. Ein universeller Start-Film
10. Publizieren des Projekts

Übersicht

Bei jedem Projekt gibt es Funktionen, die immer wieder benötigt werden, um die Interaktivität zu steuern. Die Navigation des Benutzers innerhalb der vom Film angebotenen Bildschirmseiten ist ein wichtiger Punkt in jedem Projekt. Besonders bei vielen Bildschirmseiten ist eine einfache Navigation wichtig, um die Übersicht zu behalten und Inhalte wiederzufinden.

Jedes Web-Projekt das auf HTML-Seiten beruht, kann auf eine Navigationshilfe zurückgreifen, die jeder Webbrowser zur Verfügung stellt, wie z.B. die Verlaufsfunktion. Die Verlaufsfunktion, besser bekannt als History, speichert die URLs, die der Benutzer im Verlauf der Session besucht. Der Benutzer kann nun seinen Weg durch die Webseiten zurückverfolgen und nach dem „Zurückblättern" kann er wieder im Verlauf nach vorne gehen oder einen anderen Weg einschlagen.

In Flash-Projekten müssen Sie die History-Funktion selbst erstellen. Da diese Funktion immer wieder benötigt wird, sollte sie universell ausgelegt sein, damit sie immer wieder benutzt werden kann.

Wenn ein Flash-Projekt viele verschiedene Bildschirmseiten anbietet, sollten diese nicht alle in einem Film untergebracht werden. Dessen Ladezeit ist selbst mit Streaming-Methoden nicht mehr realistisch. Außerdem wird die Wartung und Erweiterung eines solchen Films mit der Zeit nahezu unmöglich. Des Weiteren wird bei großen Projekten nicht mehr eine Person allein an dem Projekt arbeiten. Allein aus dem Grund der Teamarbeit ist die Modularisierung eines Flash-Projekts wünschenswert.

Die brauchen also eine zentrale Einheit, die die vielen verschiedenen Filme, aus denen das Projekt besteht, verwaltet. Dieser zentrale Film ist dann auch der richtige Ort, um eine History-Funktion zu implementieren.

Die Anforderung an das Projekt

Dieses Projekt soll den Grundstein zu einem universellen Startfilm darstellen und die grundlegenden Eigenschaften der zu ladenden Filme festlegen.

Anforderungen an den Startfilm

- Der Startfilm soll eine Navigation für die Filme mit den darzustellenden Inhalten bieten.

- Der Startfilm soll eine History-Funktion für die Navigation zur Verfügung stellen.
- Der Startfilm soll das Vorladen der Menüelemente ermöglichen.

Anforderungen an die Dokumentfilme

- Der Film soll seine Elemente vorladen können.
- Der Film muss für seine Navigation auf die Funktionen des Startfilms zurückgreifen.

Die Vorbereitungen

Sie benötigen für die Umsetzung der Produktion des Startfilms zunächst fünf Schaltflächen. Drei Schaltflächen werden dem direkten Aufruf der externen Filme dienen und die beiden anderen werden die History-Funktion übernehmen. Die beiden History-Schaltflächen werden zwei Zustände besitzen, aktiv und passiv. Wenn der Benutzer später das erste Mal die erste Seite sieht und noch keine weitere Seite gewählt hat, kann die History noch keine weiteren Ziele enthalten und somit haben die Schaltflächen keine Funktion. Sie sind dann also passiv und werden grau dargestellt.

- Erzeugen Sie einen neuen Film mit den Maßen 550 x 400 Pixel.
- Erstellen Sie in der Filmbibliothek eine neue Schaltfläche mit dem Namen *but_film1* mit dem Text *Film 1*.
- Duplizieren Sie die Schaltfläche zweimal, ändern Sie den Schaltflächen-Text auf *Film 2* und *Film 3* und passen Sie den Schaltflächennamen in der Filmbibliothek entsprechend an.
- Erstellen Sie einen Ordner mit dem Namen *_menu* und verschieben Sie die Schaltflächen dorthin.

Eine Schalfläche mit zwei Betriebszuständen

Nun werden die History-Schaltflächen mit den zwei Betriebszuständen erstellt:

- Erstellen Sie eine neue Schaltfläche mit dem Namen *but_back* in der Filmbibliothek.
- Erstellen Sie einen Pfeil, der nach links weist. Variieren Sie den Pfeil für die verschiedenen Schalterzustände.

- Erstellen Sie in der Filmbibliothek eine neue Filmsequenz mit dem Namen *mc_back.*
- Erstellen Sie eine neue Ebene und nennen Sie die Ebenen *marks* und *elements.*
- Erstellen Sie auf beiden Ebenen in den Bildern 1 und 10 Schlüsselbilder.
- Wechseln Sie auf das erste Bild der Ebene *marks* und vergeben Sie die Bezeichnung *active.*
- Wechseln Sie auf das zehnte Bild der Ebene *marks* und vergeben Sie die Bezeichnung *passive.*
- Wechseln Sie auf das erste Bild der Ebene *elements* und platzieren Sie die Schaltfläche *mc_but* mittig auf der Arbeitsfläche.
- Wechseln Sie auf das zehnte Bild der Ebene *elements.* Erstellen sie hier eine graue Form, die der Schaltfläche entspricht.

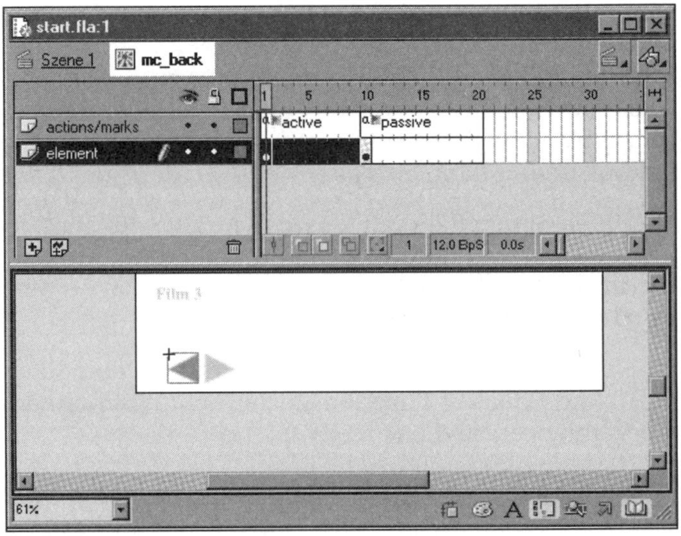

Abb. 9.1: Die Zeitleiste der Schaltfläche mit zwei Betriebszuständen

Nun ist eine der History-Schaltflächen fertig. Erstellen Sie nach diesem Muster eine Schaltfläche für die Vorwärts-Funktion. Erstellen Sie noch einen Ordner, nennen Sie ihn *_history* und verschieben Sie alle History-Elemente dorthin.

Das Vorladen der Elemente implementieren

Nun werden Sie ein so genanntes Preloading vornehmen, also das Vorausladen von Symbolen, die zur Darstellung der nächsten Bildschirmseite benötigt werden. Die Realisierung ist denkbar einfach. Sie brauchen hierzu nur eine kleines Script und eine bestimmte Struktur in der Zeitleiste.

Beginnen Sie nun mit dem Anlegen der Zeitleiste für den Startfilm:

Erstellen Sie zwei weitere Ebenen und nennen Sie die Ebenen *marks*, *actions* und *elements*.

Wechseln Sie auf das erste Schlüsselbild der Ebene *marks* und vergeben Sie die Bezeichnung *loading*.

Wechseln Sie auf das zweite Schlüsselbild der Ebene *marks* und vergeben Sie die Bezeichnung *preload*.

Wechseln Sie auf das dritte Schlüsselbild der Ebene *marks* und vergeben Sie die Bezeichnung *preloadArea*.

Wechseln Sie auf das siebente Schlüsselbild der Ebene *marks* und vergeben Sie die Bezeichnung *start*.

Wechseln Sie auf das erste Schlüsselbild der Ebene *elements* und erstellen Sie auf der Bühne den Text *Lade Symbole ...*

Wechseln Sie auf das dritte Schlüsselbild der Ebene *marks* und erstellen Sie ein neues leeres Schlüsselbild. Platzieren Sie in diesem Bild alle Symbole aus der Filmbibliothek. Die Anordnung spielt keine Rolle, da der Benutzer dieses Bild nie sehen wird.

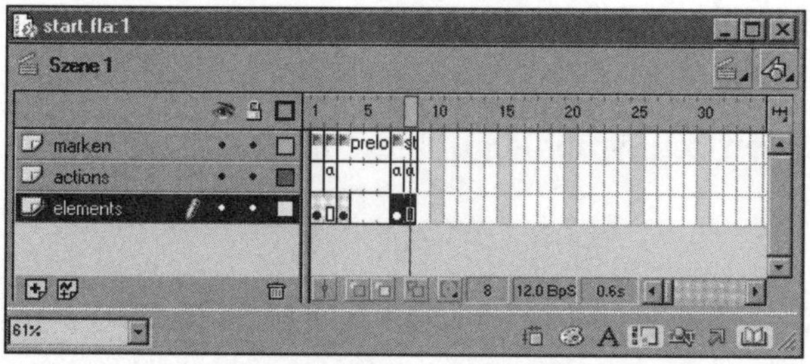

Abb. 9.2: Die Zeitleiste des Hauptfilms

Wechseln Sie auf das zweite Schlüsselbild der Ebene *actions* und erstellen Sie ein neues Schlüsselbild. Lassen Sie sich die *Bild-Aktionen* anzeigen und tragen Sie folgendes ActionScript in das Scriptfenster ein:

```
state = false;
ifFrameLoaded ("preloadArea") {
   state = true;
}
if( state == true) {
   gotoAndPlay ("start");
} else {
   gotoAndPlay ("loading");
}
```

Die Variable *state* nimmt den Ladezustand auf:

```
state = false;
```

Mit der *ifFrameLoaded*-Aktion wird geprüft, ob alle Symbole des Bildes *preloadArea* geladen wurden:

```
ifFrameLoaded ("preloadArea") {
```

Ist dies der Fall, wird die Variable *state* auf *true* gesetzt:

```
state = true;
```

Nun wird die Variable auf ihren Status überprüft:

```
if( state == true) {
```

Ist der Status *true*, also wahr, sind alle Symbole geladen und es kann zum Start gesprungen werden. Das Bild *preloadArea* wird dabei übersprungen.

```
gotoAndPlay ("start");
```

Ist der Status falsch, sind noch nicht alle Symbole geladen und somit wird wieder zum Anfang gesprungen.

```
gotoAndPlay ("loading");
```

- Speichern Sie den Film.

Nun ist das Vorladen der Symbole implementiert.

Erstellen des Navigationsmenüs

Nun können Sie beginnen, die Navigationselemente auf der Bühne anzubringen: die drei Schaltflächen, die die externen Filme aufrufen, sowie die beiden Schaltflächen, die die History-Funktionen darstellen.

- Erstellen Sie auf dem siebenten Bild der Ebene *elements* ein Schlüsselbild.
- Platzieren Sie links auf der Bühne die drei Menüschaltflächen der externen Filme.
- Platzieren Sie die History-Schaltflächen unterhalb der Menüschaltflächen.

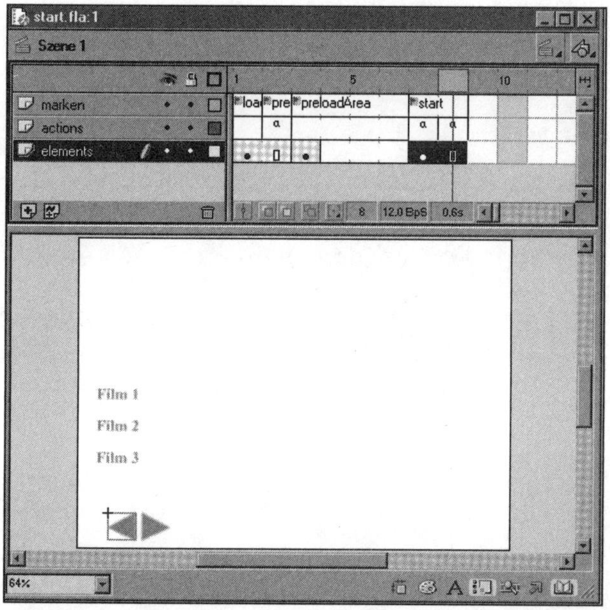

Abb. 9.3: Der Startfilm mit platzierten Menüelementen

Nun, da alle Elemente installiert sind, können Sie sich der Programmierung der Navigation hingeben.

Ein Objekt für die Geschichte

Wie auch schon beim Diagramm aus dem vorigen Kapitel, werden hier zwei Objekte für die Arbeit verantwortlich sein. Das eine Objekt enthält eine Struktur, die die Daten eines Sprungziels verwaltet. Das zweite Objekt verwaltet die Objekte, die die Daten der Sprungziele enthalten, und stellt Methoden zur Verfügung, mit deren Hilfe die gespeicherten Sprungziele angesprochen werden können. Außerdem steuert das Objekt den Status der History-Schaltflächen.

Die Vorbereitungen

Bereiten Sie erst einmal die Zeitleiste für die Aufnahme des Scripts vor:

- Erstellen Sie auf dem achten Bild der Ebene *actions* ein Schlüsselbild und vergeben Sie eine *stop*-Aktion.
- Erstellen Sie auf dem siebenten Bild ein Schlüsselbild und tragen Sie in das Scriptfenster folgendes ActionScript ein:

```
level_data = 10;

#include "script/cl_history.as"

history = new cl_history( "film1.swf", "", "movie", 100, level_data, "data",
_root.backBut, _root.forwardBut);
```

Zu Beginn wird die Variable *level_data* definiert, die das Level der externen Filme enthält.

```
level_data = 10;
```

Dann wird das externe ActionScript, das die Objektdefinition enthält, eingebunden.

```
#include "script/cl_history.as"
```

Dann wird die globale Instanz *history* aus dem noch zu entwickelnden Objekt *cl_history* gebildet.

```
history = new cl_history( "film1.swf", "", "movie", 100, level_data, "data",
_root.backBut, _root.forwardBut);
```

Nun sind die Vorbereitungen abgeschlossen und Sie können mit dem Schreiben der Objektdefinition beginnen.

Die Objektdefinition

Die folgende Objektdefinition wurden in einem externen Editor erstellt, da der interne irgendwann an seine Grenzen stößt. Alleine eine automatische Einrückfunktion macht den Wechsel wünschenswert.

Im Folgenden können Sie den kompletten Quelltext einsehen:

```
// Definition "cl_hist_target"

function cl_hist_target( target, mark, type) {

   this.target = target;

   this.mark   = mark;

   this.type   = type;

}

// Definition "cl_history"
```

```
function cl_history( target, mark, type, maxTargets, movieLevel, htmlTarget,
backBut, forwardBut) {
   this.position     = 1;
   this.maxTargets     = maxTargets;
   this.targetList     = new Array();
   this.targetList[0] = new cl_hist_target( target, mark, type);
   this.movieLevel = movieLevel;
   this.htmlTarget = htmlTarget;
   this.backBut = backBut;
   this.forwardBut = forwardBut;
   this.handleButtons();
}
cl_history.prototype.goto = function( target, mark, type) {
   if( this.position != this.targetList.length) {
         this.cutTargetList();
   }
   this.addTarget( target, mark, type);
   this.performJump( target, mark, type);
}
cl_history.prototype.goForward = function() {
   if( this.position < this.targetList.length) {
         this.position++;
         this.performJump( this.targetList[this.position - 1].target,

this.targetList[this.position - 1].mark,
   this.targetList[this.position - 1].type);
   }
}
cl_history.prototype.goBack = function() {
   if( this.position != 1) {
         this.position—;
         this.performJump( this.targetList[this.position - 1].target,

this.targetList[this.position - 1].mark,
```

```
   this.targetList[this.position - 1].type);
   }
}
cl_history.prototype.performJump = function( target, mark, type) {
   if( type eq "movie") {
          loadMovieNum( target, this.movieLevel);
   } else if ( type eq "webpage") {
          if( mark eq "") {
                 getUrl( target, this.htmlTarget);
          } else {
                 getUrl( target +"#"+ mark, this.htmlTarget);
          }
   }
   this.handleButtons();
}
cl_history.prototype.addTarget = function( target, mark, type) {
   this.position++;
   this.targetList[ this.position - 1] = new cl_hist_target( target, mark,
type);
}
cl_history.prototype.cutTargetList = function() {
   for( var n = this.targetList.length; n >= ( this.position + 1); n—){
          this.targetList.pop();
   }
   this.position = this.targetList.length;
}
cl_history.prototype.handleButtons = function() {
   if( this.position == 1) {
          this.backBut.gotoAndStop("passive");
   }
   if( this.position == this.targetList.length) {
          this.forwardBut.gotoAndStop("passive");
   }
```

```
    if( this.position == 2) {
        this.backBut.gotoAndStop("active");
    }
    if( this.position == ( this.targetList.length -1)) {
        this.forwardBut.gotoAndStop("active");
    }
}
```

Nun die Objekt- und Methodendefinitionen im Überblick:

Hier wird das Objekt, das die Struktur der Sprungziele enthält, definiert:

```
function cl_hist_target( target, mark, type) {
```

Dann folgt die Objektdefinition der History:

```
function cl_history( target, mark, type, maxTargets, movieLevel, htmlTarget,
backBut, forwardBut) {
```

Nun folgend sieben Methoden, die die Funktionen der History widerspiegeln:

erst einmal die allgemeine *goto*-Methode, die benutzt werden muss, um andere Filme zu laden:

```
cl_history.prototype.goto = function( target, mark, type) {
```

Nun folgen die beiden Funktionen, die die Funktion der History-Schaltflächen bilden:

```
cl_history.prototype.goForward = function() {
```

```
cl_history.prototype.goBack = function() {
```

Die nächsten Methoden dienen der internen Verwaltung der Objektdaten.

Die Methode *performJump* führt die Wechsel auf die angeforderten Sprungziele durch:

```
cl_history.prototype.performJump = function( target, mark, type) {
```

Mit der Methode *addTarget* wird der History ein neues Ziel hinzugefügt:

```
cl_history.prototype.addTarget = function( target, mark, type) {
```

Mit der Methode *cutTargetList* wird die Liste der Sprungziele gekürzt:

```
cl_history.prototype.cutTargetList = function() {
```

Die letzte Methode schließlich ist für die Verwaltung der History-Schaltflächen-Zustände verantwortlich:

```
cl_history.prototype.handleButtons = function() {
```

Das History-Objekt benutzen

Um nun die ganze Funktionsvielfalt zu nutzen, müssen Sie die Methoden in den *Objekt-Aktionen* eintragen.

- Wählen Sie die erste Menüschaltfläche.
- Lassen Sie sich die *Objekt-Aktionen* anzeigen und geben Sie folgendes ActionScript ein:

```
on (release) {
    _root.history.goto("film1.swf", "", "movie");
}
```

Mit dieser Aktion rufen Sie die *goto*-Methode der History-Instanz auf und übergeben ihr den Film, den Sie anzeigen möchten. Die Angabe, zu welcher Marke gesprungen werden soll, lassen Sie frei. Zum Schluss geben Sie noch den Typ des Ziels, zu dem gesprungen werden soll, bekannt.

Als Nächstes wird das Script an dem Back-Button angebracht:

- Wählen Sie den Back-Button auf der Bühne.
- Doppelklicken Sie auf diesen, um ihn zu bearbeiten.
- Wechseln Sie auf das erste Bild der Ebene *elements*.
- Wählen Sie die eingebettete Schaltfläche aus und lassen Sie sich die *Objekt-Aktionen* anzeigen.
- Tragen Sie folgendes ActionScript ein:

```
on (release) {
    _root.history.goForward();
}
```

Nun sind die Arbeiten am Startfilm abgeschlossen. Zum Testen des Films fehlen allerdings noch die drei externen Filme.

Die externen Filme

Nun folgt der finale Schritt: die Erstellung der externen Testfilme. Ein externer Film für unser Projekt sollte dieselbe Bühnengröße wie der Startfilm aufweisen, dann muss der Film nach dem Laden nicht extra positioniert werden und Sie haben einfach die Elemente in Bezug zum Menü platziert.

Des Weiteren sollte ein Preload-Mechanismus zur Verfügung stehen, ähnlich dem des Startfilms.

Wenn Sie aus dem externen Film heraus zu anderen Filmen verzweigen wollen, müssen Sie natürlich die im Startfilm definierten Methoden *goto()*, *goBack()* und *goForward()* benutzen. Ansonsten bekommt die History nichts von den neuen Zielen mit und ein Zurück ist nicht mehr möglich. Ansonsten haben Sie die völlige Freiheit in der Gestaltung und Implementation von Interaktivität in den externen Filmen.

Thema 10

Übersicht

Um nun Ihr Projekt einem breitem Publikum zugänglich zu machen, müssen Sie die FLA-Datei in ein Format konvertieren, das auf den Zielrechnern gelesen und angezeigt werden kann. Je nach späterem Verwendungszweck bietet Flash viele verschiedene Möglichkeiten, ein Flash-Projekt zu exportieren und somit zu veröffentlichen.

- Veröffentlichen
- Exportieren

Mit dem Befehl *Datei/Veröffentlichen* können Sie Ihr Projekt direkt für das Internet ausliefern. Flash erstellt nach von Ihnen definierten Einstellungen die SWF-Datei und die für die Anzeige im Internetbrowser nötige HTML-Datei. Ferner werden je nach Bedarf Ersatzbilder und Ersatztexte für die Einbettung in der HTML-Datei erzeugt.

Wenn Sie Flash als Zulieferer für andere Animationsprogramme benutzen, werden Sie den Befehl *Datei/Exportieren* häufiger benutzen. Sie haben hier die Auswahl aus einer großen Anzahl von Dateiformaten mit deren Hilfe Sie Bilder, Bildsequenzen oder Sounds exportieren können.

In der Regel werden Sie Ihr Projekt als SWF-Datei speichern. Dieser Dateityp ist geeignet, innerhalb von Internetbrowsern mit installiertem Flash-Plug-In abgespielt zu werden; hierbei werden alle von Ihnen definierten Grafik- und Sound-Effekte, Interaktionen und Druckbefehle berücksichtigt.

Es auch möglich, für Windows und Macintosh Projektoren zu erstellen, die nicht von einer Flash-Plugin-Installation abhängig sind. Diese Projektoren stellen ebenfalls alle von Ihnen definierten Grafik- und Soundeffekte nebst Interaktionen und Druckbefehlen dar.

Flash stellt Ihnen außerdem Möglichkeiten der Optimierung Ihrer Filme zur Verfügung. Sie können mit Hilfe des *Bandbreiten-Profilers* das Ladeverhalten Ihres Films mit verschiedenen Verbindungsgeschwindigkeiten untersuchen.

Optimieren von Filmen

Die Optimierung eines Flash-Films verfolgt zwei verschiedene Ziele. Als Erstes ist hier das Ladeverhalten des Films zu nennen, das zweite Ziel ist, ein möglichst gutes Laufzeitverhalten auch bei schwächeren Rechnersystemen zu erreichen.

Optimierung des Laufzeitverhaltens

Wenn Sie für das Internet produzieren, können Sie nicht davon ausgehen, dass Ihr Projekt auf einem aktuellen Hochleistungsrechner abgespielt wird. Im Internet trifft man in der Regel einen hohen Prozentsatz älterer Rechnersysteme an; auch auf diesen Rechner muss sich Ihre Projekt problemlos abspielen lassen.

Testen Sie Ihr Projekt auch schon während der Arbeit auf älteren, nicht sehr leistungsfähigen Rechnersystemen. So erkennen Sie Laufzeitprobleme rechtzeitig.

Um gutes Laufzeitverhalten zu erzielen, sollten Sie folgende Punkte beachten:

- Verwenden Sie Alpha-Effekte sparsam: Je mehr transparente Schichtungen animiert werden, desto langsamer erfolgt der Bildaufbau.
- Auch Kantenweichzeichnung (*Anti-Alias*) sollten Sie bei animierten Objekten sparsam einsetzen. Je mehr Kantenweichzeichnung Sie zum Beispiel auf animierten Text anwenden, desto langsamer erfolgt der Bildaufbau.
- Halten Sie den Anteil der animierten Bildschirmfläche möglichst gering. Je größer der Anteil an animierter Bildschirmfläche ist, desto langsamer erfolgt der Bildaufbau.
- Vermeiden Sie, Bitmaps zu animieren; das Bewegen und Skalieren ist zeitaufwendig.
- Die Wiedergabe von Sound während einer Animation verlangsamt die Wiedergabe des Films auf schwachen Rechnersystemen. Bei Streaming-Sounds werden auf schwachen Rechnersystemen Bilder übersprungen, um die Abspielgeschwindigkeit des Films beizubehalten.

Optimierung des Ladeverhaltens

Wie beim Laufzeitverhalten, so hängt auch das Ladeverhalten von der technischen Ausstattung des Benutzers ab. Zur Zeit der Veröffentlichung von Flash 5.0 dürften wohl 28K–56K-Modems die meiste Verbreitung haben, gefolgt von ISDN-Verbindungen; die DSL-Verbindung dürfte wohl eher noch die Ausnahme sein. Je größer der Film ist, desto länger dauert das Herunterladen auf den Rechner des Benutzers, auch die Abspielgeschwindigkeit kann unter der Größe des Films zusammenbrechen.

Wenn Sie selbst ein Analog-Modem für die Einwahl benutzen, haben Sie mit dem Testen des Ladeverhaltens kein Problem. Wenn Sie einen ISDN-Anschluss Ihre Eigen nennen, wird es mit dem Testen schon etwas problematischer, es sei denn, Sie schaffen sich nebenbei noch einen Analog-

Anschluss an. Günstiger ist es wohl, Bekannte mit Analog-Anschluss zu bitten sich den Film via Internet anzuschauen.

Mit Hilfe des *Bandbreiten-Profilers* können Sie während der Arbeit an Ihrem Film das Laufzeitverhalten simulieren, allerdings ersetzt dies nicht den Test unter realen Verbindungsbedingungen.

Um ein möglichst gutes Ladeverhalten zu erzielen, sollten Sie folgende Punkte beachten:

- Verwenden Sie für mehrfach auftretende Elemente immer Symbole.
- Benutzen Sie vorzugsweise *Tween*-Animationen, anstatt über viele einzelne *Keyframes* Animationen zu erstellen.
- Verwenden Sie Filmsequenzen statt Grafiksymbole für eine Animation.
- Verwenden Sie für Sounds das MP3-Format.
- Verwenden Sie Gruppierungen für einzelne Elemente so oft wie möglich.
- Optimieren Sie Ihre Formen mit dem Befehl *Modifizieren/Kurven/Optimieren,* um die Anzahl der Linien zu reduzieren.
- Bevorzugen Sie durchgezogene Linien; diese beanspruchen weniger Speicherplatz als gestrichelte Linien.
- Linien aus dem *Stiftwerkzeug* erfordern weniger Speicher als mit dem *Pinselwerkzeug* gezogene Linien.
- Halten Sie die Anzahl an Schriftarten und Schriftstilen gering. Um Speicherplatz zu sparen, sollten Sie möglichst wenige Schriften einbetten.
- Betten Sie nach Möglichkeit nur benutzte Zeichen in den Film ein.
- Wenn Sie von einer Form verschiedenfarbige Versionen benötigen, erstellen Sie eine Instanz eines Symbols und weisen die Farbe mit dem Bedienfeld *Effekt* zu.
- Verwenden Sie Farbverläufe sparsam, da jeder Farbverlauf 50 Byte Speicherplatz mehr beansprucht als eine einfache Farbfüllung.

Der *Bandbreiten-Profiler*

Mit Hilfe des *Bandbreiten-Profilers* können Sie sich die Performance des Download-Verlaufs grafisch darstellen lassen, um Flaschenhälse im Ladeverhalten zu erkennen. So sind Sie in der Lage, für jedes Bild die Datenmenge zu sehen, die je nach eingestellter Übertragungsgeschwindigkeit an dieses gesendet wird.

Die Bandbreite, die in der Simulation genutzt wird, können Sie mit dem Befehl *Fehlersuche* innerhalb des *Flash Players* einstellen und mit dem Befehl *Fehlersuche/Anpassen* erstellen Sie eigene Voreinstellungen für die Bandbreite der Übertragung. Um die Simulation realistischer zu gestalten, wird für eine 28,8-kBits/s-Verbindung eine Übertragungsrate von 2,3 KByte/s angenommen anstatt der theoretisch möglichen 3,5 KByte/s. Die Schwankungen der Bandbreite, die im realen Betrieb auftreten, können allerdings nicht simuliert werden. Außerdem beeinflusst neben der vorhandenen Bandbreite auch die Reaktionszeit des jeweiligen Webservers die effektive Übertragungszeit. Wenn ein Webserver mit vielen Anfragen bombardiert wird, kann sich die Übertragungszeit trotz vorhandener Bandbreite in die Länge ziehen. Dieses Verhalten kann der *Bandbreiten-Profiler* nicht berücksichtigen.

Benutzung des *Bandbreiten-Profilers*

Es gibt zwei Möglichkeiten, den *Bandbreiten-Profiler* zu nutzen. Sie können sich während der Arbeit an dem Film über den Befehl *Steuerung/Film testen* bzw. *Steuerung/Szene testen* diesen anzeigen lassen. Alternativ können Sie auch eine vorhandene SWF-Datei öffnen.

Um sich den *Bandbreiten-Profiler* anzeigen zu lassen, benutzen Sie den Befehl *Ansicht/Bandbreiten-Profiler*. Die Anzeige des *Bandbreiten-Profilers* teilt sich in zwei Bereiche.

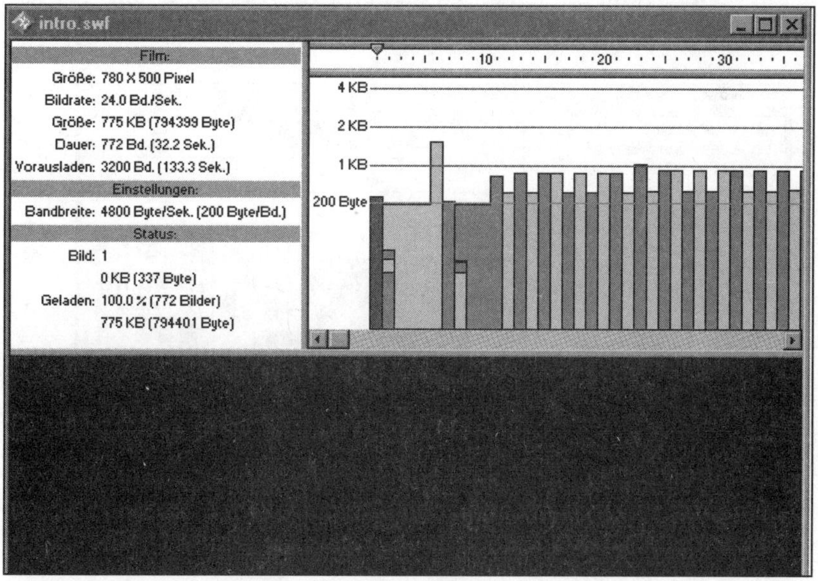

Abb. 10.1: Der *Bandbreiten-Profiler* in der *Default*-Ansicht

Im linkem Fenster werden im Abschnitt *Film* die allgemeinen Parameter wie *Größe, Bildrate, Größe* in KByte und Byte, *Dauer* sowie Anzahl und Abspieldauer von im Voraus geladenen Bildern angezeigt. Im Abschnitt *Einstellungen* wird die derzeit eingestellte Bandbreite wiedergegeben; außerdem können Sie ablesen wie viele Daten pro Bild geladen werden können. Im Abschnitt *Status* wird einmal die Menge der zu übertragenden Daten pro Bild, zum anderen die Menge der aktuell geladenen Daten dargestellt.

Im rechten Fenster des *Bandbreiten-Profilers* wird oben die Zeitleiste des Films angezeigt. Durch Mausklick in die Zeitleiste können Sie zu jedem beliebigen Bild im Film springen. Unter Status im linken Fenster des *Bandbreiten-Profilers* können Sie nun die zu ladende Datenmenge für das gewählte Bild ablesen.

Streaming-Grafik

Unter der Zeitleiste wird eine Grafik dargestellt, die die zu ladende Datenmenge pro Bild anzeigt. Die rote Linie markiert die Datenmenge, die während der Anzeige des Bildes geladen werden kann. Überschreitet der Balken der Datenmenge die rote Linie, wird der Film an dieser Stelle ins Stocken kommen. Ist die Datenmenge pro Bild kleiner als die maximal pro Bild übertragbare Datenmenge, wird das nächste Bild geladen; dieses wird durch einen Farbwechsel innerhalb des Balkens dargestellt. Die Länge der Farbabschnitte ist proportional zu der Datenmenge, die pro Bild übertragen werden muss. Wenn Sie einen Abschnitt, der ein Bild repräsentiert, anklicken, springt der Knopf der Zeitleiste in das entsprechende Bild, sodass Sie im linken Bildfenster des *Bandbreiten-Profilers* die Bildinformationen einsehen können.

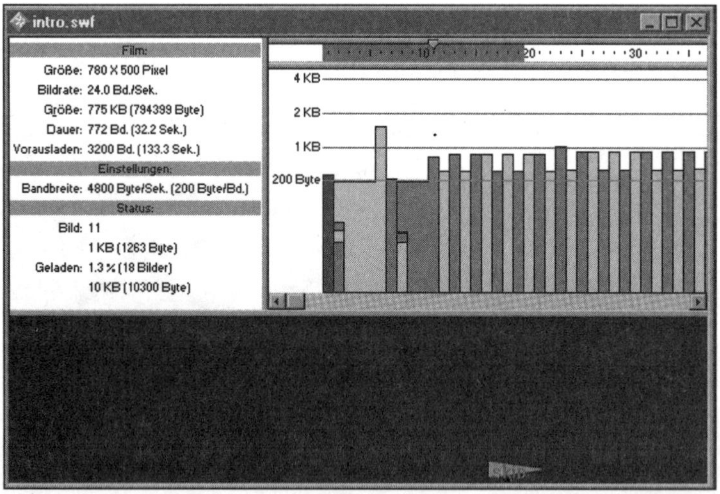

Abb. 10.2: Der *Bandbreiten-Profiler* mit *Streaming*-Balken

Mit dem Befehl *Ansicht/Streaming anzeigen* wird in der Zeit ein grüner Balken eingeblendet, der anzeigt, welche Bilder schon geladen sind. Wenn der Befehl *Ansicht/Streaming anzeigen* angewendet wird, wird das Laden des Films mit der gewählten Bandbreite simuliert.

Bild-für-Bild-Grafik

Mit dem Befehl *Ansicht/Bild-für-Bild-Grafik* können Sie direkt die Größe der einzelnen Bilder ablesen und die Bilder erkennen, bei denen der Film ins Stocken kommen wird. Mit dem Befehl *Ansicht/Streaming-Grafik* gelangen Sie wieder zurück zur Streaming-Ansicht.

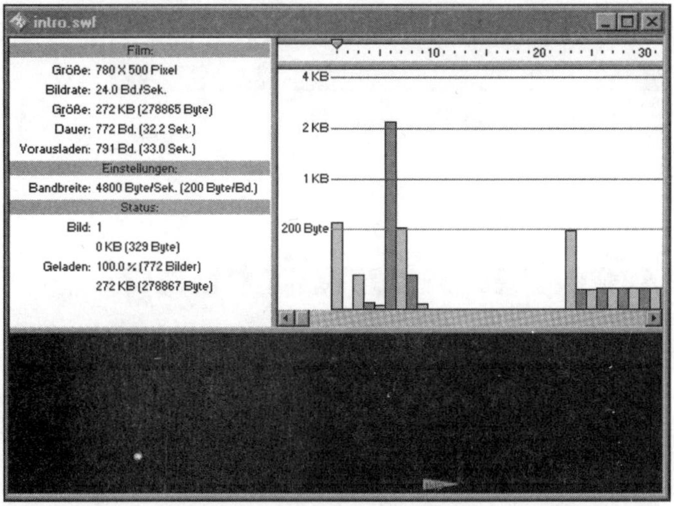

Abb. 10.3: Der *Bandbreiten-Profiler* in der *Bild-für-Bild-Ansicht*

Erstellen eines Textberichtes

Sie können sich einen Bericht erstellen lassen, der die Datenmenge pro Bild wiedergibt. Die Datei des Berichts hat den Namen des exportierten Films und die Erweiterung *.txt*.

- Wählen Sie *Datei/Einstellungen für Veröffentlichungen.*
- Wählen Sie *Größenbericht erstellen.*
- Klicken Sie auf *Veröffentlichen.*

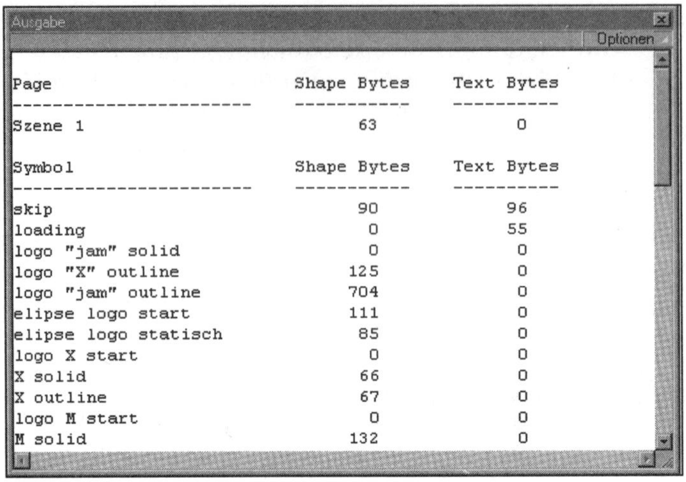

Page	Shape Bytes	Text Bytes
Szene 1	63	0

Symbol	Shape Bytes	Text Bytes
skip	90	96
loading	0	55
logo "jam" solid	0	0
logo "X" outline	125	0
logo "jam" outline	704	0
elipse logo start	111	0
elipse logo statisch	85	0
logo X start	0	0
X solid	66	0
X outline	67	0
logo M start	0	0
M solid	132	0

Abb. 10.4: Beispiel eines Textberichtes

Vorschau der Veröffentlichung

Bevor Sie sich nun daran machen, Ihr Projekt zu veröffentlichen, sollten Sie es erst einmal außerhalb von Flash testen. Flash stellt Ihnen hierzu den Befehl *Datei > Vorschau für Veröffentlichungen >HTML, Flash, ...* zur Verfügung. Mit diesem Befehl können Sie sich Ihr Projekt oder Teile davon vorab anschauen. Sie können für die Vorschau folgende Formate verwenden:

- *Flash*: Hat denselben Effekt wie der Befehl *Steuerung/Film testen.*
- *HTML*: Hierüber wird Ihr Film im Internetbrowser auf einer HTML-Seite, gemäß der von Ihnen gewählten Vorlage, angezeigt.
- *GIF-Bild*: Hier wird je nach Voreinstellung entweder ein von Ihnen gewähltes Bild erzeugt oder es wird der komplette Film in eine GIF-Animation konvertiert und im Internetbrowser dargestellt.
- *JPEG-Bild*: Ein von Ihnen bestimmtes Bild wird als JPEG-Datei exportiert und im Internetbrowser dargestellt.
- *PNG-Bild*: Ein von Ihnen bestimmtes Bild wird als PNG-Datei exportiert und im Internetbrowser dargestellt.
- *Projektor*: Der komplette Film wird als eigenständiges Programm exportiert und gestartet.
- *QuickTime*: Der komplette Film wird als QuickTime-Film exportiert und wiedergegeben.

Wenn Sie sich eine Vorschau erstellen lassen, werden alle Dateitypen, die Sie in den Voreinstellungen der Veröffentlichung aktiviert haben, erstellt. Die Dateien tragen den Namen des Films, dessen Vorschau Sie aktiviert haben, und besitzen die dateitypische Endung. Die Dateien werden im selben Verzeichnis wie der Film ablegt und verbleiben dort, bis Sie sie löschen.

Veröffentlichen

Der letzte Schritt bei der Arbeit an einem Projekt ist das Veröffentlichen. Unter Flash 5.0 haben Sie vielfältige Möglichkeiten, das Projekt einer breite Masse zugänglich zu machen. Dazu sind zwei Schritte notwendig:

- Sie bestimmen mit dem Befehl *Datei/Einstellungen für Veröffentlichung*, welche Dateien mit welchen Voreinstellungen erstellt werden.
- Mit dem Befehl *Datei/Veröffentlichen* werden alle von Ihnen ausgewählten Dateien erzeugt.

Die Zuordnungen der zu erzeugenden Bilder und deren Voreinstellungen, die Sie im Dialog *Einstellungen für Veröffentlichung* bestimmt haben, werden mit der Film-Datei (*.fla*) gespeichert. Während der Veröffentlichung werden, abhängig von Ihren getroffenen Voreinstellungen folgende Dateitypen erstellt:

- Der komprimierte Flash-Film für die Anzeige im Webbrowser.
- Die HTML-Datei, die der Einbettung des Flash-Films in den Webbrowser dient und die Einstellungen für das Abspielen des Flash-Films innerhalb des Webbrowsers enthält. Ferner werden hier die Bilder eingebunden, die angezeigt werden, wenn der Flash-Film mangels Plugin nicht abgespielt werden kann.
- Es werden die alternativen Bilder in den Formaten GIF, JPEG, PNG und/ oder QuickTime erstellt.
- Weiterhin können eigenständige Projektoren für Windows (*.exe*) und Macintosh erstellt werden. Es ist auch möglich, QuickTime-Filme erstellen zu lassen.

Optionen der Veröffentlichung

Der Dialog *Einstellungen für Veröffentlichung* bietet Ihnen die Möglichkeit, die Dateitypen auszuwählen, die Sie für Ihre Veröffentlichung benötigen, und die Voreinstellungen für die einzelnen Dateitypen zu bestimmen. Per Voreinstellung sind die Formate Flash und HTML ausgewählt, da diese den zentralen Punkt einer Veröffentlichung ausmachen. Sie können nun weitere Dateitypen hinzuwählen; für jeden weiteren Dateityp bis auf Windows-Projektor und Macintosh-Projektor werden weitere Register eingeblendet.

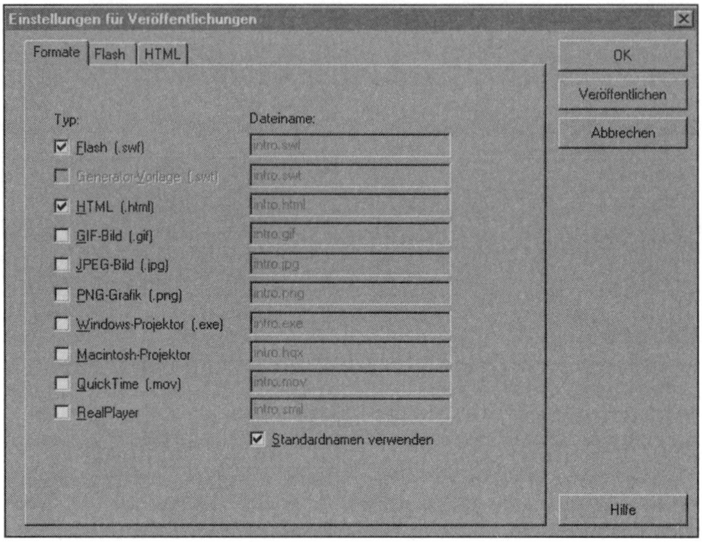

Abb. 10.5: Die allgemeinen Voreinstellungen für Veröffentlichungen

Wenn Sie alternative Bild-Formate auswählen, wird automatisch der erforderliche Code für die Einbindung und Anzeige des Bildes erzeugt, wenn das Flash-Plugin nicht installiert sein sollte. Weitere Informationen für die Voreinstellungen der alternativen Formate finden Sie weiter unten im Abschnitt *Optionen der Dateitypen.*

Standardmäßig ist *Standardnamen verwenden* ausgewählt. Das heißt, dass alle erzeugten Dateien denselben Namen wie die Flash-Film-Datei besitzen plus ihrer dateitypischen Endung. Sie werden im selben Verzeichnis wie der Flash-Film abgelegt. Dieses Verhalten können Sie ändern, indem Sie *Standardnamen verwenden* deaktivieren. Nun können Sie für jede Datei einen eigenen Namen und Speicherplatz vorgeben.

Die Pfade der verschiedenen Speicherorte müssen Sie per Hand eingeben. Hierbei können Sie relative und auch absolute Pfade benutzen. Relative Pfade beziehen sich auf die Position des Flash-Films.

Beispiel einer absoluten Pfadangabe für Windows:

```
C:\PROJEKT\IMAGE\BILD.GIF
```

Beispiel einer absoluten Pfadangabe für Macintosh:

```
LAUFWERK:PROJEKT:IMAGE:BILD.GIF
```

Beispiel einer relativen Pfadangabe für Windows:

```
IMAGE\BILD.GIF
```

Beispiel einer relativen Pfadangabe für Macintosh:

```
IMAGE:BILD.GIF
```

Wenn Sie Ihre Einstellungen getätigt haben, können Sie mit der Schaltfläche *Veröffentlichen* Ihr Projekt veröffentlichen oder aber *OK* den Dialog schließen, um die Einstellungen mit dem Film zu speichern.

Optionen der Dateitypen

Im folgenden Abschnitt werden die Einstellungen für die einzelnen Dateitypen erläutert. Sie erreichen diese über die Register des Dialogs *Einstellungen für Veröffentlichung*, sobald Sie den entsprechenden Dateityp aktiviert haben.

Flash

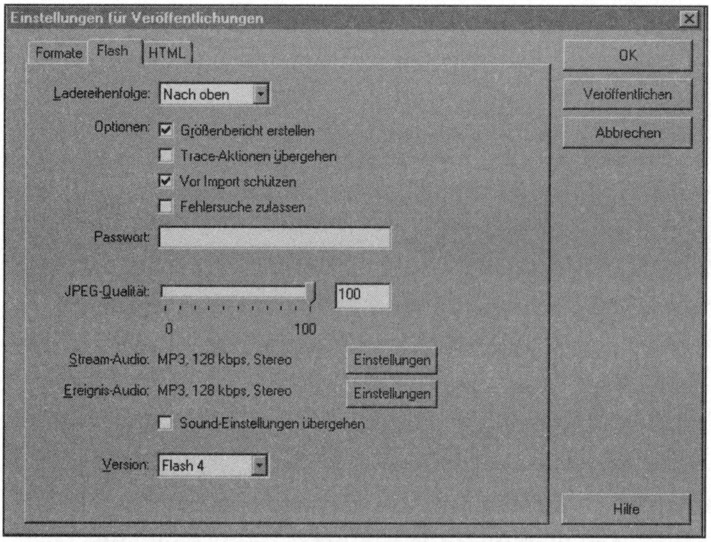

Abb. 10.6: Die *Flash*-Voreinstellungen

- *Ladereihenfolge*: Die Ladereihenfolge bezieht sich auf die Ebenen des ersten Bildes eines Films. Sie können über die Ladereihenfolge der Ebene bei langsamen Verbindungen bestimmen, welche Elemente zuerst geladen werden.
- *Größenbericht erstellen*: Diese Option erstellt eine Berichtsdatei mit den Datenmengen der fertigen Flash Player-Datei.

- *Trace-Aktionen übergehen*: Alle *Trace*-Befehle im Film werden übergangen, um die Anzeige der Debug-Informationen zu unterdrücken.
- *Vor Import schützen*: Hiermit verhindern Sie den Import der SWF-Datei in Flash. Optional können Sie ein Kennwort vergeben, um ausgewählten Personen den Import zu ermöglichen.
- *Fehlersuche zulassen*: Mit dieser Option aktivieren Sie den Debugger zur Fehlersuche. Optional können Sie ein Kennwort vergeben, um ausgewählten Personen das Debuggen zu ermöglichen.
- *Passwort*: Vergeben Sie ein Kennwort, um ausgewählten Personen den Import oder das Debuggen zu ermöglichen. Löschen Sie das Kennwort, um jedem den Import oder das Debuggen zu ermöglichen.
- *JPEG-Qualität*: Hiermit steuern Sie den Grad der Komprimierung der eingebetteten Bitmap-Grafiken. *100* bietet die beste Bildqualität, ergibt aber auch eine größere Datei.
- *Stream-Audio*: Hier werden die aktuellen Einstellungen für die Streaming-Sounds angezeigt. Über die Schaltfläche *Einstellungen* können Sie Voreinstellungen der Streaming-Sounds verändern.
- *Ereignis-Audio*: Hier werden die aktuellen Einstellungen für die Ereignis-Sounds angezeigt. Über den Schalter *Einstellungen* können Sie die Voreinstellungen der Ereignis-Sounds verändern.
- *Sound-Einstellungen übergehen*: Diese Option legt fest, welche Sound-Einstellungen für den Export benutzt werden. Aktivieren Sie diese Option, um die individuellen Einstellungen der einzelnen Sounds zu übergehen.
- *Version*: Wählen Sie eine Version für die *SWF*-Datei. Verwenden Sie nach Möglichkeit die Version 5.0, um die volle Funktionalität Ihres Films zu erhalten.

HTML

Dieses Format sollte bei Veröffentlichungen nie fehlen, denn die HTML-Seite sorgt letztendlich für die Einbindung des Flash-Films in den Webbrowser und bestimmt die Darstellungsoptionen des Flash-Films.

- *Vorlage*: Wählen Sie eine Vorlage, die zur Erstellung der Web-Seite dient. Über die Schaltfläche *Info* erhalten Sie eine Beschreibung der Funktionalität der Vorlage. Die Vorlagen befinden sich im Ordner *HTML* der Flash 5.0-Installation. Weitere Informationen zu Vorlagen finden Sie im Abschnitt *Anpassen der HTML-Vorlage*.
- *Größe*: Hier werden die Werte der Attribute *WIDTH* und *HEIGHT* der *OBJECT*- und *EMBED*-Tags festgelegt.

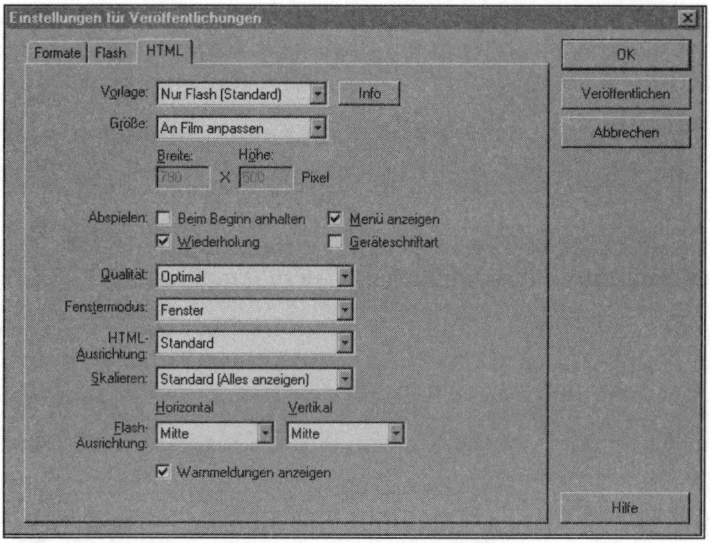

Abb. 10.7: Die *HTML*-Voreinstellungen

- *An Film anpassen*: Hier werden die Ausmaße des Films verwendet.
- *Pixel*: Hierbei können Sie die Ausmaße der Höhe und Breite in Pixeln bestimmen.
- *Prozent*: Hier können Sie die Ausmaße des Films relativ zur Fenstergröße einstellen.
- *Beim Beginn anhalten*: Der Film wird nach dem Start sofort wieder angehalten.
- *Wiederholung*: Der Film startet nach dem Ende sofort wieder.
- *Menü anzeigen*: Über einen Klick mit der rechten Maustaste unter Windows oder über die gedrückte Strg-Taste unter Macintosh wird ein Kontextmenü angezeigt.
- *Geräteschriftart*: Mit *Geräteschriftart* bestimmen Sie, ob Schriftarten, die auf dem Abspielrechner nicht vorhanden sind, durch Systemschriften ersetzt werden. Systemschriften haben meistens den Vorteil der Kantenglättung, was die Lesbarkeit von Texten erhöhen kann. Dieses gilt nur für statischen Text, der sich während der Laufzeit nicht ändert.
- *Qualität*: Mit *Qualität* bestimmen Sie das Verhältnis zwischen Verarbeitungszeit und Kantenglättung. Bei hoher Qualität kann die Abspielgeschwindigkeit auf langsamen Rechnersystemen zurückgehen.
- *Niedrig* erzeugt eine hohe Abspielgeschwindigkeit unter Weglassen der Kantenweichzeichnung.

- *Autom. niedrig* beginnt das Abspielen zunächst ohne Kantenweichzeichnung, wenn Flash feststellt, dass die Abspielgeschwindigkeit ohne Probleme erreicht wird, erhöht es die Qualität nach und nach.
- *Autom. hoch* beginnt das Abspielen mit Kantenglättung, wenn Flash feststellt, dass die Abspielgeschwindigkeit nicht erreicht wird, senkt es die Qualität der Wiedergabe bis die Abspielgeschwindigkeit erreicht wird.
- *Mittel* versieht Vektor-Elemente mit Kantenglättung bis zu einem gewissen Grad. Bitmaps werden allerdings nicht geglättet.
- *Hoch* verwendet immer Kantenglättung. Bitmaps werden geglättet wenn der Film keine Animation enthält, ansonsten werden Bitmaps nicht geglättet.
- *Optimal* verwendet immer Kantenglättung für Vektor-Elemente wie für Bitmaps.
- *Fenstermodus*: Dieser Parameter gilt nur für den Internet Explorer ab der Version 4.0 mit einer Flash-Steuerung über ActiveX; er steuert die Anzeige von Transparenz und Positionierung.
- *Fenster* stellt den Flash-Film im eigenen Fenster dar. Das bedeutet nicht, dass ein eigenes Webbrowser-Fenster geöffnet wird, um den Film darzustellen; der Film wird vielmehr wie ein normales Bild in den Webbrowser eingebunden. In dieser Darstellungsform wird die höchstmögliche Animationsgeschwindigkeit erreicht.
- *Undurchsichtig ohne Fenster* verdeckt unter dem Flash-Film liegende Elemente, wenn der Flash-Film zum Beispiel durch *Javascript-Code* über die Seite bewegt wird.
- *Durchsichtig ohne Fenster* lässt unter dem Flash-Film liegende Elemente durchscheinen, wenn der Flash-Film zum Beispiel durch *Javascript-Code* über die Seite bewegt wird. Die Animationsgeschwindigkeit kann hierbei zurückgehen.
- *HTML-Ausrichtung*: Hiermit legen Sie die Ausrichtung des Films im Webbrowser fest.
- *Standard* gibt den Film zentriert wieder und schneidet die Ränder des Films ab, wenn der Bildschirm zu klein für die vollständige Wiedergabe des Film sein sollte.
- *Links, Rechts, Oben* oder *Unten* richtet den Film im Browser entsprechend aus und beschneidet, wenn notwendig, die übrigen Seiten.
- *Skalieren*: Mit dieser Option bestimmen Sie die Größe und Seitenverhältnisse des Films während der Wiedergabe im Webbrowser.

- *Standard (Alles anzeigen)* zeigt den Film unter Beibehaltung der Seitenverhältnisse vollständig an. Es können unter Umständen an zwei Seiten Ränder sichtbar werden.
- *Kein Rand* zeigt den Film unter Beibehaltung der Seitenverhältnisse so an, dass dieser in den angegebenen Bereich passt. Der Film kann hierbei beschnitten werden.
- *Genau passend* zeigt den Film komplett in dem angegebenen Bereich an. Hierbei kann der Film verzerrt werden.
- *Flash-Ausrichtung*: Hiermit bestimmen Sie die Ausrichtung des Films im Webbrowser.
- *Links, Zentriert* oder *Rechts* sorgen für eine horizontale Ausrichtung.
- *Oben, Zentriert* oder *Unten* sorgen für eine vertikale Ausrichtung.
- *Warnmeldungen anzeigen*: Aktivieren Sie diese Option, wenn Sie über Fehler informiert werden wollen. Mögliche Fehlerquellen sind zum Beispiel Verweise auf Ersatzbilder für den Flash-Film, die nicht vorhanden sind.

GIF-Bild

Beim Veröffentlichen von GIF-Bildern haben Sie die Wahl zwischen einem statischen GIF-Bild oder einer GIF-Animationssequenz. Wegen der Farbtiefe von 8-Bit (256 Farben) eigenen sich GIF-Bilder besser für die Wiedergabe von flächigen Illustrationen als für die Wiedergabe von fotorealistischen Motiven. Bei der Wiedergabe von Illustrationen wird auch die beste Kompressionsrate erreicht.

Statisches GIF-Bild

Hierbei wird immer das erste Bild der Animationssequenz für die Erstellung des GIF-Bildes verwendet. Sie können allerdings auch ein beliebiges Schlüsselbild für die Erstellung des GIF-Bildes festlegen. Um ein Schlüsselbild für die Erstellung eines Bildes festzulegen, tragen Sie in der Bildbezeichnung das Schlüsselwort *#Static* ein.

GIF-Animation

Für die Erstellung einer GIF-Animationssequenz wird immer der Bereich zwischen dem ersten und letzten Frame genutzt. Sie können allerdings auch einen beliebigen Bereich für die Erstellung der Animationssequenz wählen. Um einen Bereich für die Erstellung einer Animationssequenz festzulegen, tragen Sie in dem von Ihnen gewählten ersten und letzten Schlüsselbild die Schlüsselwörter *#First* und *#Last* ein.

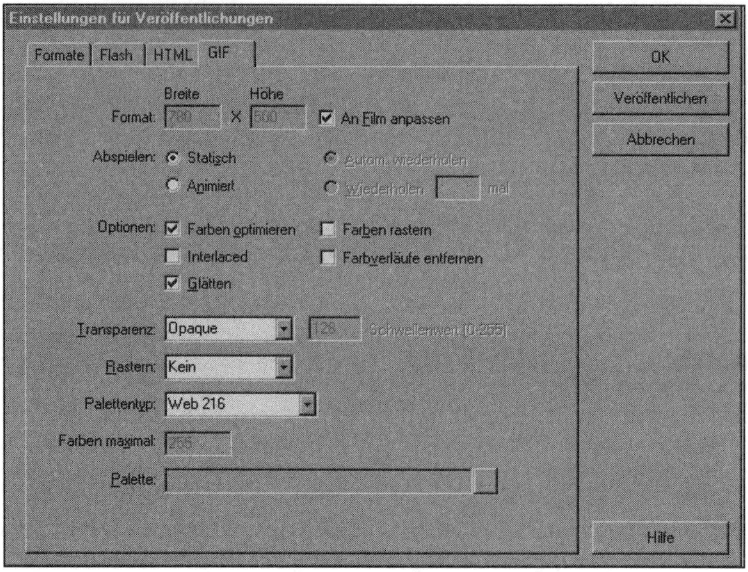

Abb. 10.8: Die *GIF*-Voreinstellungen

- *Format*: In den Feldern *Höhe* und *Breite* können Sie Pixelwerte für die horizontalen und vertikalen Ausmaße des GIF-Bildes angeben. Wenn das Bild die Maße des Films beibehalten soll, aktivieren Sie die Option *An Film anpassen.*
- *Statisch*: Es wird ein einzelnes Bild exportiert.
- *Animiert*: Es wird eine Sequenz des Bilds exportiert.
- *Autom. wiederholen*: Die Sequenz wird endlos wiederholt.
- *Wiederholen*: Geben Sie die Anzahl der Wiederholungen ein.
- *Farben optimieren*: Diese Option entfernt alle nicht benötigten Farben aus der Palette; dieses führt nicht zu einer Qualitätsminderung, verringert die Dateigröße allerdings um 1–1,5 KByte. Wenn Sie aber eine adaptive Palette wählen, hat diese Option keine Auswirkungen, da die adaptive Palette sowieso nur aus den im Bild enthaltenen Farben gebildet wird.
- *Interlaced*: Ein beliebter Effekt im Web ist das Stück-für-Stück-Anzeigen des GIF-Bildes während des Herunterladens. Deaktivieren Sie die Option bei der Erstellung von GIF-Animationen.
- *Glätten*: Hiermit können Sie die Lesbarkeit von Text erhöhen, allerdings vergrößert diese Option in den meisten Fällen auch die Dateigröße. Wenn das Bild transparente Bereiche enthält, können sich um diese Bereiche graue Ränder legen.

- *Farben rastern*: Wenn sich Farbverläufe als Farbbänder in dem GIF-Bild wiederfinden, reicht die Anzahl der Farben in der Palette des GIF-Bildes nicht mehr aus. In diesem Fall können Sie die Darstellung mit Hilfe von *Rastern* verbessern. Allerdings vergrößert diese Option die Datenmenge in den meisten Fällen.
- *Farbverläufe entfernen*: Die Farbe von Elementen, die Farbverläufe enthalten, wird auf die erste Farbe im Verlauf gesetzt. Da Farbverläufe die Dateigröße von GIF-Bildern stark erhöhen, verkleinert diese Option die Dateigröße von GIF-Bildern sehr stark; allerdings sollten Sie sich bei der Auswahl der ersten Farbe eines jeden Elements Gedanken darüber machen, wie das Bild ohne die Farbverläufe wirkt. Sehr leicht kann es passieren, dass Elemente „unsichtbar" werden.
- *Transparenz*: Hiermit können Sie den Filmhintergrund als durchscheinend definieren.
- *Opaque*: Der Hintergrund bleibt undurchsichtig.
- *Transparent*: Der Hintergrund wird durchsichtig.
- *Alpha*: Hier haben Sie die Möglichkeit einen Schwellenwert einzugeben, der bestimmt, ab wann eine Farbe in das Bild übernommen wird.
- *Rastern*: Bestimmen Sie hier den Typ des Rasters der verwendet wird, um Farben, die nicht in der Palette enthalten sind, zu simulieren.
- *Kein*: Es wird kein Raster angewendet.
- *Geordnet*: Es wird ein geometrisches Raster auf das Bild angewendet, das die Datei nicht allzu stark vergrößert.
- *Diffus*: Es wird ein Zufallsraster auf das Bild angewendet, das eine bessere Qualität als das geometrische Raster liefert. Dieses Raster vergrößert allerdings auch stärker als das geometrische Raster.
- *Palettentyp*: Hier bestimmen Sie den auf das Bild angewendeten Palettentyp.
- *Web 216*: Diese Palette enthält alle browserunabhängigen Farben. Sie stellt vor allem auf alten Systemen mit 8-Bit-Farbtiefe eine gute Wiedergabequalität sicher (es wird ein Rastern der Farben verhindert). Allerdings haben die Farben der Palette mit den im Bild vorkommenden Farben meist wenig zu tun. Es kommt deshalb häufig zu Farbverschiebungen.
- *Adaptiv*: Die Palette wird aus den Farben generiert die im Bild vorhanden sind. Diese Palette ergibt die beste Wiedergabequalität auf neueren System mit einer 24-Bit-Farbtiefe. Sie können die Anzahl der in der Palette verwendeten Farben im Feld *Farben maximal* durch Eingabe einer Zahl zwischen 1 und 255 begrenzen.

- *Web Snap adaptiv*: Hier wird eine Palette aus den Farben generiert die im Bild vorkommen, allerdings werden die gefundenen Farben auf die nächste Farbe der *Web 216*-Palette gezogen. Dadurch ist die Wiedergabequalität höher als die der *Web 216*-Palette und liefert so eine bessere Wiedergabe auf Systemen mit einer 8-Bit-Farbtiefe. Sie können die Anzahl der in der Palette verwendeten Farben im Feld *Farben maximal* durch Eingabe einer Zahl zwischen 1 und 255 begrenzen.
- *Benutzerdefiniert*: Sie können eine eigene Palette verwenden; diese sollte im *ACT*-Format vorliegen.
- *Farben maximal*: Wenn Sie den Palettentyp *Adaptiv* oder *Web Snap adaptiv* verwenden, können Sie hier die maximale Anzahl der in der Palette verwendeten Farben bestimmen.
- *Palette*: Wenn Sie als Palettentyp *Benutzerdefiniert* gewählt haben, können Sie hier Namen und Position der Palette eingeben.

JPEG-Bild

JPEG-Bilder eigenen sich vor allem für die Wiedergabe von fotorealistischen Motiven und weniger für die Wiedergabe von flächigen Illustrationen. Wenn flächige Motive mit hoher Kompression als JPEG-Bild dargestellt werden, kommt es zu unerwünschten Mustern (Artefakte) und die Datei ist immer noch sehr viel größer, als wenn das Bild mit Hilfe des GIF-Formats komprimiert wurde. Bei der Kompression von fotorealistischen Motiven wird ein höherer Kompressionsgrad und eine besser Wiedergabequalität als im GIF-Format erreicht.

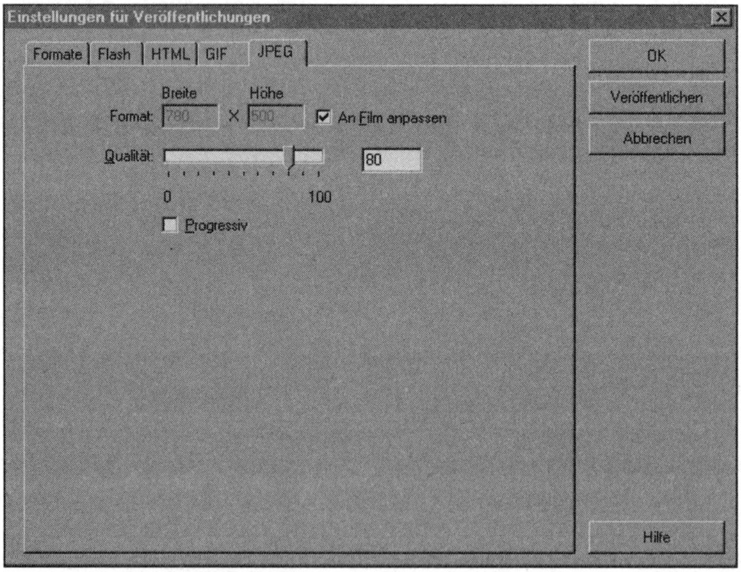

Abb. 10.9: Die *JPEG*-Voreinstellungen

- *Format*: In den Feldern *Höhe* und *Breite* können Sie Pixelwerte für die horizontalen und vertikalen Ausmaße des JPEG-Bildes angeben. Wenn das Bild die Maße des Films beibehalten soll, aktivieren Sie die Option *An Film anpassen*.
- *Qualität*: Stellen Sie hier den Kompressionsgrad für das Bild ein. *100* steht für beste Wiedergabequalität und hohe Datenmenge, *0* steht für schlechte Wiedergabequalität und kleine Datenmenge. Experimentieren Sie mit den Werten, bis Sie den besten Kompromiss aus Wiedergabequalität und Dateigröße ermittelt haben.
- *Progressiv*: Ein Effekt ähnlich dem *Interlaced* bei GIF-Bildern. Das Bild wird während des Herunterladens Stück für Stück angezeigt. Diese Option vergrößert die Datenmenge geringfügig.

PNG-Grafik

Das PNG-Format ist das einzige Format, das plattformübergreifend 8-Bit-Transparentz unterstützt. Dieses Format gibt es in zwei Versionen: zum einen das PNG-8-Format, das über eine Farbtiefe von 8-Bit (256 Farben) verfügt, zum anderen das PNG-24-Format, das über eine Farbtiefe von 24-Bit (Tausende von Farben) und Alpha-Kanal (Transparenz) verfügt.

Die Unterstützung dieses Formats ist unter Webbrowsern noch nicht vollständig ausgereift. Das PNG-8-Format findet zwar schon weitestgehende Unterstützung – und sei es über ein Plugin – als Alternative verwenden Sie aber besser das GIF-Format; die Kompressionsraten sind beim GIF-Format in der Regel besser als beim PNG-8-Format.

Die Unterstützung des PNG-24-Formats, vor allem die Version mit Alpha-Kanal, findet bei allen Browsern nur mit Hilfe eines Plugins statt. Als Alternative für das PNG-24-Format ohne Alpha-Kanal verwenden Sie besser das JPEG-Format; die Kompressionsraten des JPEG-Formats sind immer besser als die des PNG-24-Formats. Für das PNG-24-Format mit Alpha-Kanal gibt es keine Alternative.

- *Format*: In den Feldern *Höhe* und *Breite* können Sie Pixelwerte für die horizontalen und vertikalen Ausmaße des PNG-Bildes angeben. Wenn das Bild die Maße des Films beibehalten soll, aktivieren Sie die Option *An Film anpassen*.
- *Bit-Tiefe*: Wählen Sie hier die Farbtiefe des PNG-Bildes. Mit zunehmender Farbtiefe nimmt die Datenmenge zu.
- *8-Bit* erstellt ein Bild mit maximal 256 Farben.
- *24-Bit* erstellt ein Bild mit Tausenden Farben.
- *24-Bit (Alpha)* erstellt ein Bild mit Tausenden Farben und Transparenz (32-Bit).

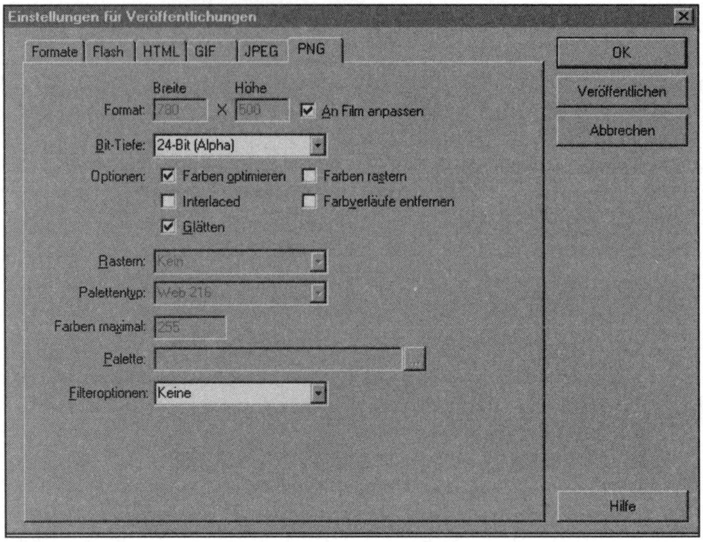

Abb. 10.10: Die *PNG*-Voreinstellungen

- *Statisch*: Es wird ein einzelnes Bild exportiert.
- *Animiert*: Es wird eine Sequenz von Bildern exportiert.
- *Autom. wiederholen*: Die Sequenz wird endlos wiederholt.
- *Wiederholen*: Geben Sie die Anzahl der Wiederholungen ein.
- *Farben optimieren*: Diese Option entfernt alle nicht benötigten Farben aus der Palette; dies führt nicht zu einer Qualitätsminderung, verringert die Dateigröße allerdings um 1–1,5 KByte. Wenn Sie eine adaptive Palette wählen, hat diese Option keine Auswirkungen, da die adaptive Palette sowieso nur aus den im Bild enthaltenen Farben gebildet wird.
- *Interlaced*: Ein beliebter Effekt im Web ist das Stück-für-Stück-Anzeigen des PNG-Bildes während des Herunterladens. Deaktivieren Sie die Option bei der Erstellung von PNG-Animationen.
- *Glätten*: Hiermit können Sie die Lesbarkeit von Text erhöhen, allerdings vergrößert diese Option in den meisten Fällen auch die Dateigröße. Wenn das Bild transparente Bereiche enthält, können sich um diese Bereiche graue Ränder legen.
- *Farben rastern*: Wenn sich Farbverläufe als Farbbänder in dem PNG-Bild wiederfinden, reicht die Anzahl der Farben in der Palette des PNG-Bildes nicht mehr aus. In diesem Fall können Sie die Darstellung mit Hilfe von *Rastern* verbessern. Allerdings vergrößert diese Option die Datenmenge in den meisten Fällen.

- *Farbverläufe entfernen*: Die Farbe von Elementen, die Farbverläufe enthalten, wird auf die erste Farbe im Verlauf gesetzt. Da Farbverläufe die Dateigröße von PNG-Bildern stark erhöhen, verkleinert diese Option die Dateigröße von PNG-Bildern sehr stark; allerdings sollten Sie sich bei der Auswahl der ersten Farbe eines jeden Elements Gedanken darüber machen, wie das Bild ohne die Farbverläufe wirkt. Sehr leicht kann es passieren, dass Elemente „unsichtbar" werden.
- *Transparenz*: Hiermit können Sie den Filmhintergrund als durchscheinend definieren.
- *Opaque*: Der Hintergrund bleibt undurchsichtig.
- *Transparent*: Der Hintergrund wird durchsichtig.
- *Alpha*: Hier haben Sie die Möglichkeit einen Schwellenwert einzugeben, der bestimmt, ab wann eine Farbe in das Bild übernommen wird.
- *Rastern*: Bestimmen Sie hier den Typ des Rasters, der verwendet wird, um Farben, die nicht in der Palette enthalten sind, zu simulieren.
- *Kein*: Es wird kein Raster angewendet.
- *Geordnet*: Es wird ein geometrisches Raster auf das Bild angewendet, das die Datei nicht allzu stark vergrößert.
- *Diffus*: Es wird ein Zufallsraster auf das Bild angewendet, das eine bessere Qualität als das geometrische Raster liefert. Dieses Raster vergrößert allerdings auch stärker als das geometrische Raster.
- *Palettentyp*: Hier bestimmen Sie den auf das Bild angewendeten Palettentyp.
- *Web 216*: Diese Palette enthält alle browserunabhängigen Farben. Sie stellt vor allem auf alten Systemen mit 8-Bit-Farbtiefe eine gute Wiedergabequalität sicher (es wird ein Rastern der Farben verhindert). Allerdings haben die Farben der Palette mit den im Bild vorkommenden Farben meist wenig zu tun. Es kommt deshalb häufig zu Farbverschiebungen.
- *Adaptiv*: Die Palette wird aus den Farben generiert die im Bild vorhanden sind. Diese Palette ergibt die beste Wiedergabequalität auf neueren System mit einer 24-Bit-Farbtiefe. Sie können die Anzahl der in der Palette verwendeten Farben im Feld *Farben maximal* durch Eingabe einer Zahl zwischen 1 und 255 begrenzen.
- *Web Snap adaptiv*: Hier wird eine Palette aus den Farben generiert die im Bild vorkommen, allerdings werden die gefundenen Farben auf die nächste Farbe der *Web 216*-Palette gezogen. Dadurch ist die Wiedergabequalität höher als die der *Web 216*-Palette und liefert so eine bessere Wiedergabe auf Systemen mit einer 8-Bit-Farbtiefe. Sie können die Anzahl der in der

- Palette verwendeten Farben im Feld *Farben maximal* durch Eingabe einer Zahl zwischen 1 und 255 begrenzen.
- *Benutzerdefiniert*: Sie können eine eigene Palette verwenden; diese sollte im *ACT*-Format vorliegen.
- *Farben maximal*: Wenn Sie den Palettentyp *Adaptiv* oder *Web Snap adaptiv* verwenden, können Sie hier die maximale Anzahl der in der Palette verwendeten Farben bestimmen.
- *Palette*: Wenn Sie als Palettentyp *Benutzerdefiniert* gewählt haben, können Sie hier Namen und Position der Palette eingeben.
- *Filteroptionen*: Hiermit können Sie die Komprimierung noch weiter verfeinern. Es stehen fünf Methoden für eine zeilenweise Filterung des Bildes zur Verfügung, die die Kompressionsergebnisse verbessern können.
- *Keine* deaktiviert das Filtern.
- *Davor* überträgt die Differenz zwischen jedem Byte und dem Wert des entsprechenden Bytes des vorhergehenden Pixels.
- *Darüber* überträgt die Differenz zwischen jedem Byte und dem Wert des entsprechenden Bytes des unmittelbar darüber liegenden Pixels.
- *Durchschnitt* verwendet den Durchschnittswert der beiden benachbarten Pixel (davor und darüber), um den Wert des Pixels zu ermitteln.
- *Paeth* ermittelt eine einfache lineare Funktion von drei benachbarten Pixeln (davor, darüber und links darüber) und verwendet als Schätzung den Wert des Pixels, dessen Wert dieser Berechnung am nächsten kommt.
- *Adaptiv* analysiert die Farben im Bild und erstellt eine eigene Farbtabelle für das gewählte PNG. Diese Option eignet sich am besten für Systeme, die Tausende oder Millionen Farben darstellen. Die Farben sind zwar so originalgetreu wie möglich; die Datei ist jedoch größer als bei PNGs, die mit der Palette *Web 216* erstellt wurden. Sie können die Größe eines mit einer adaptiven Palette erstellten PNGs verringern, indem Sie die Anzahl der Farben in der Palette begrenzen.

Windows-Projektor

Für den Export eines Windows-Projektors existieren keine Voreinstellungen. Der Projektor wird als ausführbare EXE-Datei im selben Verzeichnis wie der Film abgelegt und erhält denselben Namen wie der Film.

Macintosh-Projektor

Auch für den Macintosh-Projektor existieren keine Voreinstellungen. Der Projektor wird als ausführbare Datei im selben Verzeichnis wie der Film abgelegt und erhält denselben Namen wie der Film.

Wenn Sie einen Macintosh-Projektor unter Windows erstellen, wird dieser im HQX-Format gepackt und muss vor dem Abspielen auf dem Macintosh-System entpackt werden.

QuickTime

Die Option *QuickTime* erstellt aus einem Flash-Film eine neue Spur in einem Quick Time 4.0-Film. Der QuickTime-Film enthält alle von Ihnen definierten Effekte und Interaktionen und wird somit genau so abgespielt wie der Flash-Film im Flash Player. Wenn der Flash-Film seinerseits QuickTime-Filme enthält, wird dieser im neuen QuickTime-Film in eine separate Spur kopiert.

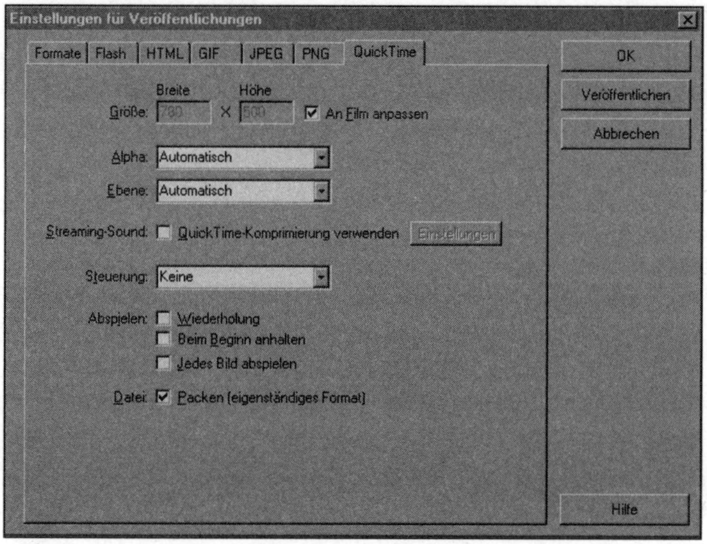

Abb. 10.11: Die *QuickTime*-Voreinstellungen

- *Format*: In den Feldern *Höhe* und *Breite* können Sie Pixelwerte für die horizontalen und vertikalen Ausmaße des QuickTime-Bildes angeben. Wenn das Bild die Maße des Films beibehalten soll, aktivieren Sie die Option *An Film anpassen.*
- *Alpha*: Hier wird die Transparenz der Flash-Filmspur innerhalb des neuen QuickTime-Films gesteuert.
- *Alpha-transparent*: Hier wird der Flash-Filmhintergrund transparent geschaltet; damit werden Inhalte von Spuren, die hinter der Flash-Filmspur liegen, sichtbar.
- *Kopie*: Der Flash-Filmhintergrund wird deckend über alle anderen Spuren des neuen QuickTime-Films gelegt.

- *Automatisch*: Wenn sich hinter der Flash-Filmspur Spuren mit Inhalten befinden, wird der Hintergrund der Flash-Filmspur transparent geschaltet.
- *Ebene*: Die Ebenen-Option entscheidet über die Position der Flash-Filmspur innerhalb des neuen QuickTime-Films.
- *Oben*: Die Flash-Filmspur wird immer als oberste Spur eingeordnet.
- *Unten*: Die Flash-Filmspur wird immer als unterste Spur eingeordnet.
- *Automatisch*: Wenn sich Flash-Objekte vor Video-Objekten im Flash-Film befinden, wird die Flash-Spur vor anderen Spuren eingeordnet. Ansonsten wird die Flash-Filmspur hinter allen anderen eingeordnet.
- *Streaming-Sound*: Mit dieser Option werden alle Töne des Flash-Films in eine QuickTime-Sound-Spur kopiert und somit in das QuickTime-Sound-Format konvertiert und komprimiert. Über die Schaltfläche *Einstellungen* können Sie die Voreinstellungen der QuickTime-Sound-Spur ändern.
- *Steuerung*: Hier können Sie entscheiden, welche Art der Steuerung Sie dem Benutzer überlassen wollen.
- *Keine*: Dem Benutzer steht keine Steuerung zu Verfügung. Sie sollten also darauf achten, dass der Film automatisch nach dem Laden mit dem Abspielen beginnt.
- *Standard*: Dem Benutzer wird die Standard-QuickTime-Steuerung zur Verfügung gestellt.
- *QuickTime VR*: Die QuickTime-VR-Steuerung ist natürlich nur bei QuickTime-Panoramen sinnvoll.
- *Wiederholung*: Der Film startet automatisch und wird endlos wiederholt.
- *Beim Beginn anhalten*: Der Film startet erst, wenn der Benutzer den Abspielvorgang mithilfe der Film-Steuerung startet.
- *Jedes Bild abspielen*: Hier wird unter Weglassen des Sounds jedes Bild angezeigt.
- *Packen (eigenständiges Format)*: Aus allen Medien, die für den neuen QuickTime-Film benötigt werden, wird eine einzige QuickTime-Filmdatei erstellt. Wenn diese Option deaktiviert wird, ist der QuickTime-Film auf den externen Flash-Film angewiesen; fehlt dieser, wird der QuickTime-Film nicht korrekt abgespielt.

Weitere Informationen zu QuickTime 4.0 entnehmen Sie bitte der QuickTime-Dokumentation.

Abspielen der Filme

Um die volle Funktionalität eines Flash-Films zu nutzen, müssen Sie Ihr Projekt im Flash Player-Format (SWF) exportieren. Unter den verschieden Exportformaten, die Flash 5.0 unterstützt, existiert außer dem QuickTime-Format kein Format, das die Interaktivität des Flash-Films unterstützt; allerdings werden hier die allgemeinen Voreinstellungen des Flash-Films wie Vollbild usw. nicht beachtet.

Um Filme im Flash Player-Format abzuspielen, existieren mehrere Möglichkeiten:

- Mit installiertem Flash Player-Plug-In können Flash Player-Dateien in Webbrowsern wie dem Internet Explorer und Netscape Navigator abgespielt werden.
- Es ist möglich, mithilfe des Flash Xtras Flash Player-Dateien in Director- und Authorware-Projekte einzubinden.
- Sie können Flash Player-Dateien auch in Microsoft Office-Anwendungen mithilfe des Flash ActiveX-Steuerelements einbinden.
- Flash Player-Dateien können in QuickTime-Filme eingebettet werden.
- Sie können mit Flash 5.0 für Windows- und Macintosh-Systeme ausführbare Projektoren erstellen.

Export von Filmen, Bildern und Sounds

Um Flash-Inhalte für andere Anwendungen nutzbar zu machen können Sie diese natürlich über die Zwischenablage zwischen Flash und anderen Grafik/Animationsprogrammen hin und her kopieren. Allerdings klappt dieses Verfahren nur bei Bildelementen und dies teilweise auch noch mit Qualitätseinbußen.

Wenn Sie Animationssequenzen, Sounds und Bilder (Vektor/Bitmap) in hoher Qualität in andere Anwendungen übertragen wollen, bedienen Sie sich am besten der Exportfunktionen. Mit Hilfe der Befehle *Datei/Film exportieren* oder *Datei/Bild exportieren* können Sie Flash-Filme oder Teile davon in verschiedene Dateitypen exportieren. Die Voreinstellungen der einzelnen Dateitypen werden hierbei nicht zusammen mit dem Flash-Film gespeichert. Auf Windows-Systemen ist auch ein Export des Sounds eines kompletten Flash-Films im WAV-Format möglich.

Der Befehl *Film exportieren* gibt die Möglichkeit, den gesamten Flash-Film oder auch Teile daraus als Sequenz von Standbildern zu exportieren.

Es stehen Ihnen dafür alle Bildformate, die Flash anbietet, zur Verfügung; die Bilder werden entsprechend der exportierten Bilder des Flash-Films durchnummeriert.

Adobe Illustrator

Das Adobe Illustrator-Format eignet sich hervorragend als Austauschformat für vektorbasierte Grafikprogramme wie Adobe Illustrator, Corel DRAW, Freehand usw. Flash 5.0 unterstützt die Versionen Adobe Illustrator 88, 3.0, 5.0 und 6.0. Farbverläufe werden ab der Version 5.0 unterstützt und eingebettete Bitmaps finden erst ab Version 6.0 Unterstützung.

Wenn Sie Adobe Illustrator-Dateien der Version 8.0 oder 9.0 benötigen, verwenden Sie den Macromedia FlashWriter, der im Lieferumfang von Flash 5.0 enthalten ist.

Wenn Sie einen Dateinamen eingegeben haben nachdem Sie das Adobe Illustrator-Format gewählt haben, erhalten Sie die Möglichkeit, eine Version für Ihren Export zu wählen.

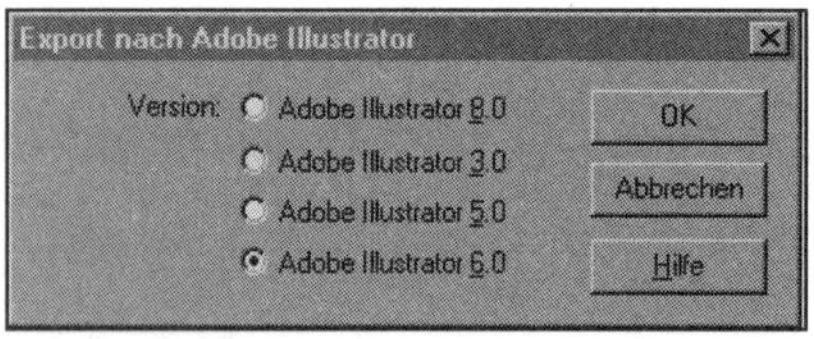

Abb. 10.12: Die *Adobe Illustrator*-Voreinstellungen

GIF-Bild oder GIF-Sequenz

Hier können Sie entweder ein GIF-Standbild, eine GIF-Bildsequenz oder eine GIF-Animation erstellen. Die Einstellungen gleichen den Einstellungen des Dialogs *Einstellungen für Veröffentlichung;* die Ausnahmen finden Sie nachfolgend.

- *Auflösung*: Wählen Sie hier eine Auflösung in der Einheit dpi (dots per inch). Übernehmen Sie die Bildschirmauflösung durch Aktivieren von *An Bildschirm anpassen.*
- *Einschließen*: Wählen Sie hier den zu exportierenden Bildbereich.
- *Farben*: Wählen Sie hier die Anzahl der Farben in der Palette der exportierten GIF-Datei aus. Mit *Standardfarben* ist hier die Web-Palette mit ihren 216 browserunabhängigen Farben gemeint.
- *Interlaced*: Ein beliebter Effekt im Web ist das Stück-für-Stück-Anzeigen des GIF-Bildes während des Herunterladens. Deaktivieren Sie die Option bei der Erstellung von GIF-Animationen.

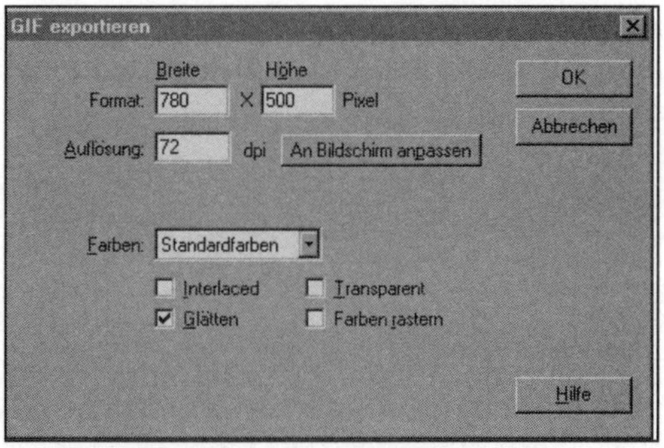

Abb. 10.13: Export von GIF

- *Glätten*: Hiermit können Sie die Lesbarkeit von Text erhöhen; allerdings vergrößert diese Option in den meisten Fällen auch die Dateigröße. Wenn das Bild transparente Bereiche enthält, können sich um diese Bereiche graue Ränder legen.
- *Farben rastern*: Wenn sich Farbverläufe als Farbbänder in dem GIF-Bild wiederfinden, reicht die Anzahl der Farben in der Palette des GIF-Bildes nicht mehr aus. In diesem Fall können Sie die Darstellung mit Hilfe von *Farben rastern* verbessern. Allerdings vergrößert diese Option die Datenmenge in den meisten Fällen.
- *Animation*: Der Punkt steht nur beim Export einer GIF-Animation zur Verfügung. Sie geben hier die Anzahl der Wiederholungen der GIF-Sequenz an: 0 steht für eine endlose Wiederholung der GIF-Sequenz.

Bitmap (BMP)

Diese Option exportiert Bitmap-Dateien im BMP-Format. Dieses Format ist für den Austausch mit Grafikprogrammen wie Adobe Photoshop, Macromedia Fireworks usw. geeignet.

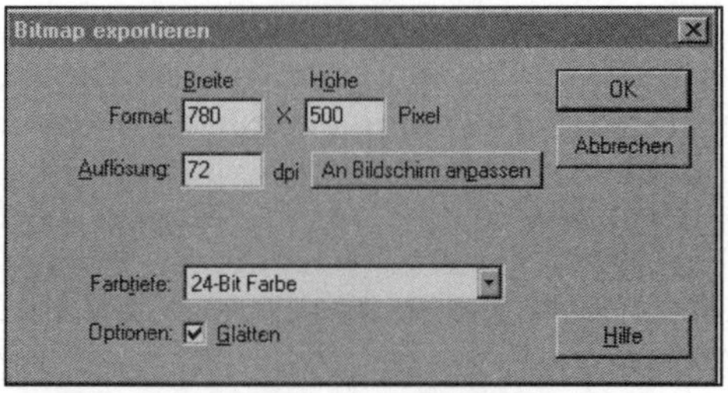

Abb. 10.14: Export von BMP

- *Format*: In den Feldern *Höhe* und *Breite* können Sie Pixelwerte für die horizontalen und vertikalen Ausmaße des BMP-Bildes angeben. Wenn das Bild die Maße des Films beibehalten soll, aktivieren Sie die Option *An Film anpassen.*
- *Auflösung*: Wählen Sie hier eine Auflösung in der Einheit dpi (dots per inch). Oder übernehmen Sie die Bildschirmauflösung durch Aktivieren von *An Bildschirm anpassen.*
- *Farbtiefe*: Wählen Sie die Farbtiefe für die exportierende Bitmap-Datei. Ältere Versionen von Windows-Programmen unterstützen eventuell die 32-Bit-Version nicht; weichen Sie dann auf die 24-Bit-Version aus.
- *Glätten*: Hiermit können Sie die Lesbarkeit von Text erhöhen; allerdings vergrößert diese Option in den meisten Fällen auch die Dateigröße. Wenn das Bild transparente Bereiche enthält, können sich um diese Bereiche graue Ränder legen.

DXF-Bild oder DXF-Sequenz

Dieses Vektor-Format stammt aus dem CAD-Bereich und exportiert ein AutoCAD Version 10 DXF-kompatibles Dateiformat.

Für diesen Dateityp existieren keine weiteren Voreinstellungen.

Enhanced Metafile (Windows)

- Dieses Format findet seine Verbreitung auf Windows 95, 98 und NT. Das EMF-Format unterstützt Vektor- sowie Bitmap-Bilder. Dieses Format verarbeitet Kurven besser als das ältere Windows Metafile-Format, ist aber unter den Windows-Anwendungen noch nicht so weit verbreitet.
- Für diesen Dateityp existieren keine weiteren Voreinstellungen.

EPS 3.0

Dieses Format eignet sich für die Weiterverarbeitung in Layout-Programmen wie Adobe Pagemaker u.a. oder für den Ausdruck auf Postscript-Druckern. Flash 5.0 erstellt beim EPS-Export eine eingebettete Bitmap-Grafik als Vorschau für Programme, die das EPS-Format zwar drucken, aber nicht am Bildschirm wiedergeben können.

Für diesen Dateityp existieren keine weiteren Voreinstellungen.

FutureSplash Player

Diese Format stammt noch aus der Urzeit von Flash und besitzt im Prinzip dieselben Voreinstellungen wie das SWF-Format.

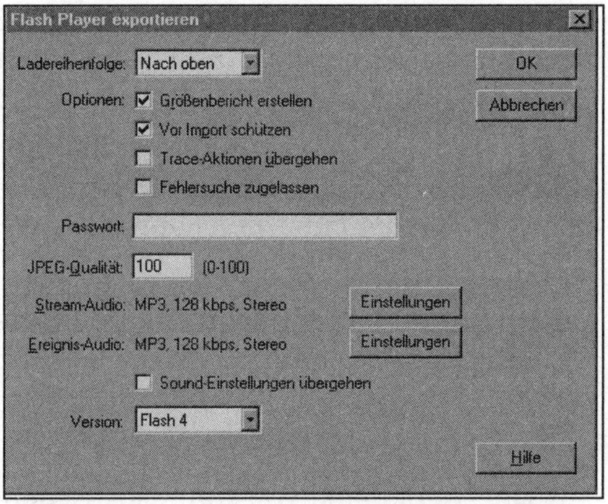

Abb. 10.15: Export von Future Splash

- *Ladereihenfolge*: Die Ladereihenfolge bezieht sich auf die Ebenen des ersten Bildes eines Films. Sie können über die Ladereihenfolge der Ebene bei langsamen Verbindungen bestimmen, welche Elemente zuerst geladen werden.
- *Größenbericht erstellen*: Diese Option erstellt eine Berichtsdatei mit den Datenmengen der fertigen Flash Player-Datei.
- *Vor Import schützen:* Hiermit verhindern Sie den Import der SWF-Datei in Flash. Optional können Sie ein Kennwort vergeben, um ausgewählten Personen den Import zu ermöglichen.
- *Trace-Aktionen übergehen*: Alle *Trace*-Befehle im Film werden übergangen, um die Anzeige der Debug-Informationen zu unterdrücken.
- *Fehlersuche zulassen*: Mit dieser Option aktivieren Sie den Debugger zur Fehlersuche. Optional können Sie ein Kennwort vergeben, um ausgewählten Personen das Debuggen zu ermöglichen.
- *Passwort*: Vergeben Sie ein Kennwort, um ausgewählten Personen den Import oder das Debuggen zu ermöglichen. Löschen Sie das Kennwort, um jedem den Import oder das Debuggen zu ermöglichen.
- *JPEG-Qualität*: Hiermit steuern Sie den Grad der Komprimierung der eingebetteten Bitmap-Grafiken. *100* bietet die beste Bildqualität, ergibt aber auch eine größere Datei.
- *Stream-Audio*: Hier werden die aktuelle Einstellungen für die Streaming-Sounds angezeigt. Über die Schaltfläche *Einstellungen* können Sie Voreinstellungen der Streaming-Sounds verändern.

- *Ereignis-Audio*: Hier werden die aktuellen Einstellungen für die Ereignis-Sounds angezeigt. Über die Schaltfläche *Einstellungen* können Sie die Vereinstellungen der Ereignis-Sounds verändern.
- *Sound-Einstellungen übergehen*: Diese Option legt fest, welche Sound-Einstellungen für den Export benutzt werden. Aktivieren Sie diese Option, um die individuellen Einstellungen der einzelnen Sounds zu übergehen.
- *Version*: Wählen Sie eine Version für die SWF-Datei. Verwenden Sie nach Möglichkeit die Version 5.0, um die volle Funktionalität Ihres Films zu erhalten.

JPEG-Bild oder JPEG-Sequenz

Ein Format, das sich gut zur Wiedergabe von fotorealistischen Motiven bei guter Kompression eignet.

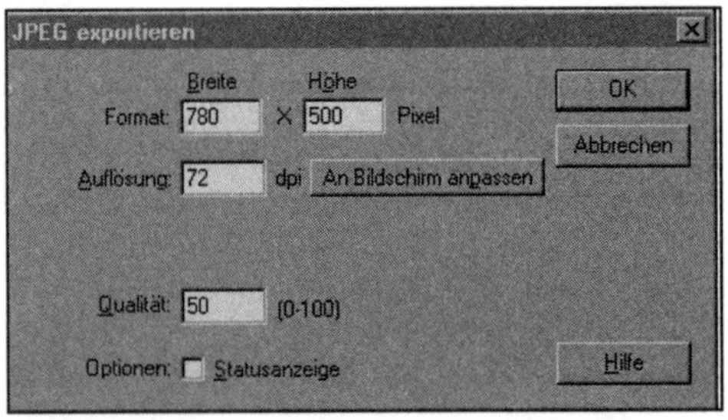

Abb. 10.16: Export von JPEG

- *Format*: In den Feldern *Höhe* und *Breite* können Sie Pixelwerte für die horizontalen und vertikalen Ausmaße des GIF-Bildes angeben. Wenn das Bild die Maße des Films beibehalten soll, aktivieren Sie die Option *An Film anpassen;* hierbei werden die Proportionen des Bildes auf alle Fälle beibehalten.
- *Qualität*: Stellen Sie hier den Kompressiongrad für das Bild ein. *100* steht für beste Wiedergabequalität und hohe Datenmenge, *0* steht für schlechte Wiedergabequalität und kleine Datenmenge. Experimentieren Sie mit den Werten, bis den besten Kompromiss aus Wiedergabequalität und Dateigröße ermittelt haben.
- *Progressiv*: Ein Effekt ähnlich dem *Interlaced* bei GIF-Bildern. Das Bild wird während des Herunterladens Stück für Stück angezeigt. Diese Option vergrößert die Datenmenge geringfügig.

PICT (Macintosh)

PICT ist ein Standardformat für Grafiken auf Macintosh-Systemen und besitzt die folgenden Voreinstellungen:

- *Größe*: Legen Sie hier die Ausmaße des Bildes in Pixeln fest. Die Proportionen des Bildes werden immer beibehalten.
- *Auflösung*: Stellen Sie hier die Auflösung des Bildes in dpi (dots per inch) ein, Flash berechnet die neuen Ausmaße in Pixel. Wenn Sie *An Bildschirm anpassen* wählen, wird eine Auflösung von 72 dpi eingestellt; hiermit werden PICT-Bilder am besten auf Bildschirmen ausgegeben.
- *Farbtiefe*: Es werden zwei Typen von PICT-Bildern angeboten.
- *Objektbasiert*: Dieser Typ eignet besonders für den Ausdruck. Skalierungen beeinträchtigen die Ausgabequalität nicht.
- *Bitmap*: Dieser Typ eignet sich besonders für die Ausgabe an Bildschirmen. Hier können Sie aus einer Anzahl von Farbtiefen auswählen.
- *Postscript eingeschlossen*: Mit dieser Option werden Informationen für die Optimierung der Ausgabe auf Postscript-Druckern erstellt. Diese Option steht nur für objektbasierte PICT-Bilder zur Verfügung.

PNG-Bild oder PNG-Sequenz

Die Voreinstellungen ähneln denen der Veröffentlichung von PNG-Dateien; es existieren allerdings doch einige Unterschiede.

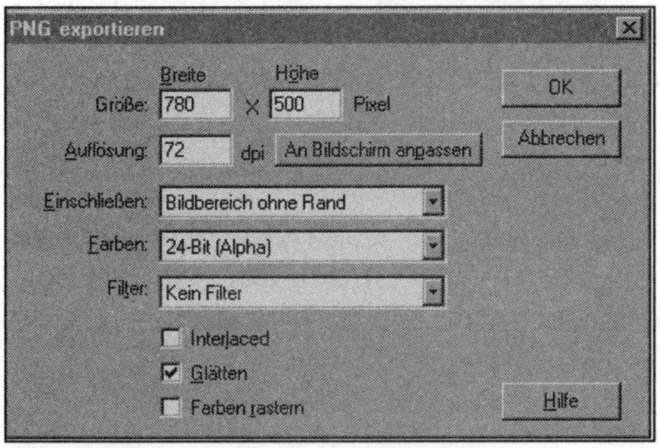

Abb. 10.17: Export von PNG

- *Größe*: In den Feldern *Höhe* und *Breite* können Sie Pixelwerte für die horizontalen und vertikalen Ausmaße des PNG-Bildes angeben.
- *Auflösung*: Stellen Sie hier die Auflösung in dpi (dots per inch) ein. Wenn Sie *An Bildschirm anpassen* aktivieren, wird eine Auflösung von 72 dpi eingestellt.

- *Farben*: Wählen Sie hier die Farbtiefe des PNG-Bilds aus. Mit zunehmender Farbtiefe nimmt die Datenmenge zu.
- *8-Bit* erstellt ein Bild mit maximal 256 Farben.
- *24-Bit* erstellt ein Bild mit Tausenden Farben.
- *24-Bit (Alpha)* erstellt ein Bild mit Tausenden Farben und Transparenz (32-Bit).
- *Filter*: Hiermit können Sie die Komprimierung noch weiter verfeinern. Es stehen fünf Methoden für eine zeilenweise Filterung des Bildes zur Verfügung, die die Kompressionsergebnisse verbessern können.
- *Kein Filter* deaktiviert das Filtern.
- *Davor* überträgt die Differenz zwischen jedem Byte und dem Wert des entsprechenden Bytes des vorhergehenden Pixels.
- *Darüber* überträgt die Differenz zwischen jedem Byte und dem Wert des entsprechenden Bytes des unmittelbar darüber liegenden Pixels.
- *Durchschnitt* verwendet den Durchschnittswert der beiden benachbarten Pixel (davor und darüber), um den Wert des Pixels zu ermitteln.
- *Paeth* ermittelt eine einfache lineare Funktion von drei benachbarten Pixeln (davor, darüber und links darüber) und verwendet als Schätzung den Wert des Pixels, dessen Wert dieser Berechnung am nächsten kommt.
- *Adaptiv* analysiert die Farben im Bild und erstellt eine eigene Farbtabelle für das gewählte PNG. Diese Option eignet sich am besten für Systeme, die Tausende oder Millionen Farben darstellen. Die Farben sind zwar so originalgetreu wie möglich; die Datei ist jedoch größer als bei PNGs, die mit der Palette *Web 216* erstellt wurden. Sie können die Größe eines mit einer adaptiven Palette erstellten PNGs verringern, indem Sie die Anzahl der Farben in der Palette begrenzen.
- *Interlaced*: Ein beliebter Effekt im Web ist das Stück-für-Stück-Anzeigen des GIF-Bildes während des Herunterladens. Deaktivieren Sie die Option bei der Erstellung von GIF-Animationen.
- *Glätten*: Hiermit können Sie die Lesbarkeit von Text erhöhen, allerdings vergrößert diese Option in den meisten Fällen auch die Dateigröße. Wenn das Bild transparente Bereiche enthält, können sich um diese Bereiche graue Ränder legen.
- *Farben rastern*: Wenn sich Farbverläufe als Farbbänder in dem GIF-Bild wiederfinden, reicht die Anzahl der Farben in der Palette des GIF-Bildes nicht mehr aus. In diesem Fall können Sie die Darstellung mit Hilfe von *Farben rastern* verbessern. Allerdings vergrößert diese Option die Datenmenge in den meisten Fällen.

QuickTime

Hier werden alle Ebenen eines Flash-Films auf eine Spur eines QuickTime-Films kopiert; dabei wird die Interaktivität des Flash-Films mit den Videoeigenschaften von QuickTime kombiniert. Das Ergebnis kann zum Beispiel mithilfe des QuickTime-Plug-Ins angeschaut und benutzt werden.

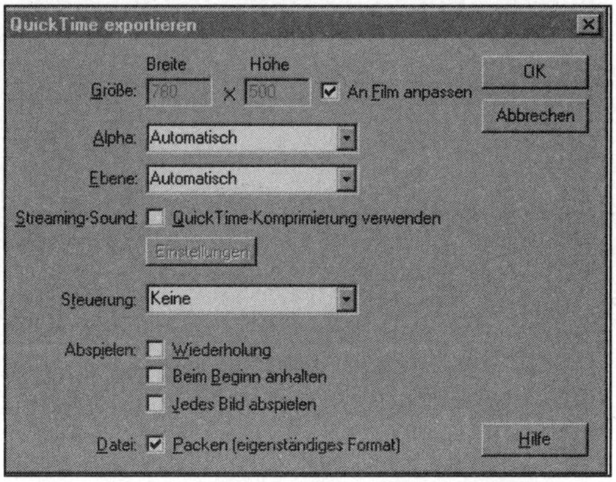

Abb. 10.18: Export von QuickTime

- *Format*: In den Feldern *Höhe* und *Breite* können Sie Pixelwerte für die horizontalen und vertikalen Ausmaße des QuickTime Films angeben. Wenn das Bild die Maße des Films beibehalten soll, aktivieren Sie die Option *An Film anpassen.*
- *Alpha*: Hier wird die Transparenz der Flash-Filmspur innerhalb des neuen QuickTime-Films gesteuert.
- *Alpha-transparent*: Hier wird der Flash-Filmhintergrund transparent geschaltet; damit werden Inhalte von Spuren, die hinter der Flash-Filmspur liegen sichtbar.
- *Kopie*: Der Flash-Filmhintergrund wird deckend über alle anderen Spuren des neuen QuickTime-Film gelegt.
- *Automatisch*: Wenn sich hinter der Flash-Filmspur Spuren mit Inhalten befinden, wird der Hintergrund der Flash-Filmspur transparent geschaltet.
- *Ebene*: Die Ebenen-Option entscheidet über die Position der Flash-Filmspur innerhalb des neuen QuickTime-Films.
- *Oben*: Die Flash-Filmspur wird immer als oberste Spur eingeordnet.
- *Unten*: Die Flash-Filmspur wird immer als unterste Spur eingeordnet.

- *Automatisch*: Wenn sich Flash-Objekte vor Video-Objekten im Flash-Film befinden, wird die Flash-Spur vor anderen Spuren eingeordnet. Ansonsten wird die Flash-Filmspur hinter allen anderen eingeordnet.
- *Streaming-Sound*: Mit dieser Option werden alle Töne des Flash-Films in eine QuickTime-Sound-Spur kopiert und somit in das QuickTime-Sound-Format konvertiert und komprimiert. Über die Schaltfläche *Einstellungen* können Sie die Voreinstellungen der QuickTime-Sound-Spur ändern.
- *Steuerung*: Hier können Sie entscheiden, welche Art der Steuerung Sie dem Benutzer überlassen wollen.
- *Keine*: Dem Benutzer steht keine Steuerung zu Verfügung. Sie sollten also darauf achten, dass der Film automatisch nach dem Laden mit dem Abspielen beginnt.
- *Standard*: Dem Benutzer wird die Standard-QuickTime-Steuerung zur Verfügung gestellt.
- *QuickTime VR*: Die QuickTime VR Steuerung ist natürlich nur bei QuickTime Panoramen sinnvoll.
- *Wiederholen:* Der Film startet automatisch und wird endlos wiederholt.
- *Beim Beginn anhalten*: Der Film startet erst, wenn der Benutzer den Abspielvorgang mithilfe der Film-Steuerung startet.
- *Jedes Bild abspielen*: Hier wird unter Weglassen des Sounds jedes Bild angezeigt.
- *Packen (eigenständiges Format):* Aus allen Medien, die für den neuen QuickTime-Film benötigt werden, wird eine einzige QuickTime-Filmdatei erstellt. Wenn diese Option deaktiviert wird, ist der QuickTime-Film auf den externen Flash-Film angewiesen; fehlt dieser, wird der QuickTime-Film nicht korrekt abgespielt.

QuickTime Video (Macintosh)

Dieses Format ist sinnvoll für den Export der Videodaten eines Flash-Films; Interaktivität wird nicht exportiert. Der Flash-Film wird in einzelne Bilder konvertiert, die dann als Videospur in einer Datei zusammengefasst werden.

- *Größe*: Geben Sie hier entweder die Höhe oder Breite des QuickTime-Videos an; die fehlende Dimension wird dann errechnet, um das Seitenverhältnis beizubehalten.
- *Format*: Sie können hier zwischen Schwarzweiß, 4-, 8-, 16- oder 24-Bit-Farben sowie 32-Bit-Farben mit Alpha (Transparenz) wählen.

- *Glätten*: Hiermit können Sie die Lesbarkeit von Text erhöhen, allerdings vergrößert diese Option in den meisten Fällen auch die Dateigröße. Wenn das Bild transparente Bereiche enthält, können sich um diese Bereiche graue Ränder legen.
- *Komprimierung*: Wählen Sie hier einen Standard-Komprimierungsmodus für QuickTime Filme aus.
- *Qualität*: Hiermit steuern Sie den Grad der Komprimierung, der während des Exports angewendet wird. Die Wahl des Komprimierungsmodus hat Einfluss auf die Ergebnisse des Komprimierungsgrads.
- *Sound*: Legen Sie hier die Export-Rate für Sounddateien fest. Hohen Raten stehen für hohe Qualität und große Dateien, kleine Raten stehen für niedrige Qualität und kleine Dateien.

WAV-Audio (Windows)

Hier wird nur die Sound-Spur in eine WAV-Datei exportiert. Sie haben die Möglichkeit, die Sampling-Frequenz, Bitrate und Mono/Stereo-Modus für die WAV-Datei einzustellen.

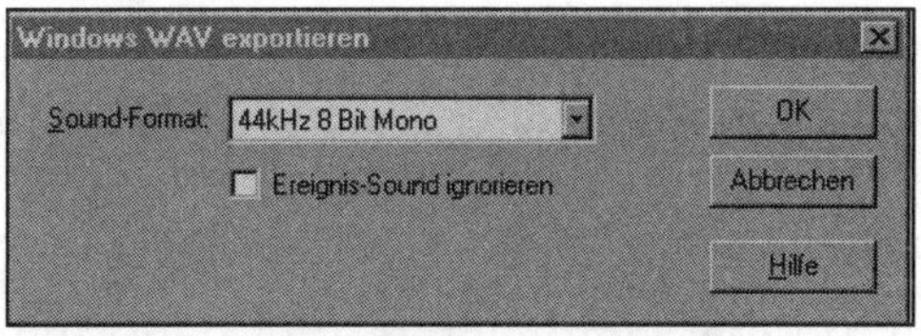

Abb. 10.19: Export von WAV

- *Sound-Format*: Wählen Sie hier Ihre Sampling-Frequenz, Bitrate und den Mono/Stereo-Modus aus.
- *Ereignis-Sound ignorieren*: Mit dieser Option können Ereignis-Sounds beim Export in die WAV-Datei ausgeschlossen werden.

Windows-AVI

Hierbei handelt es sich um ein Standard-Videoformat für Windows.

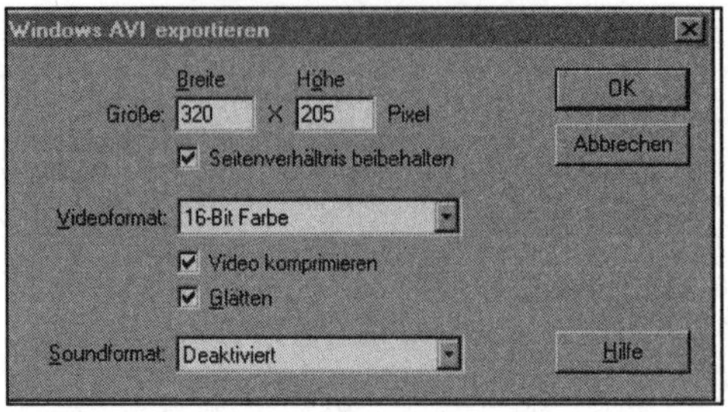

Abb. 10.20: Export von AVI

- *Größe*: Geben Sie hier entweder die *Höhe* oder *Breite* des AVI-Videos an; die fehlende Dimension wird dann errechnet, um das Seitenverhältnis beizubehalten.
- *Videoformat*: Entscheiden Sie sich hier für eine Farbtiefe während des Exports des AVI-Films. Da die 32-Bit-Version noch so breite Unterstützung unter den Windows-Anwendungen findet, können Sie hier auf die 24-Bit-Version ausweichen.
- *Video komprimieren*: Aktivieren Sie hier die AVI-Video-Komprimierung.
- *Glätten*: Hiermit können Sie die Lesbarkeit von Text erhöhen; allerdings vergrößert diese Option in den meisten Fällen auch die Dateigröße. Wenn das Bild transparente Bereiche enthält, können sich um diese Bereiche graue Ränder legen.
- *Soundformat*: Hier stellen Sie die Samplingrate und den Mono/Stereo-Modus ein.

Windows Metafile

Das Windows Metafile (*WMF*-Format) ist ein Standardformat für Grafiken auf Windows-Systemen. Mittlerweile existiert eine neue Version des Standard-Grafikformats, siehe unter *Enhanced Metafile*.

Anpassen der HTML-Vorlage

Wenn Sie bei der Veröffentlichung eines Projekts eine HTML-Datei exportieren lassen, können Sie in den Voreinstellungen der HTML-Datei einen Typ aus einer Anzahl von Vorlagen auswählen, die Flash zur Verfügung stellt. Die Vorlagen bestimmen zu einem großen Teil, wie der Flash-Film später im Browser dargestellt wird und wie er sich verhält. Für viele Anwendungsfälle hält Flash eine passende Vorlage bereit. So existieren Vorlagen, die eine Kommunikation zwischen *ActionScript* und *Javascript* ermöglichen, und auch Vorlagen, bei denen der Benutzer entscheiden kann, in welcher Form er die Flash-Inhalte sehen möchte.

Sollten Sie in den vorhandenen Vorlagen nichts Passendes finden, können Sie sich Ihre eigenen Vorlagen erstellen und diese in Flash benutzen.

Um eine neue Vorlage zu erstellen, können Sie, je nach vorhandenen HTML-Wissen, eine vorhandene Vorlage kopieren und diese dann Ihren Vorstellungen nach verändern oder aber völlig neue Vorlagen erstellen. Für die Bearbeitung können Sie jeden beliebigen HTML- oder ASCII-Editor verwenden.

Modifizieren einer HTML-Vorlage

Die Vorlagen, die Sie in Flash benutzen, werden im Verzeichnis Ihrer Flash 5.0-Installation gespeichert. Verwenden Sie diese Dateien als Ausgangsbasis für Ihre neuen Vorlagen oder legen Sie hier neue HTML-Dateien an, die später als Vorlage in Flash 5.0 dienen.

Das Modifizieren oder Erstellen einer Vorlagedatei folgt denselben Regeln wie das Bearbeiten von HTML-Dateien. Der einzige Unterschied ist, dass einige Parameter der HTML-Tags keine Werte erhalten, sondern Vorlage-Variablen zugewiesen bekommen. Diese Variablen haben nichts mit Variablen innerhalb von ActionScript zu tun. Diese Variablen, die durch das Prefix *$* markiert werden, erhalten ihre Werte während der Veröffentlichung; diese Werte wiederum stammen einerseits aus den Voreinstellungen, die Sie für die Veröffentlichung getroffen haben, anderseits werden sie erst aus Ihren Angaben berechnet.

Jede Vorlage weist grundsätzliche Merkmale auf, damit sie in Flash korrekt verarbeitet werden kann.

- Jede Vorlage besitzt einen Titel, der im Dropdown-Menü *Vorlage* in den *Einstellungen für Veröffentlichung* erscheint. Der Vorlagentitel wird durch die Vorlagenvariable *$TT* eingeleitet. Alle nachfolgenden Zeichen in dieser Zeile bilden den Vorlagentitel.
- Jede Vorlage besitzt eine Beschreibung, die angezeigt wird, wenn Sie auf die Schaltfläche *Info* klicken. Die Beschreibung wird durch die Vorlagenvariable *$DS* eingeleitet und durch die Vorlagenvariable *$DF* beendet.
- Des Weiteren existieren in jeder Vorlage weitere Vorlagenvariablen, die Werte in HTML-Parametern ersetzen. Die Vorlagenvariablen werden durch *$* eingeleitet. Sie werden während der Erstellung der Ausgabedatei durch Werte ersetzt. Wenn Sie das Dollarzeichen für andere Zwecke benötigen, stellen Sie ein \ (Backslash) davor.
- Um einen Flash-Film korrekt im Browser wiedergeben zu können, muss jede Vorlage die HTML-Tags *EMBED* und *OBJECT* enthalten. Für diese HTML-Tags müssen gewisse Regeln beachtet werden, um ein fehlerfreies

Abspielen zu ermöglichen. Das *EMBED*-Tag wird für die Wiedergabe des Flash-Films im Netscape Navigator benötigt, während das *OBJECT*-Tag für Darstellung des Flash-Films innerhalb des Internet Explorer sorgt.

Die Vorlagedatei darf, außer dem HTML-Code, allen möglichen Code beinhalten, wie zum Beispiel für spezielle Interpreter, zum Beispiel Cold Fusion, ASP usw.

Die Flash-HTML-Parameter

Im Folgenden werden alle HTML-Tags und deren Parameter aufgeführt und erklärt, die notwendig sind, um einen Flash-Film im Internet Explorer und Netscape Navigator korrekt darzustellen.

OBJECT und *EMBED*

Zum *OBJECT*-Tag gehören die Parameter *HEIGHT, WIDTH, CLASSID, CODEBASE.* Alle weiteren Parameter werden in *PARAM*-Tags eingebunden, zum Beispiel *MOVIE, PLAY, LOOP, QUALITY.*

```
<OBJECT
CLASSID="clsid:D27CDB6E-AE6D-11cf-96B8-444553540000"
WIDTH="100"
HEIGHT="100"
CODEBASE="http://active.macromedia.com/flash5/cabs/
swflash.cab#version=5,0,0,0">
<PARAM NAME="MOVIE" VALUE="derFilm.swf">
<PARAM NAME="PLAY" VALUE="true">
<PARAM NAME="LOOP" VALUE="true">
<PARAM NAME="QUALITY" VALUE="high">
</OBJECT>
```

Wenn Sie auf eine Überprüfung der Version verzichten wollen, können Sie den Parameter *swflash.cab#version=5,0,0,0* weglassen.

Beim *EMBED*-Tag hingegen stehen alle Parameter, zum Beispiel *HEIGHT, WIDTH, QUALITY* und *LOOP*, innerhalb des Tags.

```
<EMBED
SRC="derFilm.swf"
WIDTH="100"
```

```
HEIGHT="100"

PLAY="true"

LOOP="true"

QUALITY="high"

PLUGINSPAGE="http://www.macromedia.com/shockwave/download/
index.cgi?P1_Prod_Version=ShockwaveFlash">

</EMBED>
```

Um nun beide Tags innerhalb einer HTML-Datei zu benutzen, positionieren Sie das *EMBED*-Tag vor dem *OBJECT*-Tag.

```
<OBJECT

CLASSID="clsid:D27CDB6E-AE6D-11cf-96B8-444553540000"

WIDTH="100"

HEIGHT="100"

CODEBASE="http://active.macromedia.com/flash5/cabs/
swflash.cab#version=5,0,0,0">

<PARAM NAME="MOVIE" VALUE="derFilm.swf">

<PARAM NAME="PLAY" VALUE="true">

<PARAM NAME="LOOP" VALUE="true">

<PARAM NAME="QUALITY" VALUE="high">

<EMBED

SRC="derFilm.swf"

WIDTH="100"

HEIGHT="100"

PLAY="true"

LOOP="true"

QUALITY="high"

PLUGINSPAGE="http://www.macromedia.com/shockwave/download/
index.cgi?P1_Prod_Version=ShockwaveFlash">

</EMBED>

</OBJECT>
```

SRC	
Wert	DerFilm.swf
Vorlagenvariable	$MO
Gültig für	EMBED
Beschreibung	Dieses stellt den zu ladenden Film dar.

MOVIE	
Wert	DerFilm.swf
Vorlagenvariable	$MO
Gültig für	OBJECT
Beschreibung	Dieses stellt den zu ladenden Film dar.

CLASSID	
Wert	clsid:D27CDB6E-AE6D-11cf-96B8-444553540000
Vorlagenvariable	-
Gültig für	OBJECT
Beschreibung	Hiermit wird das ActivX-Steuerelement vom Browser identifiziert. Diesen Wert müssen Sie genau so eingeben.

WIDTH	
Wert	Pixel, % von Fensterbreite
Vorlagenvariable	$WI
Gültig für	OBJECT EMBED
Beschreibung	Hier bestimmen Sie die Breite des Films in Pixeln oder in Prozent der Browser-Fensterbreite.

HEIGHT	
Wert	Pixel, % von Fensterhöhe
Vorlagenvariable	$HE
Gültig für	OBJECT EMBED

Beschreibung	Hier bestimmen Sie die Höhe des Films in Pixeln oder in Prozent der Browser-Fensterhöhe.

CODEBASE

Wert	http://active.macromedia.com//5/cab/swflash-cab#-version=5,0,0,0"
Vorlagenvariable	-
Gültig für	OBJECT
Beschreibung	Wenn das Flash Player-ActiveX-Steuerelement im Webbrowser nicht vorhanden ist, geben Sie hier die Position für den Download an, damit der Webbrowser diesen automatisch installieren kann.

PLUGINSPACE

Wert	http://www.macromedia.com/shockwave/downloadindex.cgi?P1_Prod_Version=ShockwaveFlash
Vorlagenvariable	-
Gültig für	EMBED
Beschreibung	Wenn das Flash Player-Plugin nicht installiert ist, geben Sie hier die Position für den automatischen Dowload bekannt.

SWLIVECONNECT

Wert	*true* oder *false*, default: *false*
Vorlagenvariable	-
Gültig für	OBJECT
Beschreibung	Dieser optionale Parameter gibt an, ob Java gestartet werden soll, wenn der Flash Player das erste Mal gestartet wurde. Wenn Sie eine Kommunikation zwischen Flash und JavaScript benötigen, muss Java gestartet sein. Wenn Sie JavaScript auf der Filmseite einsetzen, um zum Beispiel die Browser-Version auszuwerten, können Sie den Start Javas verhindern und so die Ladezeit des Films erheblich verkürzen.

PLAY

Wert	*true* oder *false*, default: *true*
Vorlagenvariable	$PL
Gültig für	OBJECT EMBED
Beschreibung	Ist der Wert dieses Parameters *true*, startet der Film, nachdem er geladen wurden. Bei interaktiven Filmen ist es oft sinnvoll, dass der Film nach dem Laden stoppt, setzen Sie in diesem Fall den Wert auf *false*.

LOOP

Wert	*true* oder *false*, default: *true*
Vorlagenvariable	$LO
Gültig für	OBJECT EMBED
Beschreibung	Wenn der Wert dieses optionalen Parameters *true* ist, wird der Film endlos wiederholt. Setzen Sie den Wert auf *false*, um den Film nach dem letzten Bild zu stoppen.

QUALITY

Wert	*low, high, autolow, autohigh, best*
Vorlagenvariable	$QU
Gültig für	OBJECT EMBED
Beschreibung	Der Wert dieses optionalen Parameters gibt die Qualität der Kantenweichzeichnung (Anti-Alias) an. *low* erzeugt eine hohe Abspielgeschwindigkeit unter Weglassen der Kantenweichzeichnung. *Autolow* beginnt das Abspielen zunächst ohne Kantenweichzeichnung. Wenn Flash feststellt, dass die Abspielgeschwindigkeit ohne Probleme erreicht wird, erhöht es die Qualität nach und nach. *autohigh* beginnt das Abspielen mit Kantenglättung. Wenn Flash feststellt, dass die Abspielgeschwindigkeit nicht erreicht wird, senkt es die Qualität der Wiedergabe, bis die Abspielgeschwindigkeit erreicht wird. *High* versieht Vektor-Elemente mit Kantenglättung bis zu einem gewissen Grad. Bitmaps werden al-

lerdings nicht geglättet. *best* verwendet immer Kantenglättung. Bitmaps werden geglättet, wenn der Film keine Animation enthält, ansonsten werden Bitmaps nicht geglättet. *Optimal* verwendet immer Kantenglättung sowohl für Vektor-Elemente als auch für Bitmaps.

BGCOLOR

Wert	*#rrggbb*, RGB-Wert in hexadezimaler Schreibweise
Vorlagenvariable	$BG
Gültig für	OBJECT EMBED
Beschreibung	Der Wert dieses optionalen Parameters gibt die Hintergrundfarbe des Films an. Hiermit können Sie die Hintergrundfarbe des Films ändern.

SCALE

Wert	*showall, noborder, exactfit* Wenn dieser Parameter nicht eingesetzt wird und *Breite* und *Höhe* des Films in Prozent angegeben ist, ist der Default-Wert *showall.*
Vorlagenvariable	$SC
Gültig für	OBJECT EMBED
Beschreibung	Mit dieser Option bestimmen Sie die Größe und Seitenverhältnisse des Films während der Wiedergabe im Webbrowser. *Showall* zeigt den Film unter Beibehaltung der Seitenverhältnisse vollständig an. Es können unter Umständen an zwei Seiten Ränder sichtbar werden. *Noborder* zeigt den Film unter Beibehaltung der Seitenverhältnisse so an, dass dieser in den angegebenen Bereich passt. Der Film kann hierbei beschnitten werden. *Exactfit* zeigt den Film komplett im angegebenen Bereich an. Hierbei kann der Film verzerrt werden.

ALIGN

Wert	*L, R, T, B*
Vorlagenvariable	$HA
Gültig für	OBJECT EMBED
Beschreibung	Hiermit legen Sie die Ausrichtung des Films im Webbrowser fest. *Standard* gibt den Film zentriert wieder und schneidet die Ränder des Films ab, wenn der Bildschirm zu klein für die vollständige Wiedergabe sein sollte. *Links, Rechts, Oben (T)* oder *Unten (B)* richtet den Film im Browser entsprechend aus und beschneidet, wenn notwendig, die übrigen Seiten.

SALIGN

Wert	*L, R, T, B, TL, TR, BL, BR*
Vorlagenvariable	$SA
Gültig für	OBJECT EMBED
Beschreibung	Dieser optionale Parameter legt die Ausrichtung eines skalierten Films im Browser fest. *L, R, T* oder *B* richtet den Film im Browser entsprechend aus und beschneidet, wenn notwendig, die übrigen Seiten. *TL* oder *TR* richtet den Film im Browser entweder an der linken oberen oder rechten oberen Ecke aus und beschneidet den Film rechts, links und unten, wenn der Bildschirm zu klein für die vollständige Wiedergabe sein sollte. *BL* oder *BR* richtet den Film im Browser entweder an der linken unteren oder rechten unteren Ecke aus und beschneidet den Film rechts, links und oben, wenn der Bildschirm zu klein für die vollständige Wiedergabe sein sollte. Per Voreinstellung wird der Film zentriert wiedergegeben und an den Ränder beschnitten, wenn der Bildschirm zu klein für die vollständige Wiedergabe sein sollte.

BASE

Wert	Stammverzeichnis, URL
Vorlagenvariable	-
Gültig für	OBJECT EMBED
Beschreibung	Dieser optionale Parameter enthält die Position des Flash-Films. Dieser Parameter ist sinnvoll, wenn Flash-Filme nicht im selben Verzeichnis gespeichert sind.

MENU

Wert	*true* oder *false*, default: *true*
Vorlagenvariable	$ME
Gültig für	OBJECT EMBED
Beschreibung	Dieser optionale Parameter bestimmt, welcher Menütyp angezeigt wird, wenn der Benutzer mit der rechten Maustaste (Windows) oder bei gedrückter H-Taste (Macintosh) auf den Film klickt. *true* stellt ein Menü zur Verfügung, das eine weitreichende Filmsteuerung zulässt. *False* stellt lediglich ein Menü mit dem Punkt *Info über Flash ...*

WMODE

Wert	*Window, Opaque, Transparent*
Vorlagenvariable	$WM
Gültig für	OBJECT
Beschreibung	Dieser Parameter gilt nur für den Internet Explorer ab der Version 4.0 mit einer Flash-Steuerung über ActiveX und steuert die Anzeige von Transparenz und Positionierung. Window stellt den Flash-Film im eigenen Fenster dar. Das bedeutet nicht, dass ein eigenes Webbrowser-Fenster geöffnet wird um den Film darzustellen; der Film wird vielmehr wie ein normales Bild in den Webbrowser eingebunden. In dieser Darstellungsform wird die höchstmögliche Animationsgeschwindigkeit erreicht. *Opaque* verdeckt unter dem Flash-Film liegende Elemente, wenn der Flash-Film

zum Beispiel durch JavaScript-Code über die Seite bewegt wird. *Transparent* lässt unter dem Flash-Film liegende Elemente durchscheinen, wenn der Flash-Film zum Beispiel durch JavaScript-Code über die Seite bewegt wird. Die Animationsgeschwindigkeit kann hierbei zurückgehen.

Die Vorlagenkurzvariablen

In der folgenden Tabelle sind alle Vorlagenvariablen aufgeführt, die von Flash während der Verarbeitung der Vorlagendatei erkannt werden.

Parameter	Vorlagenvariable
Vorlagentitel	$TT
Vorlagenbeschreibung, Beginn	$DS
Vorlagenbeschreibung, Ende	$DF
Breite	$WI
Höhe	$HE
Film	$MO
HTML-Ausrichtung	$HA
Wiederholen	$LO
Parameter für *OBJECT*	$PO
Parameter für *EMBED*	$PE
Abspielen	$PL
Qualität	$QU
Skalieren	$SC
SALIGN	$SA
WMODE	$WM
Geräteschriftart	$DE
Hintergrundfarbe	$BG
Filmtext (Stelle, an der Filmtext geschrieben wird)	$MT
Film-URL (Pfad zu den Film-URLs)	$MU
Bildbreite (nicht angegebener Bildtyp)	$IW
Bildhöhe (nicht angegebener Bildtyp)	$ICH
Bilddateiname (nicht angegebener Bildtyp)	$IS

Parameter	Vorlagenvariable
Bildzuordnungsname	$IU
Position des Bildzuordnungs-Tags	$IM
QuickTime-Breite	$QW
QuickTime-Höhe	$QH
QuickTime-Dateiname	$QN
GIF-Breite	$GW
GIF-Höhe	$GH
GIF-Dateiname	$GS
JPEG-Breite	$JW
JPEG-Höhe	$JH
JPEG-Dateiname	$JN
PNG-Breite	$PW
PNG-Höhe	$PH
PNG-Dateiname	$PN
OBJECT-Tag für Generatorvariable	$GV
EMBED-Tag für Generatorvariable	$GE

Tab. 10.1: Die Vorlagenkurzvariablen

Generieren einer Bildzuordnung

Flash ermöglicht die automatische Erstellung von Bildern von beliebigen Frames eines Films. Zusätzlich wird eine Imagemap erstellt, die die Funktion eventuell vorhandener Schaltflächen, die auf URLs verweisen, nachbildet.

Um einen Frame innerhalb eines Flash-Films für die Generierung einer Bildzuordnung zu definieren, bezeichnen Sie das Bild mit dem Schlüsselwort *#Map*. Wenn Sie selbst keinen Frame festlegen, benutzt Flash den letzten Frame.

Flash generiert eine Bildzuordnung, wenn es während der Verarbeitung der Vorlage auf die Variable *$IM* trifft. *$IM* wird dann durch eine Imagemap-Definition ersetzt.

In den Einstellungen für die Veröffentlichung sollten Sie natürlich dafür sorgen, dass eine alternative Grafik erzeugt wird. Das Format der alternativen Grafik können Sie frei zwischen GIF, JPEG und PNG auswählen.

Der Ausschnitt eines Beispielcodes innerhalb einer Vorlagendatei:

```
$IM
<IMG SRC=$IS usemap=$IU
WIDTH=$IW HEIGHT=$IH BORDER=0>
```

wird während der Verarbeitung der Vorlage in folgenden Code umgewandelt:

```
<MAP NAME="derFilm">
<AREA COORDS="98,124,193,178"
 HREF="http://www.flash4all.com">
</MAP>
<IMG SRC="derFilm.gif" usemap="#derFilm"
WIDTH=550 HEIGHT=400 BORDER=0>
```

Generieren eines Textberichts

Flash stellt die Möglichkeit zur Verfügung, den gesamten Text eines Flash-Films als Kommentar in die HTML-Datei einzufügen. Dieses ist nützlich, wenn es darum geht, die betreffende Web-Site von Suchmaschinen indizieren zu lassen. Der Text eines Flash-Films wird in der Vorlagenvariablen *$MT* zur Verfügung gestellt.

Generieren eines URL-Berichts

Neben den Texten lassen sich mit Hilfe von Flash auch alle URLs extrahieren. Die URLs werden mit der Vorlagenvariablen *$MU* bereitgestellt. Diese Funktionalität ist nützlich, um eine alternative Navigation zur Verfügung zu stellen oder aber um anderen Programmen die Möglichkeit zu geben, die Links, die im Film verwendet werden, zu überprüfen.

Eine Beispielvorlage

Im Folgenden sehen Sie die Standardvorlage von Flash. Diese Vorlage ermöglicht die Darstellung von Flash-Filmen im Netscape Navigator und Internet Explorer durch die Verwendung des *OBJECT*- und *EMBED*-Tags. Bevor der eigentliche HTML-Code beginnt, werden Titel (*$TT*) und Beschreibung (*$DS–$DF*) zur Anzeige innerhalb von Flash definiert. Auf der erzeugten HTML-Seite werden, sofern im Film vorhanden, zuerst alle URLs aufgelistet, gefolgt von allen Textpassagen (*$MU, $MT*).

Diese Vorlage ist als Beispiel und eventuell zum Testen von Filmen geeignet; zum Veröffentlichen im Internet ist diese Vorlage nicht geeignet.

```
$TTFlash Only (Default)
$DSFlash mit Hilfe von OBJECT- und EMBED-Tags anzeigen.$DF
```

```
<HTML>
<HEAD>
<TITLE>$TI</TITLE></HEAD>
<BODY bgcolor="$BG">
<!— URL's, die im Film verwendet werden—>
$MU
<!— Im Film verwendeter Text —>
$MT
<OBJECT
classid="clsid:D27CDB6E-AE6D-11cf-96B8-444553540000
codebase="http://download.macromedia.com/pub/shockwave/cabs/flash/
swflash.cab#version=5,0,0,0"
ID=$TI WIDTH=$WI HEIGHT=$HE>
$PO
<EMBED $PE
WIDTH=$WI HEIGHT=$HE
TYPE="application/x-shockwave-flash"
PLUGINSPAGE="http://www.macromedia.com/shockwave/download/
index.cgi?P1_Prod_Version=ShockwaveFlash">
</EMBED>
</OBJECT>
</BODY>
</HTML>
```

Webserver-Konfiguration

Wenn Sie Ihre Projekte von der lokalen Festplatte aus testen, wird Ihr Webbrowser selten Probleme mit der Erkennung von Flash-Filmen haben. Wenn Sie allerdings versuchen, sich Flash-Filme eines Webservers anzuschauen, der nicht richtig für die Übermittlung von Flash-Filmen eingerichtet ist, kann es trotz installiertem Flash Player zu Anzeigeproblemen innerhalb des Webbrowsers kommen. Wenn der MIME-Typ auf dem Webserver nicht oder nicht richtig eingestellt ist, können manche Webbrowser den Flash-Film als solchen nicht erkennen und somit nicht darstellen.

Wenn Sie also Probleme mit der Anzeige von Flash-Filmen haben, die auf einem Webserver eines Providers oder anderem Anbieters liegen, wenden Sie sich an den verantwortlichen Systembetreuer oder Web-Administrator.

Sollten Sie einen eigenen Webserver verwalten, schauen Sie in der Dokumentation Ihrer Server-Software nach, wo Sie die MIME-Typen eintragen müssen.

- Der MIME-Typ application/x-shockwave-flash besitzt die Erweiterung *.swf.*
- Der MIME-Typ application/futuresplash besitzt die Erweiterung *.spl.*

Wenn Sie einen Webserver unter einem Macintosh-System betreiben, müssen Sie häufig auch die Parameter eintragen:

```
Action: Binary

Type: SWFL

Creator: SWF2
```

Glossar

8-Bit-Grafik
Eine Farb- oder Graustufengrafik mit 256 Farben oder Graustufen.

8-Bit-Sound
8-Bit-Sound hat einen Dynamikumfang von 48 db.

16-Bit-Grafik
Eine Farbgrafik mit 65.500 Farben.

16-Bit-Sound
16-Bit-Sound hat einen Dynamikumfang von 96 db. Es wird hierbei CD-Qualität erreicht.

24-Bit-Grafik
Eine Farbgrafik mit 26,7 Millionen Farben.

32-Bit-Grafik
Eine Farbgrafik mit 26,7 Millionen Farben, plus 8-Bit-Transparenz.

additive Farbmischung
Die im RGB-Farbraum verwendete Methode der Farbmischung. Hierbei wird projiziertes Licht verwendet, um die Farbmischung zu erzeugen.

AIFF-Sound
Audio Interchange File Format. Ein auf Macintosh-Systemen verbreitetes Audio-Format

Applet
Ein Java-Programm, das Bestandteil einer HTML-Seite ist.

ASCII-Code
American Standard Code for Information Interchange. Damit wird ein Zeichencode auf 7-Bit-Basis beschrieben. Heute wird häufig ein auf 8-Bit erweiterter Code benutzt, der auch landesspezifische Zeichen (Umlaute u.Ä.) einschließt.

Artefakte
Störende Muster, die während der Kompression von Bildern auftreten. Diese Muster treten häufig bei sehr stark komprimierten JPEG-Bildern auf.

AVI
Audio-Video Interleaved. Ein auf Windows-Systemen weit verbreitetes Videoformat.

binär
Binär wird ein zweiwertiges Zahlensystem genannt. Es sind nur die Zustände 0 und 1 möglich. Computer verwenden dieses System zur internen Verwaltung.

Bitmap-Grafiken
Die Darstellung dieser Bilder beruht auf Pixeln, im Gegensatz zur Vektor-Grafik.

Browser
Eine Anwendung, die Ihnen den Zugriff und die Navigation auf Webseiten ermöglicht.

browserunabhängige Farben
Damit sind 216 Farben gemeint, die auf allen Systemen, die 8-Bit-Farbtiefe zur Verfügung stellen, ohne Rasterung dargestellt werden.

Bug
(engl. für Wanze) Da die ersten Rechner noch mit mechanischen Relais-Schaltern arbeiteten, kam es häufig vor, dass ein „Bug" einen solchen Schalter verklemmte. Die Suche nach diesen Fehlern gestaltete sich wohl als recht mühsam, sodass heutige Programmfehler nach ihnen benannt wurden.

Cache
In einem Cache werden häufig verwendete Daten zwischengespeichert, beispielsweise Grafiken und Texte. Jeder Browser verfügt über einen solchen Zwischenspeicher.

CGI
Common Gateway Interface. CGI ist eine Programmierschnittstelle, die die Umleitung von Browser-Anforderungen auf Programme, die die Antwort-Seite dynamisch, zum Beispiel aus Datenbankabfragen, erzeugen. Als Programmiersprachen werden PERL, TCL, PYTHON, JAVA u.Ä. verwendet.

Client
Ein Computer, der Informationen von einem Server eines Netzwerks anfordert.

CMYK
Cyan, Magenta, Yellow, blacK. Das CMYK-Farbmodell wird für den Vierfarbdruck verwendet.

Cookies
Ein Cookie (engl. für Keks) ist eine Indexdatei, die ursprünglich verwendet wurde, um den Status eines Benutzers in Bezug auf eine Web-Seite zu fixieren.

Datenrate
Die Datenrate bezieht sich darauf, wie viel KByte Daten pro Sekunde übertragen werden.

Dithering
Durch Musterbildung mit Hilfe weniger zur Verfügung stehender Farben/Graustufen werden viele Farben/Graustufen simuliert.

dpi
Dots per Inch (Punkte pro Zoll). Ein gängiges Maß für die Auflösung von Bildern.

Farbtiefe
Beschreibt die maximale Anzahl von Farben, die ein Computersystem oder Dateiformat darstellen kann.

Formular-Seiten
Formular-Seiten sind HTML-Dokumente, die dem Anwender eine direkte Interaktion mit dem Internetangebot gestatten. Die Interaktion wird in der Regel über CGI-Programme realisiert.

fps
Frames per Second (Bilder pro Sekunde). Ein Maß für die Wiedergabegeschwindigkeit von Video-Animationen.

ftp
File Transfer Protocol. Das ist das gängige Protokoll, um Dateien im Internet von einem Rechner zum anderen zu übertragen.

Gamma
Gamma misst den Kontrast, soweit er die Mitteltöne eines Bildes betrifft.

GIF
Graphic Interchange Format. Dieses Format wurde ursprünglich von dem Online-Anbieter CompuServe entwickelt, um Grafiken effizient und ressourcensparend über Netzwerke (z.B. Internet) zu verteilen. Dieses Format bietet eine Farbtiefe von 256 Farben.

HTML
HyperText Markup Language. HTML ist eine Sprache, die die Formatierung und Anordnung der Seitenelemente einer Internetseite steuert. Ferner ist es mit HTML möglich, die Inhalte durch so genannte Links (Verbindungen) miteinander zu verbinden.

HTTP
HyperText Transfer Protocol. HTTP ist ein Übertragungsprotokoll, das für die Übertragung von HTML-Dateien sorgt.

HTTPS
HyperText Transfer Protocol Secure. HTTP ist ein Übertragungsprotokoll, das für die verschlüsselte Übertragung von CGI-Anfragen sorgt. Zum Beispiel für Shopsysteme im Internet.

Hyperlink
Hyperlinks (engl. für Querverweise) sind zentrale Bestandteile des HTML-Dokuments, die auf andere Informationen auf derselben Seite sowie auf andere Seiten verweisen.

JavaScript
JavaScript ist eine Script-Programmiersprache, die in Webbrowsern verbreitet ist. Diese Sprache hat nur sehr wenig mit Java zu tun.

JPEG
Joint Photographic Experts Group. Dieses Format hat sich als der De-facto-Standard im Internet für die Darstellung von RGB-Bildern durchgesetzt.

Kantenglättung (Anti Aliasing)
Eine Technik, die zackige Grenzlinien, die in Bitmap-Bildern auftreten, vermindert. Ein Schärfeverlust ist meist nicht zu vermeiden.

Link
Kurzform für Hyperlink, die englische Bezeichnung für Querverweis.

MIME
Multipurpose Independent Mail Extensions. Der MIME-Typ dient zur Identifizierung von Dateiformaten im Internet. Das JPEG-Format besitzt zum Beispiel den content-type: image/jpeg.

Pfad
Ein Pfad beschreibt die Position einer Datei innerhalb des Dateisystems. Man unterscheidet absolute und relative Pfadangaben.

- Bei relativen Pfade wird die Position einer Datei oder eines Verzeichnisses mit dem aktuellen Verzeichnis als Bezugspunkt angegeben.
- Bei absoluten Pfadangaben wird bei der Beschreibung der Position Bezug auf das Wurzelverzeichnis genommen.

PNG
Portable Network Graphics. Auch scherzhaft als „Png Not Gif" abgekürzt; ist ein relativ neues Grafikformat, das bei hohen Farbtiefen gute Kompressionsergebnisse erzielt. Es ist derzeit das einzige Format, das echte 8-Bit-Transparenz für Internetgrafiken unterstützt.

PostScript
Eine Seitenbeschreibungssprache, die für qualitativ hochwertigen Druck von Text und Grafiken auf hochauflösenden Geräten benutzt wird.

Protokoll
Protokolle regeln sowohl auf Hardware- als auch auf Softwareebene die Kommunikation von Rechnern in Netzwerken. Sie legen fest, wie die transferierenden Daten auszusehen haben, in welchen Zeitabständen ein Rechner Daten übertragen darf, welcher Rechner eine Verbindung kontrolliert, usw. Bekannte Protokolle sind HTTP, FTP, TCP, UDP, SMTP etc.

Provider
Eine Firma, die Ihnen den Zugang zum Internet ermöglicht.

QuickTime
Eine von Apple entwickelte Systemsoftware, die der Wiedergabe von Multimediadaten dient.

Sampling-Raten
Sampling-Raten werden in Kilohertz (kHz) angegeben. Die Sampling-Rate beeinflusst den Frequenzumfang eine Audiodatei.

Server
Ein Computer, der die Anforderungen von Clients eines Netzwerks beantwortet.

Site
Als Site oder Website wird das gesamte Internetangebot bezeichnet; dies beinhaltet neben den HTML-Seiten alle Bilder, Filme und ähnliche Dateien, aus denen die Internetpräsenz besteht.

Streaming
Damit wird die Fähigkeit beschrieben, zeitabhängige Daten so liefern, wie Sie bei der Wiedergabe benötigt werden.

Tags
Die Formatierungsanweisungen, die das Layout und die Struktur einer HTML-Seite bestimmen, werden Tags genannt.

True-Color
Die mit 24-Bit-Farbtiefe erreichte Qualität der Wiedergabe von Farben.

URL
Uniform Resource Locator. Das URL-Format spezifiziert die Protokoll- und Pfadangabe zu einem Dienst und einer Datei im Inter- oder Intranet.

verlustfreie Kompression
Eine Technik der Datenkompression, die die Größe der Datei verringert, ohne dabei Informationen zu vernichten.

verlustreiche Kompression
Eine Technik der Datenkompression, die bewusst Informationen vernichtet, um eine massive Verkleinerung der Datenmenge zu erreichen.

Stichwortverzeichnis

Symbole

C

D

E

F

I

J

K

L

M

Q

R

S

T

U

V

W

X

Z